Fanny Wagner ist Autorin und Illustratorin und hat unter ihrem richtigen Namen Hermien Stellmacher bereits zahlreiche Kinder- und Jugendbücher veröffentlicht. «George Clooney, Tante Renate und ich» ist ihr erster Frauenroman. Die Autorin lebt mit Mr. Right und ihren beiden Katern in der Fränkischen Schweiz, in einem kleinen Ort, in dem es mehr Hühner als Menschen gibt.

FANNY WAGNER

George Clooney, Tante Renate und ich

Roman

Rowohlt Taschenbuch Verlag

2. Auflage April 2014

Originalausgabe
Veröffentlicht im Rowohlt Taschenbuch Verlag, Reinbek
bei Hamburg, Dezember 2012
Copyright © 2012 by Rowohlt Verlag GmbH,
Reinbek bei Hamburg
Umschlaggestaltung any.way, Cathrin Günther
(Illustration: Kai Pannen)
Satz aus der Berling
Gesamtherstellung CPI books GmbH, Leck
Printed in Germany
ISBN 978 3 499 25932 6

Das für dieses Buch verwendete FSC®-zertifizierte Papier
Holmen Book Cream liefert Holmen, Schweden.

Kapitel 1

Ich gebe es nur ungern zu, aber ich liebe Klatsch und Tratsch. Selbst in der Tageszeitung schlage ich zuerst «Vermischtes» auf, bevor ich mir das Elend dieser Welt zu Gemüte führe. Und nirgendwo kann man dieser Leidenschaft entspannter nachgehen als beim Friseur. Wenn alle haartechnischen Entscheidungen geklärt sind, versteht sich.

«So, Frau Schumann.» Mona trat hinter meinen Stuhl und fuhr mir fachmännisch durch die schulterlangen Haare. «Was machen wir denn heute?»

«Wie immer», sagte ich. «Waschen, Spitzen schneiden und auf jeden Fall eine Tönung.» Überall schimmerten neuerdings graue Haare durch, und mit vierunddreißig war ich eindeutig noch zu jung dafür, da durfte man schon mal schummeln.

«Wissen Sie was?» Mona hielt ein paar Haarsträhnen in die Höhe. «Wie wäre es, wenn ich Ihnen heute mal ein paar ‹effects› mache?» Sie sprach das Wort wie ‹Iihfäkts› aus. Mit der Betonung auf einem langen «Iih».

«Strähnchen?» Entsetzt dachte ich an das eine Mal, als ich mir so etwas hatte aufschwatzen lassen. Hinterher hatte ich wie ein missratenes Zebra ausgesehen. Nein, das musste ich nicht noch mal haben. Und schon gar nicht heute, wo ich mich doch am Abend endlich wieder mit Tobias …

Mona schüttelte energisch ihre roten Locken. «Nein, mehr so Glanzlichter, verstehen Sie?» Um ihren Vorschlag zu unterstreichen, zupfte sie an meinen Haaren herum. «Das lockert total auf. Sie werden staunen!»

Skeptisch schaute ich in den Spiegel. In solchen Dingen war ich sehr vorsichtig. Typisch Stier, wie meine Freundin Antonia sagen würde: Stiere halten am Bewährten fest. Und gerade beim Friseur schien mir das sehr vernünftig. Stichwort Zebra. Damals hatte ich das Haus wochenlang nur bemützt verlassen können.

«Oder vielleicht eine Rottönung?» Mona ließ nicht locker.

«Um Gottes willen!», rief ich erschrocken. Mona sah beleidigt drein, und erst da fiel mir auf, dass sie ja neuerdings selbst rothaarig war. «Ich meine, Ihnen steht das fabelhaft», ruderte ich zurück. Sie hob finster eine Augenbraue.

Ich musste das wiedergutmachen. «Aber diese ‹Effects› klingen doch ganz gut», sagte ich schnell. Oje. Hoffentlich würde mir das nicht noch leidtun. Iih-fäkts von einer verärgerten Friseuse.

Mona schien tatsächlich nicht mehr ganz so begeistert. «Sie müssen den Kopf gerade halten», sagte sie streng, als ich mir eine der Illustrierten schnappen wollte. «Sonst wird das nichts!»

Sie zog kleinste Strähnchen aus meinem Haarschopf, legte sie auf Alublättchen und pinselte irgendwas drauf, wickelte sie ein und klappte das Ganze hoch.

Das wollte ich nicht sehen. Ich schloss die Augen und dachte an heute Abend. Sofort machte sich ein warmes Gefühl in meinem Bauch breit, das sich allmählich nach unten ausdehnte und ein angenehmes Kribbeln im Unterleib verursachte. Es war schon Wochen her, dass ich mit Tobias geschlafen hatte. Immer wieder hatte er unsere Verabredungen kurzfristig abgesagt, weil er einen Auftrag fertig machen musste. Was zur Folge hatte, dass ich vor Lust und Sehnsucht kaum noch geradeaus gucken konnte.

Aber damit war heute Schluss. Heute Abend würden wir es auf der ganzen Linie krachenlassen. Ich nickte voller Überzeugung, was einen Aufschrei von Mona zur Folge hatte.

«Wenn Sie den Kopf nicht ruhig halten», drohte sie, «dann wird das nichts!»

Kurz darauf sah ich aus wie ein Weihnachtsbaum, an dem lauter silberne Päckchen baumelten, und während die «Effects» in der Wärme vor sich hin bleichten, konnte ich mich endlich um Liebe und Leid der Promis kümmern.

Ich schnappte mir eine von Monas alten Zeitschriften und landete bei den Pimperaffären von Dominique Strauss-Kahn. Bei dem Mann war anscheinend das gesamte Hirn in die Unterhose umgezogen, anders konnte ich mir diese Geschichten nicht erklären.

Bei den anderen Promis ging es eher um die Folgen von Affären. Und so, wie sie mit ihren Bäuchen und Bälgern hausieren gingen, konnte man den Eindruck gewinnen, sie hätten Eizelle und Sperma persönlich erfunden.

Auch die Firma Brangelina grübelte mal wieder über das Thema nach: zeugen oder adoptieren? Mhm. Vielleicht sollte sie zur Abwechslung einen kleinen Eskimo aufnehmen. Oder Inuk, wie das nun offiziell hieß. Die genaue Familienzusammensetzung hatte ich zwar nicht mehr auf dem Schirm, aber so ein Kind fehlte noch, da war ich mir sicher.

Brad Pitts Ex Jennifer Aniston quälten ganz andere Sorgen. Sie wollte ebenfalls ein Kind, wusste aber nicht, wer überhaupt der richtige Mann für sie war.

Ja, Jennifer, das Problem kenne ich nur zu gut. Man müsste mit Männern eine Testfahrt machen können, bevor man sie richtig in sein Leben holt. So bekäme man unverbindlich einen Eindruck, ob der Einstieg bequem ist, wie der Kerl anspringt und wie viel PS er in der Hose hat. Bei der Gelegenheit könnte man vielleicht auch in Erfahrung bringen, ob seine emotionale Heizung zuverlässig ist und wie es in Krisenzeiten mit den Airbags aussieht. Und dann würde man rechtzeitig merken, dass manch vielversprechender Mann zwar für gelegentlichen Stadtverkehr, nicht aber für Langstrecken taugt.

«Wie dein Tobias», meldete sich eine Fipsstimme in meinem Kopf.

Ich musste an meinen ersten Abend mit Tobias denken. Wir hatten uns auf einer Verlagsfeier kennengelernt, zu der neben Autoren auch einige Illustratoren und Übersetzer eingeladen waren. Ich schenkte mir gerade am Buffet Weißwein nach, als mich jemand von hinten anrempelte. «Du Trottel!», dachte ich – und gleich darauf: «Mein Gott, riecht der Kerl gut!»

Ich drehte mich um und stellte fest, dass der Schubser auch noch gut aussah. Er trug einen schwarzen Anzug aus den sechziger Jahren, wie ihn britische Popstars oft anhaben, ein weißes Hemd, eine Krawatte mit Schachbrettmuster und Turnschuhe. Und dazu war er groß, hatte kurze schwarze Haare und eine markante Nase. Um seine dunklen Augen zeigten sich Lachfältchen und sein Mund … Du meine Güte, so schön geschwungene Lippen hatte ich selten gesehen. Ich wollte auf der Stelle von ihnen geküsst werden.

«Tut mir leid», sagte mein Gegenüber. «Schade um den Wein.» Er sah mir tief in die Augen. «Andererseits komme ich so endlich mal mit dir ins Gespräch.»

Hatte er mich etwa *absichtlich* angerempelt? Meine Gedanken spielten Fangen, und ich grinste dämlich.

«Wir haben nämlich etwas gemeinsam», sagte er, während er mir das Glas nachfüllte. Er lächelte mich an, und ich schmolz geradewegs dahin.

«Einen Frosch.»

«Wie bitte?»

«Fritz Frosch», grinste er. «Ich habe die Illustrationen dazu gemacht.»

«Fritz Frosch» war der Titel eines Kinderbuchs, das ich aus dem Englischen übersetzt hatte. «Ah!», rief ich. «Dann bist du Tobias Knorr. Geil!» Sofort hielt ich mir die Hand vor den Mund. «Ich meine, toll! Die *Bilder* sind wirklich toll. Ich meine …»

«Schon okay.» Er prostete mir zu. «Freut mich, dass sie dir gefallen.»

Es war nicht das letzte Mal an diesem Abend, dass wir uns zuprosteten, und als gegen Mitternacht Tanzmusik aufgelegt wurde, gehörten wir zu den Ersten auf dem Parkett. Zuerst locker, bald schon engumschlungen.

«Wenn du möchtest, kann ich dir meine Originalillustrationen zeigen», flüsterte Tobias mir ins Ohr.

«Oh, das wäre toll», flüsterte ich zurück. Ich war brennend an seinen Originalen interessiert, daran bestand überhaupt kein Zweifel.

Als wir uns gegen drei Uhr verabschiedeten, bekam ich immerhin einen Vorgeschmack, denn Tobias verabschiedete sich von mir mit einem: einem langen, leidenschaftlichen Kuss, der mir fast die Sinne raubte. Drängend, wild und doch zärtlich, und dann …

«So, jetzt können Sie zum Ausspülen kommen», unterbrach Mona meinen Tagtraum. Sie schob das Wärmegerät in die Ecke und ging mir zum Waschbecken voraus.

Nachdem sie mir die Haare nachgeschnitten und die Tönung aufgetragen hatte, wickelte Mona mir eine Plastikfolie um den Kopf. Dann setzte sie mich erneut unter das Wärmegerät, und ich widmete mich wieder meinen Zeitschriften.

Mein Blick blieb bei der Schlagzeile «Frauen lassen sich schnell ausnutzen» hängen. Oh ja, das konnte ich bestätigen.

Meine erste Erfahrung auf diesem Gebiet hatte ich bereits in der Grundschule gemacht. Da wollte Maxi unbedingt mein Freund sein. Sagte er. Und ich war glücklich, denn Maxi war bei allen sehr beliebt. Doch schon bald musste ich feststellen, dass Maxi mich nur mochte, weil ich ein neues Fahrrad mit Gangschaltung hatte. Wenn er mich nachmittags zum Spielen besuchte, schnappte er sich das Teil und fuhr wie ein Bekloppter die Straße rauf und runter, während ich wie Falschgeld auf dem Gehsteig herumstand und ihm zuschaute. Und kaum hatte er die Gangschaltung geliefert, ließ er sich nicht wieder blicken.

«Ob im Job oder beim Daten – die meisten Menschen haben sich schon einmal von Manipulierern ausnutzen lassen», hieß es in dem Artikel. «Um sich davor zu schützen, hilft es zu wissen, wie diese Leute ticken.»

Aha. Interessiert las ich weiter.

«Manipulierer sind gute Schauspieler und haben ihren Mitmenschen eines voraus: Sie verfügen über ein exzellentes Einfühlungsvermögen, können andere genau einschätzen und wissen, wie sie deren Vertrauen erst gewinnen und dann ausnutzen können.»

Ich seufzte. Leider war ich nach Maxi noch öfter auf Männer hereingefallen, die nur mit mir anbandelten, weil sie etwas von mir wollten. Diese Typen wussten genau, welchen Knopf sie bei mir drücken mussten. Sobald ich mich richtig verliebt hatte, konnten sie alles von mir haben. Und war die

Sache vorbei, zermarterte ich mir das Hirn, was *ich* falsch gemacht hatte. Nicht, was der andere verbockt hatte, nein, ich ging prinzipiell davon aus, dass *ich* für das Ende der Beziehung verantwortlich war.

«Und wenn du ganz ehrlich bist, hast du dich bei Tobias auch schon gefragt, ob er dich nicht ausnutzt», meldete sich die Fipsstimme in meinem Kopf wieder. «Wie oft hat er dich schon gebeten, einen Kontakt mit einem Verlag für ihn herzustellen, weil du da angeblich so viele Leute kennst? Das hast du auch immer brav gemacht, aber für dich hat er nie Zeit.»

«Blödsinn», sagte ich. Mit Tobias war es anders. Der arme Kerl hatte in letzter Zeit einfach viel um die Ohren. In unserer ersten Woche war das nicht so gewesen. Schon am Tag nach der Verlagsfeier hatte er mich mit einem romantischen Candle-Light-Dinner in seiner Wohnung überrascht, das wir allerdings bereits vor dem Nachtisch wegen hochgradiger Wollust hatten unterbrechen müssen.

Oh, ich konnte es kaum erwarten, ihn heute Abend wiederzusehen.

Gedankenverloren blätterte ich weiter in der Zeitschrift, bis ich auf einen Psychotest stieß. Ich liebte Psychotests. Und das Thema konnte nicht besser sein: «Bin ich ein spannendes Date?» Ich legte gleich los.

Wie gehen Sie auf Ihre Flirt-Partner zu?
A. Provozierend und offen.
B. Freundlich und charmant.
C. Kameradschaftlich und zurückhaltend.

A traf schon mal gar nicht zu, dafür war ich viel zu unsicher. Was meine Freundin Antonia in den Wahnsinn trieb.

«Du bist eine hübsche Frau, Eva», rief sie dann. «Wenn dir dieser Kerl gefällt, zeig es ihm. Er wartet nur auf ein Zeichen von dir!»

Aber ich glaubte ihr kein Wort. Weder dass ich hübsch war noch dass irgendein Mann auf irgendwelche Zeichen meinerseits wartete, und ich kreuzte C an.

Hand aufs Herz: Was erzählen Sie wirklich beim ersten Treffen?

A. Wie die Umstrukturierungen der Firma sich mittelfristig auswirken werden.

B. Von meinen aufregenden Reisen.

C. Warum meine früheren Beziehungen gescheitert sind.

Eindeutig C. Ob ich wollte oder nicht, jedes Mal landete ich zielsicher bei diesem Thema. Einmal hatte ich das meiner Freundin Bettina gebeichtet, die einen Catering-Service betreibt.

«Bist du noch zu retten?», hatte sie entsetzt gefragt. «Stell dir mal vor, ich komme zu einem neuen Kunden, der ein Buffet bei mir bestellen will. Und da erzähle ich ihm gleich am Anfang von einer Lebensmittelvergiftung bei meinem letzten Einsatz. Meinst du, der Typ hat nach dieser Information noch irgendein Interesse?»

Ich hatte kichernd den Kopf geschüttelt, aber gewusst, dass es mir beim nächsten Mal trotzdem wieder passieren würde.

Er erzählt beim Date einen ziemlich komischen Witz. Sie lachen …

A. Leise kichernd.

B. Prustend.

C. Laut und schallend.

Wenn der Witz echt gut war, wäre es eine Mischung aus B und C, aber so entschied ich mich für B.

Sie waren eigentlich in einem gemütlichen Café verabredet, da ruft er kurz vorher an und schlägt einen Ausflug vor. Ihre Reaktion?

A. Okay, ich bin in fünf Minuten fertig.

B. Gute Idee, aber ob das Wetter mitspielt?

C. Treffen wir uns erst mal im Café, dann sehen wir weiter.

Ich hatte sicher jede Menge Macken, aber spontan war ich. Daran gab es nichts zu rütteln: also A. Außerdem mochte ich Sex im Freien, aber das war wieder ein anderes Thema.

Welches Kompliment würden Sie ihm am ersten Abend machen?

A. Es ist sehr nett mit dir.

B. Du bist wirklich ein faszinierender Mann. Ich möchte gern mehr über dich erfahren.

C. Am ersten Abend mache ich keine Komplimente. Erst mal sehen, ob und wie es weitergeht.

Auch hier hatte ich wieder einen typischen Fall der Sorte: «Würde gerne, traue mich aber nicht.» Meistens brachte ich höchstens ein A heraus, auch wenn ich gerne B gesagt hätte.

Welche Verabschiedung könnte beim ersten Treffen von Ihnen stammen?

A. «Komm gut nach Hause.»

B. «Das war ein wunderschöner Abend, ich möchte dich so schnell wie möglich wiedersehen.»

C. «Das war ein schöner Abend. Bis bald.»

Wenn es langweilig gewesen war, sagte ich A, meistens wurde es C. Tobias hatte mich an unserem ersten Abend lange geküsst, bevor er mir B ins Ohr geflüstert hatte. Ich seufzte. Ob ich mich das jemals trauen würde?

Ich zählte meine Punkte zusammen und sah mir die Auswertung an.

Ich war Typ B: Die Amüsante.

Sie wissen um Ihre Defizite und haben daran gearbeitet. Wenn sich die Unterhaltung oder das ganze Treffen also manchmal ein wenig zäh gestalten, fällt Ihnen doch meist noch eine rettende Lösung ein. Bisweilen agieren Sie ein wenig nach Schema F, aber dennoch begegnen Sie Ihrem Gegenüber freundlich und aufmerksam. Ein entspannter Abend also, den Sie Ihrem Date bescheren. Weiter so, doch ruhen Sie sich nicht auf Teilerfolgen aus.

Das klang gar nicht mal schlecht. Aber die Detail-Auswertung verriet mir, dass ich nicht allzu weit entfernt war von Typ C: Die Langweilerin (Hören Sie endlich auf, die Spaßbremse zu sein!), dafür meilenweit von Typ A: Der Jackpot (Glückwunsch, ein Abend mit Ihnen ist ein Sechser im Lotto!). Mhm.

Bevor ich mir darüber weitere Gedanken machen konnte, lotste Mona mich erneut ans Waschbecken, und ich beschloss, Typ hin oder her, mir einen knackigen Jackpot-Abend mit Tobias zu machen.

Zum Glück erwiesen sich all meine Befürchtungen als unbegründet. Mona hatte recht gehabt: Meine sonst eher langweilige Frisur hatte durch die kleinen, hellen «Effects» eindeutig gewonnen.

«Das war ein genialer Tipp von Ihnen», sagte ich begeistert, zahlte und radelte zufrieden davon.

«Ah, Bella, du siehste grandiose aus!», rief Mario, als ich sein Geschäft betrat. Er hatte im Nachbarhaus einen kleinen Laden mit Gemüse, Obst und italienischen Spezialitäten und flirtete jedes Mal mit mir, als würde er dafür bezahlt. Antonia war überzeugt, dass der hübsche Italiener in mich verknallt war. Aber das war natürlich völliger Quatsch, schließlich weiß man, dass Italiener gar nicht anders können, als Komplimente zu machen.

«Deine Frisür iste neu!» Mario strahlte mich mit großen braunen Augen an. «Siehste richtig toll aus!»

«Deine Tomaten auch», erwiderte ich. «Davon hätte ich gerne ein Pfund.» Ich sah mich im Laden um. «Und einen Büffelmozzarella und ein Bund Basilikum.» Dann konnte Antonia sich Caprese machen, wenn sie aus der Schule kam. Ich nahm außerdem noch ein Ciabattabrot aus dem Korb und ging zur Theke.

«Deine Haare leuchten heute», schmeichelte Mario, während er die Preise in die Kasse tippte. «Warum du kommst nicht mal zu mir und ich koche? Nur für dich. Ich kochen gut!»

«O, äh, das wäre toll … Aber ich bin mit jemandem zusammen.» Lieber Himmel, heute zog der Gute wirklich alle Register.

«Ooh …» Mario strich sich durch die dunklen Locken und sah mich enttäuscht an. «Capisco … Aber wenn diese Mann nicht gut ist zu dir, dann du kommst zu mir, ja? Ich werde sein gut zu dir. Immer gut sein.»

Darauf fiel mir beim besten Willen keine Antwort ein, daher nickte ich nur.

«Bene!», rief Mario. «Machte sibben Euro fumfzig.»

Ich kramte in meinem Geldbeutel und legte das Geld abgezählt auf den Tisch.

«Grazie», sagte Mario. Er beugte sich zu mir vor. «Und weil ich dich nicht darfe küssen …» Er langte unter die Theke und drückte mir eine kleine Packung Baci in die Hand. «Du kriegst Schokoküsschen von mir! Ciao … Bella!»

Als ich im dritten Stock die Tür unserer Altbauwohnung aufschloss, gellte mir eine schrille Stimme entgegen. Kirsti war da, die Zukünftige unseres langjährigen Mitbewohners.

«Willst du das alles mitnehmen, Olivah?»

«Aber ja, Schätzchen!», antwortete ein sonorer Bass.

Oliver wäre der ideale Telefonverkäufer. Mit dieser Stimme könnte er Frauen alles verkaufen.

Leider war das auch das einzig Verführerische an ihm. Sein ganzer Sex-Appeal war sozusagen in die Stimme gerutscht, und der Rest musste ohne auskommen. Oliver war Finanzbeamter und erfüllte genau das Klischee: grau und langweilig.

Dabei war er ein lieber, herzensguter Mensch, und es war mir ein absolutes Rätsel, warum er eine Tussi wie Kirsti heiraten wollte, deren IQ sich im Schuhgrößenbereich bewegte.

Ich schaute zu ihm ins Zimmer. «Wahnsinn, ihr seid mit dem Packen schon fast fertig.»

«Mit den Nerven ebenfalls», brummte Oliver. «Wenn das alles nicht bald ein Ende hat, könnt ihr mich in die Klapsmühle einliefern!»

«Sag doch nicht so was, Hase …» Kirsti, heute ganz in Rosa, sah ihren Liebsten schmollend an. «Freust du dich denn nicht auf unsere Hochzeit?»

Hase sah nicht im Geringsten nach Vorfreude aus.

«Wollt ihr auch einen Kaffee?» Ich schielte auf meine Armbanduhr. Vier Uhr. Wenn ich mich ranhielt, konnte ich noch eine Runde übersetzen, bevor ich mich mit Tobias traf.

«Nein danke», sagte Oliver. «Aber ich würde gerne etwas mit dir besprechen.»

Ich winkte in Richtung Küche. «Dann kommt doch eben mit.»

Während ich mir Kaffee machte, rührte Kirsti demonstrativ in einer Tasse voll merkwürdig aussehender Blüten.

«Du solltest liebah Kräutatee trinken», flötete sie. «Dein Körpah wird es dir danken!»

«Ich bin mir sicher, dass sich mein Körper mehr über ein Stück Schokolade freuen wird», murmelte ich und steckte mir ein Baci von Mario in den Mund. Köstlich …

Oliver hüstelte nervös. «Ich, äh … ich wollte euch … Kommt Antonia denn nicht bald nach Hause?»

Ich schüttelte den Kopf. «Komferenzinnerschule», nuschelte ich mit vollem Mund. «Vorfümfkommtsenich.» Ich schluckte das Schokoküsschen hinunter und spürte deutlich, wie sich mein Körper bedankte. «Was hast du denn auf dem Herzen?»

«Na ja, ich, äh …», begann Oliver.

«Wir wissen einen supah netten Nachmietah für Olivah!», quietschte Kirsti.

«Genau», sagte Oliver. «Ihr habt doch noch niemanden, oder?»

Ich schüttelte den Kopf. «Aber macht euch da mal keine Gedanken. Antonia und ich finden schon jemanden.»

«Nun ja …» So leicht gab Oliver nicht auf. «Ich, äh … wüsste einen, der hier gut hineinpassen würde.»

«Und wer schwebt dir da vor?»

«Also, es ist so: Mein Kollege Egbert möchte endlich bei seinen Eltern ausziehen. Und da dachte ich, wenn ihr ihn aufnehmen würdet, wäre er nicht gleich ganz alleine in einer Wohnung. Was meinst du?»

Das Baci machte eine achterbahnähnliche Kurve in meinem Magen. Egbert – der Himmel stehe uns bei! Schon sein schlaffer Händedruck machte mich wahnsinnig. Wahrscheinlich müssten wir ihm vor der Arbeit Brote schmieren. Und ihm die Schuhe binden. Das war er bestimmt von Mutti gewohnt.

«Nein danke», sagte ich. «Wenn, dann kommt uns sowieso nur eine Frau ins Haus!»

«Na, wenn euch das mal nicht langweilig wird.» Kirsti zog ihre perfekt gezupften Augenbrauen unter den blonden Pony. «So ganz ohne Jungs? Ich weiß ja nicht …»

«Konzentriert euch lieber auf eure Hochzeit», kürzte ich die Diskussion ab. «Antonia und ich kriegen den Rest schon gebacken.» Dann verschwand ich schleunigst mit den restlichen Schokoküsschen in mein Arbeitszimmer.

Ich fuhr meinen Computer hoch und legte mir das Manuskript zurecht. In dem niederländischen Text, den ich gerade für einen Verlag übersetzte, ging es um ein pubertierendes Gör namens Maike, das immer, wenn es Frust schob – also ständig –, «roze koeken», wörtlich übersetzt «rosa Kuchen oder Kekse», in sich hineinstopfte. Ich hatte diese Teile ganz deutlich vor Augen, aber mir fiel beim besten Willen kein deutsches Pendant dazu ein. Vielleicht sollte ich es mit der zweiten Macke dieser Maike versuchen: Listen anlegen …

a) Sahnetorte – süß und klebrig, aber nicht in der Schultasche mitführbar
b) Gummibärchen – nicht süß und klebrig genug
c) xxxxxxxxxx

Mist, irgendwie konnte ich mich überhaupt nicht konzentrieren. Ich würde mich morgen also irgendwann aus Tobias' Laken wickeln und an den Schreibtisch setzen müssen. Nur noch drei Stunden bis zu unserer Verabredung. Was sollte ich anziehen?

Ein kurzes Pling meldete den Eingang einer neuen Mail und unterbrach meine Garderobengrübelei.

Von: info@TobiasKnorr.de
Betreff: Sorry …
Datum: 08. 05. 16:24:37 MEZ
An: hallo@eva_translation.de
Liebe Eva,
der Verlag hat gerade angerufen. Sie brauchen für die Konferenz am Montag noch zwei Cover-Entwürfe. Außerdem soll ich ein neues Mäuschen für eine Bilderbuchreihe entwerfen. Wirklich, es tut mir schrecklich leid, aber ich weiß

nicht, wie ich das alles schaffen soll, wenn ich nicht bis Montag früh durcharbeite. Vielleicht hat Antonia ja Lust, mit dir zum Italiener zu gehen?
LG Tobias

PS.: Könntest du bei Gelegenheit noch mal bei dieser einen Lektorin anrufen und fragen, ob sie meine Arbeitsproben bekommen hat? Und ob sie ihr gefallen? Du kennst sie doch schon länger und kannst vielleicht ein gutes Wort für mich einlegen ...? Danke!

Ich starrte auf den Bildschirm. Nicht zu fassen! Das war nun sage und schreibe die sechste Absage, die mir der Herr Illustrator um die Ohren knallte! Und dann sollte ich mich auch schon wieder um seine Verlagskontakte kümmern? Was dachte sich dieser Idiot eigentlich? Dass ich seine Sekretärin war?

Ich lehnte mich in meinem Schreibtischstuhl zurück, holte tief Luft und versuchte, meine Gedanken zu ordnen. Etwas fühlte sich heute anders an als sonst: Der Schuldbewusstseinsschalter, der seit Kindesbeinen fest in meinem Kopf installiert war, hatte sich nicht umgelegt. Stattdessen wurde ich wütend, und zwar auf Tobias und auf mich selbst. Ich hätte ihn schon nach der dritten Absage in die Wüste schicken sollen!

Da hatte ich mich wieder sauber ausnutzen lassen. Und immer Verständnis gehabt für den armen Künstler, der vor lauter Arbeit nicht aus den Augen schauen und sich deshalb nicht um mich kümmern konnte. Dabei war er die ganze Zeit hauptsächlich an meinen Verlagskontakten interessiert gewesen.

«Damit ist jetzt ein für alle Mal Schluss, Eva!», sagte ich laut. «Sowohl mit diesem Trottel als auch mit der Selbstverarschung!»

Mit einem energischen Tastendruck löschte ich die Mail. LG ... Er konnte sich seine Abkürzungen sonst wohin schieben. «Vielleicht hat Antonia ja Lust.» Sollte ich nach dem Essen auch noch mit ihr ins Bett gehen? Nein, das musste ich mir nicht bietenlassen!

Stattdessen war es höchste Zeit, mich endlich zu fragen, was ich eigentlich wollte.

Ich strich die angefangene «Maike-Liste» durch und schrieb:

Umgehend erledigen:
1. *Tobias abservieren (Persönlich? Per Mail? Gute Gelegenheit abwarten!!!)*
2. *Mich von keinem Mann mehr ausnutzen lassen. Und wenn er noch so schön ist!*
3. *Mir generell das Leben von KEINEM Sackgesicht mehr vermiesen lassen.*
4. *Einen hübschen, verlässlichen, sympathischen Mann finden, der mich nicht ausnutzen will (siehe 2.). Der Zeit für mich hat UND ein guter Liebhaber ist.*
5. *Ausschweifender Sex mit o. g. Mann (siehe 4.).*

Ich riss das Blatt vom Block und pinnte es direkt vor mir an die Wand, damit ich es ja nicht aus den Augen verlieren konnte.

Und jetzt? Ich beschloss, etwas zu kochen. Das würde mich von der Tobias-Misere ablenken, und Antonia würde sich darüber freuen, wenn sie müde aus der Schule kam.

Missgelaunt schlappte ich in die Küche und sah in Kühlschrank und Vorratskammer. Immerhin war hier die Lage nicht so hoffnungslos wie in meinem Beziehungsleben: Zwiebeln, roher Schinken, Knoblauch, Tomatenpampe, Kapern und Pecorino. Das konnten wunderbare Spaghetti all'amatriciana werden, und als Vorspeise würde ich die Caprese servieren.

Mein Blick fiel auf einen Becher saurer Sahne, die ihre beste Zeit schon hinter sich hatte. Genauso wie meine Beziehung mit Tobias. War das die Erklärung, warum viele Beziehungen nach der ersten Leidenschaftswelle die Grätsche machten? Ein Verfallsdatum von Verliebtheit und Glück? Und wie fand man es heraus?

Ich sah das Antwortschreiben auf meine Anfrage vor mir:

Sehr geehrte Frau Schumann,
vielen Dank für Ihr Schreiben vom 8. 5.
Leider müssen wir Ihnen mitteilen, dass Ihre Verliebtheit tatsächlich nicht mehr ganz frisch und das Haltbarkeitsdatum im Falle Ihres Glücks bereits um einige Wochen überschritten ist.
Da Sie die Verlängerungsfrist gem. § 157 Absatz 2 nicht eingehalten haben, müssen wir Sie darauf hinweisen, dass ein neuer Glücksantrag frühestens wieder in sechs Monaten gestellt werden kann. Machen Sie das Beste aus dieser Zeit!

Mit freundlichen Grüßen
Julia Rheinsberg
Amt für Herzensangelegenheiten und Ekstase

«Schweine!», rief ich und schlug mit der flachen Hand auf die Tischplatte. «Alles Schweine, und alle sind sie gegen mich!»

«Ist was passiert?» Antonia, die gerade zur Tür hereinkam, sah mich mit großen Augen an. «Schlechte Nachrichten?»

«Die saure Sahne ist sauer», sagte ich mürrisch.

«Das ist ihre Bestimmung», sagte Antonia, ganz die besserwisserische Lehrerin. «Frau Wolf ist übrigens wieder da.» Sie ließ sich auf einen der Küchenstühle fallen. «Sie hat mich so vollgequatscht, dass ich schon befürchtet habe, heute nicht mehr hier oben anzukommen.»

Linker Schuh weggekickt, rechter Schuh weggekickt. Jeden Tag das gleiche Ritual.

«He, warst du beim Friseur? Sieht gut aus mit den Strähnchen!»

«Ja. Aber es sind keine Strähnchen, sondern ‹Iihfäkts›. Also, was erzählt die Wolf? Hat es ihr in Berlin gefallen? Und hat Herbertchen die Woche Hundepension gut überstanden?» Unsere Nachbarin hatte uns, bevor sie wegfuhr, stündlich über die neuesten Entwicklungen ihrer Reisevorbereitungen berichtet. Und von ihrer Sorge, ob Herbertchen, ihr fetter rosa Pudel, die Zeit ohne «Mutti» überleben würde.

«Schön isses gewesen.» Antonia angelte sich mein Weinglas und nahm einen kräftigen Schluck. «Und eine ‹sattängiche Hose› hat se sich gekauft. ‹Fast für umsonst.› Herbertchen kläfft hysterisch wie eh und je, und sie kommt demnächst mit Fotos vorbei und erzählt uns alles noch genauer.» Sie genehmigte sich einen weiteren Schluck. «Guter Wein. Von Müller-3?»

Ich nickte. Antonias Leben war voller Männer namens Müller, und damit es nicht pausenlos zu Verwechslungen kam, hatten wir sie kurzerhand durchnummeriert. Müller-1 war ihr Zahnarzt, Müller-2 ein nerviger Kollege an der Schule, der seit Jahren in sie verliebt war, und Müller-3 unser hübscher Weinhändler um die Ecke. Müller-4 war ihr Therapeut, ein ganz frischer Müller.

«Übrigens, Oliver hat einen neuen Mitbewohner für uns», fiel mir ein. «Egbert!»

«Nein! Niemals!», kreischte meine Freundin.

«He, keine Bange! Ich habe das schon abgebogen», beruhigte ich sie. «Obwohl Kirsti der Meinung ist, dass ein männlicher Mitbewohner wichtig für uns wäre.»

«Jessas, du kannst einen ganz schön erschrecken!» Antonia leerte mein Weinglas in einem Zug. «Weißt du, manchmal frage ich mich, was Kirsti und Oliver miteinander verbindet. Zwilling und Schütze, ich bitte dich!»

«So ein Quatsch», sagte ich genervt. Ich hatte mich immer noch nicht daran gewöhnt, dass Antonia neuerdings auf diesen ganzen Astroscheiß abfuhr. Wir kannten uns bereits aus Sandkastenzeiten, und genauso lange waren wir schon dick befreundet. Während des Studiums waren wir zusammengezogen. Ohne Mars, Jupiter, Venus und wie sie alle hießen. Aber seit sich meine sonst so pragmatische Freundin in einem Anfall von Verwirrung ein «richtiges» Horoskop hatte erstellen lassen, mit Geburtsort und -zeit und all diesem Pipapo, waren diese Herrschaften bei uns eingezogen. Antonia war vom Ergebnis der Vorhersage dermaßen begeistert gewesen, dass sie prompt einen Kurs an der Volkshochschule gebucht hatte, um sich richtig in die Materie reinzuknien. Seitdem versuchte sie so ziemlich alles mit Hilfe der Sterne zu erklären.

«Also wirklich, Eva, schau dir dazu noch ihre Vorlieben an: Kirsti hat nur ihre Diäten und ihre Boutique im Kopf und Oliver seinen Steuerkram. Wenn er im Bett so ist wie im richtigen Leben, hat Kirsti nicht nur ein koffeinfreies und fettarmes Leben, sondern auch Sex ohne Lendenflimmern und Orgasmus!»

«Vielleicht kann er Kunststückchen», überlegte ich und gab den kleingeschnittenen Schinken in die Pfanne. «Im Augenblick frage ich mich sowieso, ob Sex und Beziehungen nicht total überbewertet werden.»

Mit einem Ruck saß Antonia senkrecht auf dem Stuhl. «Moment mal … Warum bist du eigentlich nicht wie geplant bei Tobias, sondern stehst hier am Herd?»

«Weil das Herzchen mir vorhin per Mail mitteilte, dass er mal wieder arbeiten muss.» Ich rührte wie eine Verrückte in der Pfanne. «Aber ich habe ihn durchschaut. Es ist wieder mal so weit. In Wirklichkeit ist er nämlich überhaupt nicht an mir interessiert, sondern nur an meinen Verlagskontakten.»

«Und jetzt fühlst du dich wieder schuldig an allem?» Antonia kannte mich schließlich nicht seit vorgestern.

«Nein, das spare ich mir zur Abwechslung», sagte ich tapfer. «Ich werde mir jetzt endlich darüber Gedanken machen, was *ich* möchte. Nicht, was der Mann vielleicht will.»

«Klingt sehr vernünftig», sagte Antonia. «Und bis du das herausgefunden hast, könntest du mal ein bisschen mit dem armen Mario flirten. Der ist Jungfrau, also ein idealer Partner für einen Stier. Er hat mir erst gestern wieder sein Herz ausgeschüttet: wie süß du bist und wie hübsch und dass du seine Traumfrau bist.»

«Das sagt er zu jeder», brummte ich. «Vergiss das mit der Jungfrau.»

«Eva, du hast einen Knall!», rief Antonia. «Du bist eine

sehr hübsche Frau. Wann kapierst du das endlich mal? Und Stiere harmonieren wirklich gut mit –»

«Süße, soll ich dir nicht lieber erzählen, *was* ich möchte?», schlug ich vor.

«Leg los!», sagte Antonia, und Mario war vergessen.

«Einen richtig tollen Mann …» Ich überlegte. «Einen, der an mir interessiert ist und mich nicht für seine Zwecke ausnutzt. Aber da mir ein solches Exemplar bestimmt nicht stante pede über den Weg läuft, werde ich erst mal eine Beziehungspause einlegen.»

«Wow!» Antonia sah mich groß an.

«Außerdem muss sich meine Arbeitssituation ändern», sagte ich. «Ich bin den ganzen Tag alleine hier im Haus und sehe keinen Menschen. Mir fällt die Decke auf den Kopf, verstehst du?»

Meine Freundin nickte. «Was du bräuchtest, wäre so etwas wie eine Bürogemeinschaft.»

«Genau. Wo ich mich ab und zu mit jemandem unterhalten oder einen Kaffee trinken kann, ohne vorher groß rumzutelefonieren.»

«Dabei hast du es so gut, Kind», imitierte Antonia gekonnt meine Mutter. «Kannst deine Zeit frei einteilen und bist dein eigener Boss!»

Ich warf den Spüllappen in ihre Richtung. «Fang jetzt nicht auch noch mit meiner Mutter an! Und überhaupt, du hast gut reden! Du hast bei der Arbeit deine Kollegen und die Schüler, und zu Hause hast du deine Ruhe.»

«Als wäre das immer der Hit», brummte Antonia. «Du könntest es mit einer Anzeige versuchen. Es gibt bestimmt Leute, denen es ähnlich geht wie dir.»

«Dann müsste ich mir aber auch geeignete Räume suchen,

und dafür habe ich im Augenblick keine Energie.» Ich packte den Mozzarella aus. «Ich glaube, ich warte lieber ab, ob sich so etwas ergibt!»

«Immerhin hast du deinen Wunsch klar artikuliert», sagte Antonia auf Therapeutenart. «Müller-4 sagt, das sei ganz wichtig!» Sie strich sich eine rotbraune Locke aus dem Gesicht. «Und ich könnte schwören, dass ich dieser Tage irgendwas von einer Bürogemeinschaft gelesen habe. Vielleicht fällt es mir wieder ein.»

In dem Spruch «Nudeln machen glücklich» steckt eine Menge Wahrheit. Nach der Caprese und einem großen Teller Spaghetti fühlte ich mich schon wie ein ganz anderer Mensch. Ich lehnte mich gerade zufrieden in meinem Stuhl zurück, als es Sturm klingelte.

«Hoffentlich ist das nicht Frau Wolf, die mit uns süßen Sherry trinken will.» Ich stand auf und ging zur Wohnungstür. Unsere Freundin Bettina lehnte am Türrahmen. Ob Sherry im Spiel gewesen war, konnte ich nicht sagen, aber sie schien schon einiges getankt zu haben.

«Ich bringe ihn um», begann sie das Gespräch. «Ich bringe diesen ekelhaften Idioten ganz langsam um!»

«Willst du vorher noch kurz reinkommen?»

Bettina schnaufte und folgte mir in die Küche.

«Hi, Bettinchen», begrüßte Antonia sie. «Wie sieht's aus?»

«Anscheinend nicht so gut», warnte ich.

«Scheiße», sagte Bettina. «Habt ihr mal was zu trinken?»

«Mineralwasser?», fragte Antonia allen Ernstes, während ich schon eine weitere Flasche Müller-3-Wein aufzog.

«Also, was ist passiert?», fragte ich.

«Ihr kennt ja den Ferdinand, ne?», begann Bettina. Sie griff grimmig nach dem vollen Weinglas.

Und ob wir Ferdinand kannten. Ein smarter, pigment-geduschter Mittdreißiger und Teilhaber einer florierenden Steuerkanzlei in der Innenstadt. Als er wegen Eigenbedarf des Vermieters seine Wohnung räumen musste und es mit seiner neuen Wohnung im letzten Moment nicht geklappt hatte, war er vorübergehend zu Bettina gezogen, die gerade einen neuen Mitbewohner suchte. Dieses «Vorübergehend» dauerte nun schon über vier Monate, und darüber war Bettina gar nicht glücklich. Denn leider war Ferdinand Wendel einer, der alles anbaggerte, was weiblich und nicht bei drei auf den Bäumen war. War das weibliche Wesen auch noch blond, legte er es am liebsten sofort flach. Und da Bettina sowohl weiblich als auch blond und außerdem ziemlich attraktiv war, hatte er schon am ersten Abend versucht, bei ihr zu landen. Ohne Erfolg. Stattdessen brachte er andauernd irgendwelche Frauen mit nach Hause und führte sich auf, als gehöre die Wohnung ihm allein.

«Dieses Mal ist er zu weit gegangen.» Bettina sah uns tief in die Augen. Ein großer Schluck Wein. «Die Sau!» Sie hatte sich schon oft über ihn aufgeregt, aber nun schien der Ärger eine ganz neue Dimension erreicht zu haben. Ich war gespannt auf die Details.

«Was hat er denn gemacht?», versuchte Antonia Tempo in die Sache zu bringen. «Hat er drei Frauen auf einmal für eine Orgie nach Hause geschleppt?»

Bettina schüttelte den Kopf. «Stellt euch mal Folgendes vor: Ihr seid müde von der Arbeit und habt nur eins im Sinn, nämlich Ruhe.»

Nichts leichter als das. «Und dann?»

«Dann kommt ihr nach Hause und hört komische Geräusche.»

«Welcher Art?», fragte Antonia.

«Stöhnender Art», schnaubte Bettina und nahm einen weiteren Schluck Wein.

«Und dann macht ihr die Küchentür auf und seht einen nackten Männerarsch. Ferdinands Arsch.»

«Lief er nackt durch die Küche?», fragte ich, aber Bettina schüttelte den Kopf. «Nein, Herr Wendel bumste seine neueste Eroberung. Auf dem Küchentisch.»

«Uups!», sagte ich.

«Jessas», meinte Antonia.

«Nein, Uschi!», sagte Bettina. «Wenn man schon Uschi heißt!»

Ich dachte kurz über diese Logik nach und stellte fest, dass ich tatsächlich nur blöde Uschis kannte. «Und dann?» Nun wollte ich es genau wissen.

«Uschi hat mich angeschaut, als wäre ich der Nikolaus … Und dann hat sie angefangen zu schreien.»

«Kann man irgendwie verstehen.» Antonia guckte, als würde sie die Szene gerade auf Großleinwand verfolgen. «Und Ferdinand?»

Bettinas Mund verzog sich zu einem breiten Alligatorengrinsen. «Der Trottel verhedderte sich in der heruntergelassenen Hose und fiel um.» Sie schlug mit der Faust auf den Tisch. «Das war immerhin ein schönes Bild!» Sie beugte sich zu uns vor. «Aber am liebsten würde ich diesen triebgesteuerten Idioten nie wiedersehen.»

Dies schien mir der passende Zeitpunkt, um von meinem Reinfall mit Tobias zu berichten.

Bettina langte sich an die Stirn. «Und da wundern sich alle, dass Frauen keine Kinder kriegen wollen. Wie soll das denn mit solchen Waschlappen funktionieren?» Sie schaute zu Antonia. «Und du, Schöne? Wieso bist du eigentlich immer noch Single?»

«Müller-4 meint, dass ich unter einem ziemlich ausgeprägten Kontrollzwang leide», erklärte Antonia. «Und dass ich insgeheim mit allen Männern, die mir begegnen, ins Bett möchte.»

«Ach was ...» Bettina sah sie verdutzt an. «Und wer bitte ist ... Müller-4?»

«Mein Therapeut», sagte Antonia und klärte Bettina bei der Gelegenheit auch über Müller-1 bis -3 auf. «Er meint, Max sei der Einzige, der mir meine vielen sexuellen Wünsche erfüllt, aber sonst keine Gefahr für mich darstellt. Deshalb klammere ich mich an ihn.»

«Und was rät er dir?», fragte ich interessiert.

«Ich soll den Männern einfach direkt sagen, dass ich mit ihnen ins Bett gehen möchte. Quasi als persönliches Experiment.»

«Ich kann dir jetzt schon sagen, wie das ausgeht», brummte Bettina. «Sie werden dich mit großen Augen anschauen und schleunigst das Weite suchen. Männer schätzen so was nicht, glaube mir!»

«Und warum gleich die Männer der ganzen Stadt aufmischen? Ich verstehe nicht, warum du es nicht mal ernsthaft mit Nicklas versuchst», sagte ich. «Auch wenn sein Sternzeichen in deinen Augen nicht optimal ist. Aber er sieht gut aus, er hat Manieren, man kann sich mit ihm über etwas anderes als Fußball unterhalten, und außerdem ...

«Außerdem was?», fragte Bettina gespannt.

«Hat er einen entzückenden Knackarsch», brachte ich es auf den Punkt. «Ich muss mich manchmal geradezu beherrschen, nicht hinzulangen!»

«Ja, ja, ich weiß», seufzte Antonia. «Nicklas ist echt nett. Entsetzlich nett. Aber meine Phantasie löst sich in Nichts auf, wenn ich versuche, mir eine Situation vorzustellen, die übers Kaffeetrinken hinausgeht. Dagegen ist Max im Bett ein echtes Erlebnis ...»

«Aber außerhalb eine dumme, chauvinistische Nullnummer», ergänzte ich.

«Irgendwie schon», sagte Antonia matt.

Es war ein Drama mit Antonia und dem anderen Geschlecht. Sie sah umwerfend aus mit ihren langen rotbraunen Haaren, und an Verehrern mangelte es ihr weiß Gott nicht. Aber sobald ihr einer zu nah kam, schickte sie den Typen in die Walachei. Oder ließ ihn zappeln, wie im Falle Nicklas: ein ausgesprochen sympathischer Journalist, mit dem sie zu jeder Tages- und Nachtzeit Kaffee trank. Wenn das so weiterging, endete der Gute noch als Frührentner mit einer ruinierten Magenschleimhaut.

Während wir alle drei über unsere Probleme mit Männern nachdachten, hatte ich plötzlich eine Idee. «Sag mal, Bettina, Ferdinand ist damals doch nur vorübergehend bei dir eingezogen, oder?»

Bettina nickte.

«Also steht er nicht im Mietvertrag?»

Kopfschütteln.

«Die Lust auf einen neuen Mitbewohner ist mir aber ebenfalls gänzlich vergangen», sagte Bettina. «Woher weiß ich, dass der nicht wieder so eine Katastrophe wird?»

«Dann kündige doch einfach die Wohnung und zieh bei

uns ein!» Ich schaute fragend zu Antonia rüber. «Damit wäre sie Ferdinand los, und wir wären hier wieder komplett.»

«Superidee!», rief Antonia. «Also, die Wohnung ist toprenoviert, super gemütlich, jede hat zwei Zimmer …» Sie dachte kurz nach. «Deine wären so um die zwanzig bis fünfundzwanzig Quadratmeter, schätze ich. Ansonsten Wohnküche, Badezimmer mit Wanne, Duschkabine und Toilette, ein zusätzliches Klo gibt es im Flur, und wir haben eine wunderschöne Dachterrasse.» Antonia streckte beide Arme aus. «Und bezahlbar ist das Ganze auch noch!»

Sie hätte eine tolle Immobilienmaklerin abgegeben.

«Antonia, Bettina ist nicht zum ersten Mal hier», bremste ich, bevor sie noch anfing, die Vorzüge der Kellerräume zu loben.

«Du kannst dir Olivers Zimmer gerne mal ansehen. Es stehen nur noch ein paar große Schränke und ein Aktenregal drin, und die schaffen wir auch demnächst raus.»

«Tja … wenn es sonst keine ernstzunehmenden Bewerber gibt», sagte Bettina.

«Gibt's nicht», brummte Antonia, in Gedanken immer noch bei ihrer Männerproblematik.

«Also würdest du hier einziehen?» Mein Herz machte einen Hüpfer.

«Morgen kündige ich die Wohnung, und dann ziehe ich hier ein!» Bettina hob ihr fast leeres Weinglas. «Auf unsere neue WG! Möge Herr Ferdinand Wendel sich den nackten Hintern grün ärgern!»

«Ich glaube, ich muss noch mal raus», sagte ich, als wir Bettina ins Gästezimmer verfrachtet hatten. «Die schläft jetzt erst mal wie ein Stein!»

«Gute Idee.» Antonia sah auf die Uhr. «Wie wär's mit dem Cartouche? Da waren wir schon ewig nicht mehr.»

Zwanzig Minuten später saßen wir mit einem Merlot an der Theke. «Bin mal gespannt, wie Ferdinand reagiert», sagte ich und nippte an meinem Wein. «So wie ich den einschätze, wird er sich rächen wollen.»

«Wieso? Er wird doch wohl eine neue Wohnung finden.»

«Damit hat das gar nichts zu tun. Ferdinand ist der Typ Mann, der über alles die Kontrolle haben möchte. Einer, der die Fäden in der Hand haben will. Wenn man solche Leute vor vollendete Tatsachen stellt, werden sie pampig. Dem hat es doch schon damals gestunken, dass Bettina nicht mit ihm ins Bett gegangen ist.»

«Verstehe einer die Männer …» Antonia ließ ihren Blick durch die volle Kneipe schweifen. «Apropos.» Sie stupste mich an. «Ist das nicht dein Tobias, dahinten am Fenster?»

«Ich habe keinen Tobias mehr», antwortete ich. «Derjenige, den du meinst, sitzt zu Hause und arbeitet.» Ich guckte dennoch in die besagte Richtung. Verdammt, er saß nicht zu Hause! Er hockte mit einer jungen Tussi in einer dunklen Ecke des Lokals!

Wenn das keine Gelegenheit war, ihn abzuservieren. Langsam ließ ich mich vom Barhocker gleiten. «Es ist an der Zeit, diesem begnadeten Künstler mal die Meinung zu geigen», sagte ich und ging auf die beiden zu.

Ganz ruhig, Eva, jetzt ist Timing gefragt!

Tobias saß mit dem Rücken zu mir. Sein Gegenüber, höchstens zwanzig, schaute ihn mit großen Rehaugen an und hauchte gerade ein «Das ist ja voll interessant!», als ich den Tisch erreichte. Tobias nahm zufrieden einen tiefen Zug aus seinem Glas. Und jetzt kam mein Einsatz:

«Das Mäuschen ist dir wirklich gut gelungen, Schatz. Es lebt ja sogar!»

Die Reaktion war überwältigend: Tobias prustete, und Mäuschen duschte im Sprühnebel. Mit einem spitzen Entsetzensschrei sprang es auf, während Tobias nach Luft japste.

Er starrte mich mit aufgerissenen Augen an. «Ja – abba – abba – ich – ich kann das alles erklären», stotterte er.

«Ah, die klassische Antwort», sagte ich zuckersüß. «Und ohne Nachdenken, alle Achtung!» Ob Männer die in ihrem Erbgut fest eingespeichert hatten? «Ich wünsche euch noch einen schönen Abend.»

Ich nickte in Richtung seiner Begleiterin, die mich empört ansah. «Passen Sie nur auf, dass er nicht zu viel arbeitet. Er neigt dann nämlich zum Fremdgehen.»

Als ich zur Theke zurückging, fegte das Mäuschen bereits wutentbrannt aus dem Lokal, während Tobias hektisch nach dem Kellner winkte.

Antonia prostete mir zu. «Hübsche Szene! Hast du gewusst, dass Sonne und Mars zurzeit im Sextil stehen? Das schafft Spannungen. Was hat er denn zu seiner Verteidigung vorgetragen?»

«Dass er alles erklären kann.»

«Ach, wenn sie wenigstens einmal in ihrem Leben originell sein könnten», seufzte meine Freundin.

Dem hatte ich nichts mehr hinzuzufügen.

Kapitel 2

Es war noch früh, als ich am nächsten Morgen aufwachte. Mein erster Gedanke war: «Du bist wieder Single.» Dass es sich völlig anders anfühlte als sonst, konnte ich nicht behaupten. Allerdings fragte ich mich sofort, ob ich in diesem Leben jemals wieder Sex haben würde.

Es gab eine Folge bei Sex and the City, in der Samantha behauptet, die Welt sei für Singles ein großes Schlemmerbuffet. Aber so wie ich gestrickt war, würde ich nicht mal dann zugreifen, wenn ich direkt davorstünde. Dafür war ich zu romantisch. Ich konnte mich einfach nicht dazu überwinden, mit diesem und jenem ins Bett zu hüpfen.

Die paar Abenteuer, die ich gewagt hatte, waren alle in einem Fiasko geendet. Am schlimmsten war es mit dem Letzten gewesen. Nach einer wunderbaren Nacht war ich unsterblich in Sascha verliebt. Er hingegen hatte mir unmissverständlich klargemacht, dass ich für ihn nur ein One-Night-Stand war, und sich nie wieder bei mir gemeldet.

Nein, mein Herz war nun mal auf Gefühl und Treue gepolt. Auf Filme wie *Vom Winde verweht* und *Schlaflos in Seattle*, und das sollte auch so bleiben.

Ich setzte mich mit einem Ruck auf. Richtig, solche Sachen konnten bleiben, wie sie waren, aber einige andere wollte ich ändern. Und heute würde ich damit anfangen.

Ich nahm die Tobias-Liste von der Wand und setzte mich an meinen Schreibtisch.

Punkt 1 strich ich mit einem dicken roten Filzer durch. «Tobias abservieren» – erledigt.

Die Sache mit dem neuen Mann würde zwar nicht so leicht zu bewerkstelligen sein, aber das konnte auch ruhig noch etwas warten. Jetzt wollte ich erst mal sehen, was ich sonst noch in meinem Leben ändern konnte.

Die Sache mit der Bürogemeinschaft fiel mir wieder ein, und ich vervollständigte die Liste um einen weiteren Punkt: «Raus aus der Isolation und Anzeigen studieren.» Sehr gut.

Und noch etwas fiel mir ein: «Wenn dir etwas nicht passt, mach den Mund auf und schluck deinen Ärger nicht länger hinunter!»

Für den Anfang war das nicht schlecht. Zufrieden stapfte ich ins Bad.

Als ich aus der Dusche stieg, blickte ich in den Spiegel. Diese «Iihfäkts» waren ganz nett, aber irgendwie … eine richtige Veränderung war es nicht. Vielleicht lag es einfach an der Haarlänge? Ich fasste meine Zotteln zusammen und überlegte, wie ich mit einem Kurzhaarschnitt aussehen würde. Sollte ich es wagen? Oder erst Bettina und Antonia fragen? Nein, wenn die beiden erst mal ihren Senf dazugaben, würde mich der Mut gleich wieder verlassen. Wenn, dann musste ich sofort handeln.

«Ist das Ihr Ernst?» Mona hatte ihren Laden gerade aufgesperrt, als ich zur Tür hereinstürzte. «So richtig kurz?»

Ich schluckte. «Oder meinen Sie, dass …»

«Nein, finde ich großartig!», rief sie und dirigierte mich sofort ans Waschbecken. «Und Sie haben Glück. Meine erste Kundin hat abgesagt. Wir können gleich anfangen!»

Als ich mit nassen Haaren wieder vor dem Spiegel saß, war mir doch etwas mulmig zumute. «Sie sind sich ganz sicher, dass mir das steht?»

«Ich wollte es Ihnen schon einige Male vorschlagen», sagte Mona bestimmt. «Aber da ich weiß, dass Sie eher der beständige Typ sind, habe ich mich bisher zurückgehalten, verstehen Sie?»

Du meine Güte, die Frau entpuppte sich ja als Psychologin!

«Gibt wohl Ärger mit dem Partner?»

Ich schüttelte den Kopf. «Es hat sich ausgeärgert, ich habe ihn in die Wüste geschickt.»

«Typischer Fall», sagte Mona, während sie ihre Utensilien bereitlegte. «In solchen Situationen verabschieden sich viele Frauen von ihrer Mähne.» Sie tätschelte mir die Schulter. «Na, dann wollen wir mal!»

Eine halbe Stunde später verteilte sie noch etwas Haarwachs in die Spitzen, und ich schaute glücklich in den Spiegel. Das Ergebnis übertraf alle Erwartungen. Die hellen Effekte lockerten den dunklen Fransenschnitt perfekt auf, und ich hatte das Gefühl, eine völlig neue Eva zu sehen.

Mit einem zufriedenen Seufzer drückte ich die Wohnungstür hinter mir zu und ging den langen Flur zur Küche entlang.

«Der Brötchendienst ist da!», trällerte ich und hielt zuerst die Bäckertüte durch die Tür, um im nächsten Moment ganz in Erscheinung zu treten.

«Super!», rief Antonia. «Das alte Brot lässt sich kaum noch … He, Wahnsinn!» Sie sah mich mit aufgerissenen Augen an. «Eva, du siehst toll aus!»

Auch Bettina johlte bei meinem Anblick. «Super!»

Ich setzte mich zu den beiden an den Küchentisch und fuhr mir vorsichtig über das Haar. «Freut mich, dass es euch gefällt», sagte ich. «Es hätte ja auch ordentlich in die Hose gehen können.»

Bettina grinste und schenkte mir Kaffee ein. «Ist es aber nicht. Steht dir richtig», sagte sie.

«Und wo du schon mal am Verändern bist, gebe ich dir gleich noch einen Tipp von Freundin zu Freundin: Kauf dir bei Gelegenheit mal ein paar Klamotten, die nicht so weit geschnitten sind. Du hast eine super Figur, die brauchst du nicht zu verstecken.»

Antonia verdrehte die Augen. «Das sage ich ihr schon lange, aber auf diesem Ohr ist die liebe Eva leider völlig taub.»

«He!», rief ich. «Eins nach dem anderen, okay? Ich habe gerade diesen revolutionären ersten Schritt gemacht, an den ich mich erst noch gewöhnen muss, ja? Verlangt nicht von mir, dass ich alles andere in meinem Leben auch noch umkrempele. Sonst bin ich gar nicht mehr ich.» Ich zog mein weites türkisfarbenes Lieblingssweatshirt gerade. «Und überhaupt, was habt ihr gegen meinen Kuschelpullover? Der ist total bequem.»

«Ja, auch die Farbe ist super. Aber der Schnitt erinnert doch ziemlich an einen Kartoffelsack», sagte Bettina unbarmherzig. «Aber du hast recht: Eins nach dem anderen!» Sie grinste mich schräg an. «Du bist jedenfalls auf dem richtigen Weg. Antonia hat vorhin sehr anschaulich geschildert, wie du Tobias gestern aufgemischt hast. Da wäre ich gerne dabei gewesen.»

«Wenn du hier einziehst, sitzt du schon mal in der ersten

Reihe, falls ich mal wieder jemanden abserviere. Oder hast du es dir in der Zwischenzeit anders überlegt?»

«Von wegen. Etwas Besseres kann mir gar nicht passieren.» Bettina biss herzhaft in ein Marmeladenbrötchen. «Ferdinand führt sich schon länger auf, als würde ihm die ganze Wohnung gehören. Es wird höchste Zeit, ihm mal zu zeigen, wo der Hammer hängt!»

«Wenn du Hilfe brauchst …», sagte ich und grinste. «Ich bin gerade noch gut in Schwung.»

Bettina lachte. «Ich sage dir Bescheid, wenn ich weiß, wie ich ihm beikommen will. Ihm und seinen hirnlosen Tussis, die mir am Frühstückstisch deutlich zu verstehen geben, dass ich störe.»

Ich sah Bettina nachdenklich an. «Wieso bist *du* eigentlich immer noch Single?»

Das fragte ich mich nämlich schon seit dem Abend, an dem Antonia und ich Bettina kennengelernt hatten. Bettina, groß, blond, schlank, war eine skandinavische Schönheit, nach der sich die Männer regelmäßig umdrehten.

Meine Freundin zuckte die Schultern. «Ich hätte ganz gern einen Freund, aber ich hasse es, wenn Männer immer alles mit mir gemeinsam machen wollen. Sonst finden sie, dass ich mich nicht genug um sie kümmere. Und dabei habe ich mit meinem Catering-Betrieb ja sowieso so unregelmäßige Arbeitszeiten …» Sie überlegte. «Außerdem sind die gutaussehenden Männer in unserem Alter alle verheiratet, schwul oder beziehungsunfähig.»

«Na toll … Wenn du schon keinen passenden Partner findest, kann ich die Suche gleich knicken», sagte ich.

«Hast du einen Knall? Wer sagt denn, dass du keinen neuen Freund findest?» Antonia sah mich kopfschüttelnd an.

«Bettina sieht blendend aus, und an mir ist alles gerade mal so Durchschnitt. Abgesehen davon fühle ich mich in letzter Zeit total fett.» Ich kniff mir in den Bauch.

Bettina tippte sich an die Stirn. «Eva, du spinnst! Du siehst so gut aus. Deine neue Frisur ist genial, und du bist kein bisschen dick. Wetten, dass du bald einen hinreißenden Mann kennenlernst?»

«Um was wetten wir?»

Bettina überlegte kurz. «Wenn du in den kommenden … sechs Wochen keinen kennenlernst, spendiere ich dir einen Kosmetiktermin bei Verena. Mit allem Drum und Dran.»

«Damit es dann in den Wochen darauf besser klappt?»

Bettina grinste. «Nein, du Doofi. Aber wenn es klappt und du lernst einen Mann kennen, zahlst du mir den Termin. Wie gesagt: mit allen Schikanen!»

«Okay!» Wir schlugen ein.

«Wäre das schon mal geklärt», sagte Bettina. «Apropos, ganz männerfrei wird diese WG auch nicht bleiben. Ich hoffe, ihr habt nichts dagegen?»

Wir sahen sie verdutzt an.

«Er heißt Mephisto und ist ein großer schwarzer Kater», klärte sie uns auf. «Ich müsste ihn bald herholen. Ferdinand vergisst immer, ihn zu füttern.»

«Meinetwegen gerne», sagte ich. «Aber mein Schlafzimmer ist absolutes Sperrgebiet. In mein Bett lass ich nur tierisch gute Liebhaber, keine Vierbeiner.»

«Bei mir darf er zur Not auch unter die Decke», sagte Antonia. «Ich liebe Katzen!»

Bettina strahlte. «Fein! Dann mach ich mich gleich auf die Socken. Vielleicht können wir dann auch mal überlegen, wie …»

Mein Telefon klingelte.

«Ach herrje, das wird die Kramms-Kümmerle vom Verlag sein. Die hatte sich für elf Uhr angedroht», sagte ich.

«Das ist doch diese schwäbische Schnepfe, oder?» Antonia schaute begeistert zu Bettina: «Das ist meistens besser als jede Comedy im Fernsehen. Komm, wir hören mit!»

Zu dritt rannten wir in mein Arbeitszimmer. Ich stellte das Telefon auf «laut» und meldete mich.

«Grüß Gott. Hier isch Frau Kramms-Kümmerle. Sie warted beschdimmt scho auf die Korrekture zur erschten Liebe, gell?»

Diese Anfangsfrage warf mich etwas aus der Bahn. Ich wartete vielleicht auf eine *neue* Liebe, aber hier wollte jemand meine *erste* Liebe korrigieren? Himmel, da war ich fünfzehn!

«Sie sprechen von der Übersetzung des englischen Aufklärungsbuchs», brachte ich die Sache auf den Punkt.

«Hajaaa, von was denn sonscht?», fragte die Lektorin pikiert. «I wollt mi halt gschwind amal melde. 's hat a bissle dauert, isch halt im Verlaag immer arg viel los!»

Ja, ja. Erst war das Projekt brandeilig gewesen, und dann hatte ich wochenlang nichts gehört. So viel zum Thema «gschwind».

«Und? Sind Sie zufrieden?», fragte ich.

«Noi, net ganz», sagte der Doppelname. «Manche Ausdrück' finda' mir scho abissle heftig. Und euniges habet Sie ja gar net iebersetzt!»

«Wie bitte?» Ich überlegte fieberhaft, wo ich etwas vergessen haben könnte. «Was habe ich denn ausgelassen?»

«Ha noi, des Wort ‹petting› beischbielsweis'. Des habet Sie eufach schdähe lasset!» Frau Krümms-Klämmerle klang nun richtig aufgebracht.

«Und, eh … wie hätten Sie das denn übersetzt?», fragte ich etwas baff. «Das ist doch ein feststehender Ausdruck im Deutschen!»

Die Antwort kam prompt: «Mir hättet an ‹kuschle› denkt!»

Kuschle. Für Petting. Meine «erschte Liebe» lief wie ein blasser Super-8-Film vor meinem inneren Auge ab: Ich sah geöffnete Hemden, halb heruntergezogene Jeans und hörte deutlich den keuchenden Atem von Marcel, meinem «Kuschelpartner», der sich hektisch an meinem BH zu schaffen machte und …

Frau Heinz-Hümmerle unterbrach meine Erinnerungen jäh mit den Worten: «Gell, und wenn mer grad davon schwätzet, Sie habet ja au amol die Worte ‹poppen› und ‹bumsen›! Des wollet mer au korrigiere, gell? Nix für ungut, aber des isch a Buch für Tienädscher!»

«Eben!», sagte ich bockig. «Und nicht für Senioren! Ich habe mich lediglich an den Text gehalten!»

Es war einfach nicht zu fassen! Eine Volksgruppe, die zu ihrem Sonntagsbraten «Buebespitzle» serviert, regte sich über das Wort «bumsen» auf. Ich holte tief Luft. «Nun, Frau eh, Krümmerle …»

«Kramms-Kümmerle», kam es wie aus der Pistole geschossen.

«Genau», sagte ich. «Ich schlage vor, dass Sie mir die von Ihnen korrigierte Fassung einfach noch mal zukommen lassen, und dann sehe ich, was ich tun kann. Einverstanden?»

«Aber machet’se gschwind!», sagte Frau K.-K. «Mir hennt net ewig Zeit für des Biechle! Auf Wiederhöre!», und legte auf.

Bettina und Antonia, die sich in der Zwischenzeit geradeso hatten beherrschen können, brüllten jetzt laut los.

«Kuschle! Ich werd verrückt!», heulte Bettina. «Hast du öfters solche Tanten in der Leitung?»

«Zum Glück nicht», sagte ich. «Das war die Schlimmste von allen.»

Bettina stand kichernd auf. «Dann gehe ich mal los und hole Mephisto», sagte sie. «Und sollte Frau Damms-Dümmerle sich in der Zwischenzeit noch mal melden, nimm es bitte auf.»

Nach diesem Telefonat wünschte ich mir wieder einmal eine richtig bissige Sekretärin. Eine, die solchen Leuten derart den Kopf wusch, dass sie hinterher froh waren, überhaupt eine Übersetzung auf dem Tisch liegen zu haben.

Nachdenklich sah ich auf meine Vorsatzliste an der Wand: Mund aufmachen und den Ärger nicht hinunterschlucken … Das hatte ich gerade eben noch nicht so hinbekommen, wie ich wollte. Aber ich würde daran arbeiten.

Ich beschloss, das englische Kuschelmanuskript gleich noch mal durchzusehen und mich danach weiter mit der Übersetzung von Maikes Pubertätsproblemen zu beschäftigen. Yes, so würde ich es machen!

Moment mal … Das Wort «yes» brachte irgendetwas in meinem Hirn zum Schwingen. Klar! Die deutsche Lösung für Maikes Fressattacken: Yes-Törtchen! Pappsüß und in der Schultasche verstaubar! Begeistert sprang ich auf – um mich dann auch gleich wieder zu setzen. Aber ob es diese Teile überhaupt noch gab? Ich wollte schon googeln, als mir eine viel bessere Idee kam. Wie wollte ich einen neuen Mann treffen, wenn ich immer nur zu Hause saß? Vergiss das Internet, Eva, beweg deinen Hintern in den Supermarkt!

Eine halbe Stunde später kam ich zwar ohne Mann, aber mit reicher Yes-Torty-Beute wieder bei unserer Haustür an und traf dort auf Frau Prokopetz, Frau Wolf und Herbertchen. Bei Frau Prokopetz, die unten bei uns im Haus einen kleinen Laden führte, bekam man neben Zeitschriften, Zeitungen, Rauchwaren und Fahrkarten sämtliche Neuigkeiten. Sowohl die aus ihren Zeitschriften als auch die aus der umliegenden Nachbarschaft.

«Na, Eva, warste schön shoppen?», fragte sie und schielte neugierig in meine Plastiktüte. «Oh, was lecker Süßes!»

«Ist für eine Übersetzung», sagte ich, aber die Prokopetz zwinkerte ihrer Freundin zu.

«Jaja, für die Arbeit. Haben wir auch immer gesagt, was, Ilse!», und dann mit ernstem Ton zu mir: «Pass aber auf mit dem Zeugs. In deinem Alter kann man sich nicht mehr alles erlauben. Schau dir bloß mal die Kirstie Alley an, die von *Fackeln im Sturm*, weißt du? Die ist auch wieder so was von fett geworden, furchtbar! Ich sach ja immer, eine Frau sollte sich nicht so gehenlassen!»

Frau Wolf, Konfektionsgröße 48, nickte bestätigend. «Ich warne Herbertchen auch immer», sagte sie und zog den fetten Pudel auf die Seite. «Aber er hört nicht. Und jetzt hat er diesen Huddel mit der Hüfte.» Herbertchen kläffte mich an, als wäre ich an seinem Elend schuld.

«Aber immer noch besser als Ehts!», rief Frau Prokopetz, während sie sich aufgeregt durch die grauen Locken fuhr. «Also, ob du es glaubst oder nicht, Ilse, aber der Dings, du weißt, wen ich meine, der …»

Ich ließ die Damen mit dem Aidsdrama alleine, leerte unseren Briefkasten und ging mit einem dicken Stapel WG-Post in der Hand die Treppen hoch. «Für Antonia, Eva, Werbung, Oliver, Oliver, Werbung, Antoni-aaaah!» Mit offenem Mund starrte ich den Mann an, der mich an den Schultern hielt.

«Ein Glück, dass ich keine Straßenbahn bin», sagte eine tiefe, samtweiche Stimme. «Sie wären fast in mich hineingerannt.»

Ich traute meinen Augen nicht. George Clooney? Hier im Treppenhaus?

«Sie sollten etwas aufmerksamer durchs Leben gehen, schöne Frau.» Er lächelte und ließ mich dann bedauerlicherweise los.

Unzusammenhängendes Gestammel kam aus meinem Mund. Wo war ich? Leider nicht in Hollywood, sondern im ersten Stock, vor der Praxis von Herrn Cantak Mhia, Experte für «Tantra-Transformation». George Clooney rief «Bis Mittwochabend!» hinein, bevor er die Praxistür hinter sich schloss, lächelte mich ein letztes Mal infarktauslösend an und ging die Treppe hinunter.

Ich stolperte auf Puddingknien zu unserer Wohnung hoch, schloss mit zittrigen Fingern auf und kam erst in der Küche langsam wieder zu mir.

Aufmerksamer durchs Leben gehen … wie soll das nach einer so aufwühlenden Begegnung funktionieren? Konnte man da nicht froh sein, dass man nicht vor Wollust explodiert war?

Da beide Freundinnen ausgeflogen waren und ich mit diesem Problem alleine dasaß, schaute ich erst mal in den Spiegel. Schöne Frau hatte er mich genannt. Wie sah ich heute überhaupt aus?

Bis auf meine Augen, die etwas plüschiger wirkten als sonst, war alles wie immer: eine Vierunddreißigjährige mit dunklen Augen, dunklen Haaren und Konfektionsgröße 38–40. Mir fielen Bettinas Worte zu meinem Outfit wieder ein. Sie hatte recht: Meine Klamotten waren durchweg vom Label «Bequem und Locker». Sollte ich auch das schleunigst ändern?

Statt weiter nachzudenken, rannte ich in die Abstellkammer und wühlte das Altpapier durch. Verdammt, letzte Woche hatten wir das neue Monatsprogramm von diesem Cantak Mhia im Briefkasten gehabt, oder? Ja, da lag es, ganz unten. Schnell schlug ich das Heftchen auf und sah nach, was Mittwochabend im ersten Stock geboten wurde. «Atmen mit Leib und Seele – Kraftentfaltung für die Lunge» mit Yogi Sri Singh.

Gott sei Dank nichts mit Tantra-Sex, denn bereits bei dem Gedanken, mit George eine Stunde lang im selben Raum zu atmen, blieb mir die Luft weg.

Meine Phantasie driftete dennoch in Richtung Tantra-Sex ab. «Ruhig Blut, Eva», sagte ich mir. «Die Frage der Stunde lautet: Atmen mit George oder ohne ihn?»

Ich steckte mir das Programmheft in die Hosentasche und ging in mein Arbeitszimmer. Hundertachtzig Euro für ein Rendezvous … Na ja, laut Programm waren es immerhin acht Rendezvous. Machte zweiundzwanzig fünfzig pro Wiedersehen. Eigentlich gar nicht so teuer. Und wann war mir schon mal so was Knuspriges über den Weg gelaufen?

Egal, bis Mittwoch konnte ich mir das ja noch mal in Ruhe überlegen. Und ich schwor mir hoch und heilig, die Wurfsendungen von Herrn Mhia nie wieder ungelesen ins Altpapier zu werfen!

Ich setzte mich brav an den Schreibtisch und wollte mich mit der holländischen Maike weiter durch die Pubertät quälen, als der abservierte Tobias das tat, was er noch besser konnte als zeichnen: Er schickte mir eine Jammermail. Betreff: Sorry. Ich hätte das gestern Abend alles völlig falsch verstanden und «Mäuschen» sei nur eine Praktikantin von einem Verlag gewesen und … Ja, ja, er musste aus beruflichen Gründen mit ihr ausgehen.

So nicht, Herzchen! Und höchste Zeit, den Punkt «Mir das Leben von keinem Sackgesicht mehr vermiesen lassen» endgültig zu erledigen:

Armer Tobias, das Leben ist wirklich grausam, mir fehlen die Worte. Da ich aber nur begrenzt leidensfähig bin, schlage ich vor, dass du dich ab sofort selbst um dein Elend kümmerst und mich nicht mehr belästigst. Das Leben ist einfach zu kurz, um mich von dir ausnutzen zu lassen – ich bin sicher, dass du das verstehen wirst. Weiterhin viel Erfolg mit deiner Arbeit und der Praktikantinnenbetreuung wünscht dir: Eva.

Dann drückte ich auf «Senden» und strich mit dem bewährten Filzer den nächsten Punkt von der Liste. Wieder was erledigt.

Ich hatte vor einiger Zeit einen wunderbaren Spruch im Radio gehört: Man muss loslassen, damit man beide Hände frei hat, wenn man etwas Neues im Leben umarmen möchte. Es war da zwar nicht die Rede gewesen von *dem Neuen*, aber so was war Auslegungssache.

Ich schloss die Augen und stand sofort wieder mit «George» im Treppenhaus. Er kam geheimnisvoll lächelnd auf mich zu und schloss mich sanft in die Arme. Sein Mund bewegte sich auf mein Ohr zu und –

«Haust du ab, du blöder Köter!» Bettinas Schrei erschreckte mich zu Tode. Dann hörte ich, wie das hysterische Gekläffe von Herbertchen immer näher kam, und schaute alarmiert in den Flur. Ein schwarzer Blitz raste auf mich zu, schoss an meinen Beinen vorbei, dicht gefolgt von dem fetten Nachbarpudel. Plötzlich änderte Mephisto die Taktik: Er bremste, drehte sich um und nahm seinen hechelnden Verfolger in die Zange. Fasziniert schaute ich zu, wie Unmengen rosafarbene Wolle durch die Luft wirbelten. Herbertchen jaulte auf, genauso wie Frau Wolf, die auf das Tierknäuel zurannte.

«Jetzt fang doch endlich jemand diese Bestie», schrie sie. «Herbertchen! Mutti kommt schon! Mutti ist schon da!»

Bettina nahm die Vase von der Fensterbank, legte den Strauß auf den Boden und schüttete das Blumenwasser über die fauchende Bande. Der Guss verfehlte seine Wirkung nicht: Mephisto sprang auf den Schrank, während der Pudel sich winselnd zu «Mutti» schleppte. An einigen Stellen fehlte das Fell, und seine Nase blutete.

«Das hat ein Nachspiel!», keifte Frau Wolf, während sie Herbertchen vorsichtig auf den Arm nahm. «Ein solches Ungeheuer hat hier im Haus nichts verloren!»

Bettina schaute Frau Wolf gelassen an. «Ich möchte Sie darauf aufmerksam machen, dass sich *Ihr* Köter in einer fremden Wohnung befindet. Nicht der Kater! Wäre Ihr Hund nicht die Treppe hochgerast, würde ihm nichts fehlen.»

«Soll das etwa heißen, dieses mordlustige Biest *wohnt* hier?!», rief unsere Nachbarin entsetzt. «Herbertchen, hast du das gehört?»

Bettina nickte. «Wir wohnen beide hier. Er und ich.»

«Darüber ist das letzte Wort noch nicht gesprochen!»,

schrie Frau Wolf. «Und die Tierarztrechnung bekommen Sie auch!»

Als sie die Wohnung verlassen hatte, lockte ich Mephisto vom Schrank und streichelte ihm über den Kopf. «Was war das noch mal für 'ne Rasse?», fragte ich Bettina. «Ein mongolischer Pudelschlitzer?»

Als wir uns mit einer Tasse Kaffee an den Küchentisch setzten, hockte Mephisto mit halb heruntergelassenen Augenlidern auf der Fensterbank und schaute hinaus.

«Wenn er so guckt, sieht er wie ein richtiger Philosoph aus», fand Bettina.

Ich war eher der Meinung, dass er sich ein paar interessante Todesarten für Pudel ausdachte. Solche, bei denen man ganz langsam starb.

Plötzlich stand Antonia mit den Einkäufen in der Küche. «Habt ihr euch mit Frau Wolf gestritten? Sie hat geschimpft wie ein Rohrspatz und ist dann mit Herbertchen im Taxi davongefahren.»

«Es waren eher die Haustiere, die sich gestritten haben», antwortete ich.

«Ich fürchte, Herbertchen und er werden nicht die besten Freunde», sagte Bettina und erzählte ihr die ganze Story.

«O Mann!», sagte Antonia. «Da war hier ja schon richtig was los!»

«Stimmt. O *Mann* war auch los», sagte ich und erzählte, was ich vorhin auf der Treppe erlebt hatte. Bettina und Antonia waren ganz Ohr. «Und jetzt überlege ich mir, ob ich in diesen Kurs gehe, damit ich ihn wiedersehe.»

«Was habe ich gesagt?», grinste Bettina. «Kaum haben wir darüber geredet, rennst du einem tollen Typen in die Arme.

Ausgerechnet vor der Tür dieses Schaumschlägers Cantak Mhia. Er hat Ferdinand ein paar Mal besucht, und da war er gar nicht erleuchtet drauf. Eher so, als wäre er im sexuellen Notstand.»

«Ich nehme das doch gar nicht ernst», beruhigte ich sie. «Außerdem leitet ein anderer den Kurs.»

«Und was machst du, wenn dieser George so ein völlig vergeistigter Esofritze ist?», fragte Antonia. «Der statt Sex nur atmen will?»

«Dann fällt mir schon etwas ein, womit ich ihm den Sex schmackhaft machen könnte», sagte ich und schaute lüstern in die Runde. «Dazu brauche ich nicht mal einen Kurs.»

«Ich sehe meinen Kosmetiktermin jedenfalls näher rücken», freute sich Bettina. «Aber für dich wird die Sache allmählich teuer. Wie viel kostet dieses betreute Schnaufen?»

Bettina war eben durch und durch Geschäftsfrau.

«Hundertachtzig Euro», sagte ich gelassen. «Aber dank Tobias bin ich ganz gut bei Kasse.»

«Dank Tobias?»

«Weil er unsere Verabredungen immer wieder verschoben hat, habe ich sehr viel gearbeitet und kann nächste Woche ein Manuskript abgeben, das erst im Juli fällig wäre. Daher fehlt es mir im Augenblick weder an Zeit noch an Geld.» Ich grinste selig vor mich hin. «Deine Schönheitskur ist gesichert. Und den Rest des Geldes haue ich für ansprechende Outfits auf den Kopf!»

Bettina und Antonia gingen ihrer Wege, und ich setzte mich hochmotiviert an den Computer. Dank meiner wildgewordenen Hormone arbeitete ich mich mühelos durch die letzten Seiten, und als meine Maike sich knutschend mit einem gewissen Jan von den Lesern verabschiedete, seufzte auch ich zufrieden auf. Ring frei für George und mich!

Ich driftete gedanklich gerade wieder in seine Arme ab, als Bettinas Stimme mich zum zweiten Mal an diesem Tag in die Wirklichkeit zurückholte.

«Oh-Schei-ße-nein! Bleibst du stehen, du blöder Karton!» Lautes Scheppern verkündete, dass die Schachtel ihr diesen Gefallen nicht tat, und ich rannte zur Wohnungstür, um zu helfen.

«Ich werde noch wahnsinnig!», rief Bettina mir entgegen. «Schau dir das an!» Edelstahlpfannen und kaputtes Geschirr bildeten ein wildes Muster auf dem Holzfußboden.

«Schade, dass Kirsti und Oliver keinen Polterabend planen», sagte ich und holte Besen und Schaufel. «Aber immer positiv denken: Scherben bringen Glück!»

«Davon könnte ich gerade ein paar Kilo gebrauchen», brummte Bettina und kehrte zusammen. «Ich hatte eben ein höchst unerfreuliches Gespräch mit Ferdinand.»

«War er stinkig wegen der Wohnungskündigung?»

Bettina lachte kurz auf. «Zuerst wollte er es gar nicht glauben. Deshalb habe ich gleich ein paar Kartons gepackt, damit er kapiert, dass ich es ernst meine.» Sie schaute unglücklich auf das Chaos am Boden. «Und dann ist er total ausgeflippt. Von wegen ich sei verklemmt und man würde doch wohl mal seinen Gefühlen nachgeben können und überhaupt. Ich würde schon sehen, was passiert, wenn ich die Wohnung tatsächlich kündigen würde. Und dann ist er abgehauen.»

«Was kann er dir denn schon groß antun?»

«Keine Ahnung», sagte Bettina. «Aber ich werde hier so schnell wie möglich einziehen. Auf Psychospielchen habe ich keinen Bock.»

«Oliver hat wirklich schon viel rausgeschafft», tröstete ich sie. «Die Schränke holt er am kommenden Samstag ab, zusammen mit diesem Regal.»

«Apropos Schränke.» Bettina schaute mich verzweifelt an. «Ich brauche dringend zwei Bücherschränke. Hättest du die Nerven, mit mir zu IKEA zu fahren? Alleine packe ich das heute nicht. Schon beim Gedanken an den Laden kriege ich Pickel ...»

«Wie wäre es, wenn wir den Ausflug zu dritt machen?», schlug ich vor. Ich wusste, dass Antonia jede Gelegenheit ergreifen würde, sich vor dem Korrigieren zu drücken. «Gemeinsames Ablästern ist an solchen Tagen Gold wert.»

IKEA begrüßte uns mit der Durchsage: «Die kleine Tschihna-Marrie möchte aus dem Småland abgeholt werden! Ich wiederhole ...»

Bettina hatte schon auf der ganzen Fahrt hierher schlechte Laune gehabt. «Sogar das ‹Kinderparadies› haben sie abgeschafft. Das lässt doch tief blicken, oder?», motzte sie unentwegt vor sich hin.

Antonia dagegen war völlig in ihrem Element und versorgte uns sofort mit den unförmigen gelben Plastiktaschen des Hauses.

«Ich möchte nur wissen, ob sie diese Kinder hier extra angestellt haben und herumrennen lassen», überlegte ich, als ich zum dritten Mal von einem kleinen Schreimonster angerempelt wurde. «Am liebsten würde ich dieses Balg in diesen ...» Ich inspizierte das Preisschild eines schmalen Schrankes. «... Böllegong sperren und den Schlüssel in eine von diesen geschmacksfreien Bodenvasen werfen!»

«Ach, jetzt seid doch nicht so negativ!», rief Antonia.

«Schau dir mal dieses hübsche Sofa an, Eva, und stell dir vor, du sitzt hier mit deinem Clooney-Klon!»

Mmh. Und es war sogar ein Bettsofa. In der Tat eine sehr verlockende Vorstellung: George und ich auf «Fögelkoje» … Obwohl ich mich mit ihm auch gerne auf dem Teppich «Blömenpoppen» wälzen würde.

Als wir bei den Bücherregalen ankamen, hatte auch Bettina ihre Schwedenphobie weitgehend abgelegt und sammelte sinnloses Zeug für ihre neuen Zimmer.

Fröhlich schnatternd liefen wir in die Stoffabteilung ein und tauschten uns gerade über das Rosenmuster auf dem Bettbezug «Tryvialia» aus, als Bettina zur Salzsäule erstarrte.

«Das gibt's doch nicht! Ich werde heute vom Pech verfolgt. Oder besser gesagt von Ferdinand», zischte sie mir ins Ohr. «Da, neben der vollbusigen Tussi!»

«Ach herrje, das ist ja Frau Hallmann», staunte Antonia.

«Falls du die blonde Bluse neben Ferdinand meinst, das ist Uschi!», sagte Bettina und schob uns hinter ein Regal mit Spannbetttüchern. Wie passend. Aufmerksam beobachteten wir die beiden beim Sofakissenkauf.

«Die Uschi vom Küchentisch?», fragte Antonia naiv. «Die ist seit einigen Wochen bei mir an der Schule. Als mobile Reserve!»

«Das eine schließt das andere ja nicht aus», murmelte Bettina. «Mobile Reserve … Passt wie die Faust aufs Auge. Nun weißt du jedenfalls, wo sie herumliegt, wenn sie nicht vor der Klasse steht.»

«Ich würde was dafür geben, wenn ich hören könnte, über was sie sich unterhalten», flüsterte ich.

Bettina nickte grimmig. «Nicht nur du. Komm, wir folgen ihnen unauffällig!» In sicherer Entfernung schlichen wir hinter Ferdinand und seiner neuen Flamme in die Bad-Abteilung und drückten uns, getarnt mit den blauen Riesentaschen, bei den Duschutensilien herum.

Plötzlich schlug Bettina erneut Alarm:

«Sie kommen hierher! Schnell weg!» Sie zerrte uns hinter einen großen Duschvorhang. Ein sowohl schickes als auch praktisches Teil, denn es hatte hie und da kleine transparente Kreise, die uns eine ausgezeichnete Sicht auf die Abteilung ermöglichten. Gespannt verfolgten wir die Einkäufe von Ferdinand und der mobilen Uschi, als der Duschvorhang ein Stückchen zur Seite geschoben wurde und ein kleines Mädchen mit glockenklarer Stimme rief: «Mami, hier spielen drei Tanten Verstecken!»

«Haust du wohl ab!» Bettina funkelte das Kind wütend an. «Sonst passiert ein Unglück!», was sofort ein lautes «Mami, die Tante will mich hauen!» nach sich zog.

Schleunigst verließen wir unser «Rynnström»-Versteck, wobei Antonia mit ihrem Absatz am Vorhang hängen blieb und Bettinas Drohung sich auf der Stelle bewahrheitete: Die gesamte Vorrichtung löste sich spontan aus der Halterung und begrub das Mädchen unter sich. Es schrie wie am Spieß.

«Das ist ja schlimmer als in der Schule», brummte Antonia. «Wenn ich jetzt nicht gleich bis zum Hals in Hackbällchen stehe, fange ich auch an zu kreischen.» Ohne unsere Reaktion abzuwarten, steuerte sie auf das Restaurant zu.

Bettina und ich sahen uns an und zuckten die Schultern.

«Mir reicht's auch», gab ich zu. «Auf zu den Kotzböllern. Dann wissen wir wenigstens, wovon uns schlecht ist.»

«Anscheinend ist es was Ernsteres mit den beiden», überlegte Antonia, als wir vor unseren leeren Tellern beim Kaffee saßen.

«Wieso das denn?» Bettina sah sie verständnislos an.

«Na ja, wenn sie sich gemeinsam Möbel anschauen.»

«Das heißt bei Ferdinand gar nichts», meinte Bettina. «Andererseits wäre es praktisch, wenn sie sich bald eine gemeinsame Wohnung suchen würden. Das würde mir eine Menge Ärger ersparen. Wie ist deine Kollegin denn so?»

«Ich glaube, ganz nett», sagte Antonia. «Aber du hast sie doch auch schon kennengelernt?»

«Ich weiß nicht, ob man das so bezeichnen kann, wenn man jemanden halbnackt auf dem Küchentisch vor sich hat.» Bettina kicherte. «Auch das Gespräch gab nicht besonders viel her. Wenn ich mich recht erinnere, bestand mein Anteil aus den Worten ‹Verdammt, seid ihr denn verrückt geworden?›, und sie wiederholte in einer Tour so etwas wie ‹Waah! Baaa-haa!!›. Dann flüchtete sie in Ferdinands Zimmer.»

Ich stellte mir die Szene vor und hoffte, nie in eine solche Lage zu kommen. Weder als Uschi noch als Bettina.

Nachdem wir unsere gesamten Einkäufe die Treppen hochgeschleppt hatten, breitete Antonia die Wochenendausgabe der Süddeutschen vor sich aus und blätterte sich durch die Seiten. Plötzlich klatschte sie begeistert in die Hände.

«Na bitte, wer sagt's denn?! Kaum hast du deinen Wunsch ausgesprochen, steht hier schon die Lösung.» Sie klopfte mit dem Zeigefinger auf eine Annonce. «Da!»

«Kreative Bürogemeinschaft in Haidhausen sucht viertes Mitglied (w). Bewerbungen unter www.buerogemeinschaft-haidhausen.de», las ich laut vor.

«Na?» Sie strahlte wie die Lampenabteilung von IKEA. «Sogar hier im Viertel. Was willst du mehr? Und dein Horoskop für die kommende Woche haut in dieselbe Kerbe!» Sie schob mir einen Ausdruck über den Tisch. «Ich will ja nichts sagen, aber es passt wie die Faust aufs Auge.»

«Sie brauchen Mut, um sich auf etwas einzulassen», las ich laut vor. «Vor allem beruflich orientieren Sie sich neu. Es ist jetzt wichtig, sich den Herausforderungen zu stellen. Setzen Sie Prioritäten!»

«Na, ich weiß nicht ...» Auch Bettina hatte mit Horoskopen nichts am Hut. «Aber die Homepage dieser Bürogemeinschaft würde ich mir schon mal zu Gemüte führen.»

Kurz darauf saßen wir an meinem PC.

«Das ist ja gleich um die Ecke!», rief Antonia euphorisch. «Also, wenn das nicht praktisch ist!»

«Jetzt schauen wir uns erst mal die Leute an, die dort arbeiten», bremste Bettina und ging mit der Maus auf den Button «Über uns». Sofort erschienen Fotos der Räume und drei Passbilder.

«Klick die doch mal einzeln an!», drängelte Antonia. «Die Räume sehen schon mal super aus!»

Wir erfuhren, dass die Bürogemeinschaft im Augenblick aus Werbetexter Franz, Illustratorin Katharina und Sachbuchlektor Bruno bestand.

«So weit alles in Ordnung, aber was hat es mit dieser guten Fee auf sich?», fragte Bettina irritiert und deutete auf einen anderen Link.

Als sich das Fenster öffnete, staunten wir nicht schlecht.

«Mein Gott, wenn man schon Erna Balösius heißt!» Bettina glotzte fassungslos auf den Monitor.

«Und ganz unter uns: Gute Feen sehen in meiner Phantasie anders aus», sagte ich. Auf dem Bildschirm war das Foto einer stark geschminkten und schrill gekleideten Endsechzigerin zu sehen, die uns durch ihre Schildpattbrille anstierte.

«Das ist bestimmt nur als Witz gedacht», sagte Antonia. «Allein der Text schon: An dieser Frau kommt bei uns niemand vorbei. Weder an der Tür noch am Telefon!»

«Im Prinzip genau das, was ich mir wünsche. Stellt euch mal vor, die nimmt sich Hamms-Hümmerle zur Brust», sagte ich. «Und die anderen drei gefallen mir auch! Ich schicke denen gleich mal eine Nachricht.» Doch als ich auf den Kontaktbutton klickte, erschien kein Mailfenster, sondern ein Fragebogen.

«Oh nein. Das ist mir jetzt echt zu viel!», stöhnte ich.

«Nix da!», rief Antonia. «Sonst lässt du auch keinen Psychotest aus.»

Manchmal konnten Freundinnen echt ätzend sein …

«Meinen die das ernst?»

Antonia kicherte. «Keine Ahnung, aber du musst zugeben, die Fragen sind originell.»

Auch Bettina grinste. «Ich würde sie genau so beantworten, wie sie gestellt sind: schräg! Was soll's? Du hast doch nichts zu verlieren, oder?»

«Das sagst du so einfach. Aber bitte, wenn ihr meint.» Ich scheuchte Mephisto von meinem Schreibtisch und holte tief Luft.

Warum glaubst du, für unsere Bürogemeinschaft eine Bereicherung zu sein?, lautete die erste Frage.

«Weil ich einen guten Rotweingeschmack habe und ausgezeichnete Spaghettisoßen kochen kann?», schlug ich vor.

«Außerdem bin ich Kreismeisterin im Topflappenhäkeln, und Leute mit einer solchen Begabung sind selten und eine Bereicherung für jede Gemeinschaft!»

«Ausgezeichnet!», rief Bettina, und ich tippte die Antwort brav in das dafür vorgesehene Feld.

Mit *Welche Frage brennt dir schon länger unter den Nägeln?* ging es weiter. Ich dachte kurz nach und gab ein: «Sind die Gespräche, die ich mit meiner Yuccapalme führe, ein Grund dafür, dass ich dringend unter Leute muss?» Nach kurzer Überlegung fügte ich noch «Und versteht einer die Männer?» hinzu. Darauf hätte ich in der Tat gerne mal eine Antwort.

«Meine Güte, du bist ja richtig philosophisch!», staunte Antonia. «Aber jetzt geht's zur Sache. Was fällt dir ein zu: *Stell dir vor, Erna hat schlechte Laune. Was würdest du tun, um sie aufzumuntern?*»

«Das war die gute Fee, oder?»

Die Freundinnen nickten.

«Ich würde ausnahmsweise mal auf mein tägliches Topflappentraining verzichten und ihr ein raffiniertes Oberteil häkeln», schrieb ich tapfer.

«Ich kann nur für dich hoffen, dass diese Person wirklich ein Phantom ist», murmelte Bettina. «Sonst hast du unter Umständen ein dickes Problem …»

Hast du Macken, die uns so richtig schockieren könnten?

Allmählich begann die Sache mir Spaß zu machen: «Abgesehen davon, dass ich nach jeder übersetzten Seite laut rülpse und auf der Toilette Schlager von Cindy & Bert singe, kaum.»

Was wünschst du dir nach einem üppigen Menü?, lautete die letzte Frage.

«Na, was denn schon?!» Ich schrieb: «Dass ich zum Verdauen von vier schönen, starken Nubiern in einer Sänfte mehrmals ums Haus getragen werde!»

«Okay, das war's», sagte Antonia. «Jetzt gleich auf Abschicken, sonst fängst du nur an zu zweifeln!»

«Genau», sagte Bettina. «Und ich fahre noch mal nach Hause und hole meinen PC. Den brauche ich für die Arbeit. Und wenn der liebe Ferdinand sieht, dass ich *den* hole, zweifelt er sicher nicht mehr daran, dass es mir mit der Wohnungskündigung ernst ist.»

Kapitel 3

Schon als Kind konnte ich Sonntage nicht leiden, denn sie bestanden zu 99 Prozent aus Langeweile und Pflichtbesuchen.

Meistens ging es gegen elf zu den Großeltern, wo meine Eltern und ich zu Mittag aßen und anschließend mit Kaffee und Kuchen abgefüllt wurden. Noch heute wurde mir beim Zurückdenken an diese Zeiten ganz anders, und ich war froh, dass ich nun selber über meine Sonntage verfügen konnte.

Ich schwang mich gerade gut gelaunt aus dem Bett, als mein Telefon klingelte.

«Tante Renate braucht dringend ein Dach über dem Kopf, und da habe ich an euer Gästezimmer gedacht!» Meine Mutter hielt nichts von einleitenden Sätzen, und ich spürte, wie in meinem Kopf dunkle Gewitterwolken aufzogen. Meine Mutter und ich verstanden uns blendend. Wenn wir gelegentlich aneinander dachten.

Jede Form von direkter Kontaktaufnahme endete jedoch garantiert mit einem Fetzenstreit. Das Verhältnis zu meiner Tante war zwar besser, aber noch lange nicht so innig, dass ich sie hier für längere Zeit beherbergen wollte.

«Bist du noch dran?»

«Bin ich», sagte ich. «Was ist denn mit Tante Renate?»

«Wasserrohrbruch», sagte meine Mutter knapp.

Na toll. «Wir haben aber schon jemanden im Gästezimmer.»

«Kann sie nicht in einem deiner Zimmer unterkommen?»

Um Himmels willen! Ich hatte ein Schlafzimmer und ein Arbeitszimmer, war aber nicht willens, die mit jemandem zu teilen.

«Du hast doch selber eine große Wohnung», gab ich zurück. «Ganz allein für dich. Und so eine Rohrbruchreparatur wird kaum Jahre in Anspruch nehmen, oder?»

«Du weißt ja, wie unser Verhältnis ist», war die Antwort.

Meine Tante glaubte mit ihren neunundfünfzig Jahren immer noch an die große Liebe. Als junges Mädchen von neunzehn Jahren hatte sie einen wesentlich älteren Mann geheiratet, Johann. Anfangs war alles in Butter gewesen: Johann war nett, höflich und finanziell gesehen eine ausgesprochen gute Partie, schied aber bereits vier Monate nach der Hochzeit an einem Herzinfarkt dahin. Da er ihr eine Menge Geld hinterlassen hatte, musste Renate sich fortan um ihren Lebensunterhalt keine Sorgen mehr machen, und Johann nahm in ihrer Erinnerung gottgleiche Züge an. Kein anderer konnte ihm das Wasser reichen, aber Tante Renate rechnete unverdrossen täglich mit der Ankunft eines zweiten Wundermannes.

Bis es so weit war, reiste sie in der Weltgeschichte herum und vertrieb sich die Zeit in unzähligen Töpferkursen. Die Ergebnisse verschenkte sie großzügig in der Verwandtschaft – leider.

Für meine Mutter waren dagegen alle Männer potenzielle Betrüger, die man sich besser vom Leib hielt. Jedenfalls dachte sie so, seit mein Vater vor einigen Jahren mit seiner Sekretärin durchgebrannt war.

«Das müsste ich erst mal mit Antonia und Bettina abklären», sagte ich.

«Dann mach mal, Renate braucht dringend eine Zusage.»

«Moment!», rief ich. «Du hast nicht das Recht, mich hier herumzukommandieren!»

«Ist es denn zu viel verlangt, wenn ich dich *ein* Mal um etwas bitte?»

Ich ließ die Ohren hängen. Wenn sie mir so kam, gewann sie immer.

«Ich frage sie gleich», sagte ich lahm.

Im nächsten Moment hörte ich das Freizeichen. So viel zu selbstbestimmten Sonntagen …

Meine Mitbewohnerinnen saßen schon beim Frühstück.

«Das war meine Mutter», sagte ich und steuerte auf die Kaffeemaschine zu. «Tante Renate braucht ein Dach über dem Kopf, weil ihre Wohnung unter Wasser steht. Fällt euch ein gutes Argument ein, wie wir das abbiegen können?»

«Och, Tante Renate ist doch süß», sagte Antonia, die meine gesamte Verwandtschaft schon seit langem kannte. «Außerdem erzählt sie immer so witzige Geschichten aus deiner Kindheit.» Sie beugte sich zu Bettina vor. «Hast du zum Beispiel gewusst, dass Klein Eva eine Zeitlang ihr Töpfchen zum Einkaufen mitgenommen hat? Einmal hat sie mitten im Supermarkt …»

«He!», rief ich. «Ich bin jetzt echt nicht in Stimmung, mir bescheuerte Kindergeschichten anzuhören. Sagt mir lieber, wie wir meine Mutter überzeugen können, dass sie ihre Schwester selber aufnimmt.»

«Du meine Güte», sagte Antonia. «Dann kannst du sie gleich umbringen!»

«So schlimm?» Bettina sah mich besorgt an. «Ich könnte doch gleich in Olivers Zimmer ziehen. Dann haben wir Platz genug.»

«Zum Beispiel», sagte Antonia und klopfte einladend auf den Stuhl neben sich. «Aber jetzt frühstückt erst mal in Ruhe.»

Ich hatte gerade in mein Schinkenbrot gebissen, als mir etwas einfiel. «Verdammt, die Töpfergeschenke!», rief ich mit vollem Mund. «Es würde ihr bestimmt auffallen, wenn die hier nicht herumstehen.»

«Oje», sagte Antonia. «Mir hat sie auch schon mal was geschenkt. Aber frag mich nicht, wo ich das hingepackt habe …»

«Meine Tante töpfert exzessiv», klärte ich Bettina auf. «Und zu jedem Geburtstag schenkt sie mir etwas Selbstgemachtes.»

«Verstehe», sagte Bettina. «Und sie geht davon aus, dass all diese Sachen bei dir einen Ehrenplatz haben.»

«So ist es.» Ich trank einen schnellen Schluck Kaffee und rannte hinunter in den Keller.

Just hatte ich sämtliche Masken, Clownsfiguren, Vasen und Tonreliefs in der Wohnung verteilt, als meine Mutter wieder anrief.

«Sag ihr, dass sie willkommen ist.» Bettina tätschelte mich am Arm. «Wir kriegen das schon hin.»

Eine Stunde später klingelte es, und meine Tante stand mit Sack und Pack vor dem Haus, gleich neben Frau Wolf und Frau Prokopetz, die sich ausführlich über Herbertchens Verletzungen unterhielten.

«Und da hat sich diese Bestie noch mal auf ihn gestürzt, obwohl mein kleiner Schatz völlig leblos am Boden lag. Ich kann dir sagen, ich dachte, ich sterbe!»

Frau Wolf bebte vor Empörung und sah uns vorwurfsvoll an. «Und da sagt diese Person, da sagt die auch noch, dass mein Herbertchen selber schuld ist, also ich bitte dich!» Herbertchen stand neben ihr und nagte unentwegt an dem großen Verband, der ihm um den Bauch gewickelt worden war.

Frau Prokopetz schüttelte den Kopf. «Schrecklich, Ilse, fuachtbar! Hoffentlich hat er jetzt nicht auch noch Ehts!»

Frau Wolf schaute ihre Freundin entsetzt an. «Meinst du, das geht, Rosi?»

Ihre Freundin nickte mit ernstem Gesicht. «Du glaubst gar nicht, wer schon alles Ehts hat. Sogar der Dings, du weißt schon, der in dieser einen Serie mitgespielt hat!»

«Is nicht wahr!» Frau Wolf wuchtete den fetten Pudel hoch. «Hat dieses Ungeheuer dich angesteckt, mein Schatzi? Du musst Mutti sofort sagen, wenn was ist, hörst du? Mutti geht dann gleich mit dir zum Doktor, nä?»

Da jaulte Herbertchen los, als hätte Mephisto ihn erneut in den Krallen.

«Der hat bestimmt so 'n akkopalüptischen Schock», urteilte Frau Prokopetz. «Da hab ich letzte Woche was in der BILD von gelesen. Das sieht man nicht und kann es trotzdem haben. Fuachtbar!»

Als wir in unserer Wohnung angekommen waren, strahlte mich meine Tante an.

«Evchen, ich kann dir gar nicht sagen, wie froh ich bin, dass du mich bei dir aufnimmst!» Sie drückte mich zum zweiten Mal an ihren großen Busen. «Grundgütiger! So eine Aufregung aber auch! Stell dir vor, der ganze Flur war eine einzige …»

«War bestimmt furchtbar», fiel ich ihr ins Wort. «Aber

jetzt bist du in Sicherheit. Komm, wir trinken erst mal einen schönen Kaffee.»

«Das bekommt mir bei dieser Aufregung gar nicht.» Meine Tante kramte eine Plastiktüte aus einer ihrer Reisetaschen. «Lieber Apfelessig.»

«Du trinkst *Apfelessig?*» Ich schob sie durch die Küchentür.

«Mit Wasser und Honig», sagte meine Tante bestimmt. «Das wirkt Wunder bei Stress! Keine Bange, ich habe alles dabei!» Sie zeigte auf ihre Tüte.

Nun entdeckte sie Antonia. «Antonia! Haben wir uns lange nicht gesehen», rief sie vergnügt. «Grundgütiger, das muss Jahre her sein!» Nun wurde auch meine Freundin geherzt, bevor Tante Renate sich an Bettina wandte. «Und Sie müssen Bettina sein!»

Bettina stand auf und schüttelte meiner Tante die Hand. «Herzlich willkommen in der Mädels-WG», sagte sie.

«Eine Mädels-WG!» Tante Renate blickte begeistert in die Runde. «Das klingt wunderbar. Dann hätte ich aber gern, dass ihr alle einfach Renate zu mir sagt. Auch du, Evchen. Dann fühl ich mich gleich wieder richtig jung!»

Nachdem Renate sich ihren Essigtrunk zusammengerührt hatte, saßen wir um den Tisch und überlegten, wie wir alles am besten organisieren könnten.

«Ein Glück, dass das Rohr geplatzt ist, nachdem ich meine neuesten Tonfiguren zum Brennen gebracht hatte. Sonst wäre das die reinste Katastrophe gewesen», seufzte Renate. «Aber jetzt ist das wenigstens in Butter und ihr habt ein Plätzchen für mich …» Sie beugte sich zu Bettina herüber. «Ich töpfere, weißt du. Und ich gebe all meine Gefühle in die Figuren hinein!»

«Mhmmm …», sagte Bettina.

«Schau, den hier habe ich Evchen mal zum Geburtstag geschenkt!», rief sie und zeigte auf die etwas missratene Clownsfigur, die seit einer halben Stunde auf dem Küchenschrank stand. «Das war meine Harlekinszeit, in der ich versucht habe, meine melancholischen Gefühle in den Griff zu bekommen, verstehst du?»

Bettina nickte betont ernst. «Ah ja …», sagte sie. Weitere Kommentare konnte sie sich sparen, denn die Wohnungstür wurde aufgesperrt.

«Halli-hallöchen!», hörten wir Kirsti jodeln, und im nächsten Moment schauten Oliver und seine Verlobte durch die Küchentür.

«Ah, hier bist du!», rief Oliver, als er Bettina sah. «Wir haben schon mehrmals bei dir zu Hause angerufen, aber Ferdinand sagt, du wärst verreist.»

«Sackgesicht», murmelte Bettina. «Nein, ich ziehe hier ein.»

«Hier?!», rief Kirsti in einem Ton, als wäre *hier* gleichbedeutend mit *Fegefeuer*. «Warum ziehst du denn so plötzlich aus deiner schönen Wohnung aus?»

«Kirsti, das ist Bettinas Entscheidung», bremste Oliver seine Zukünftige. «Sie hat dafür sicher gute Gründe.»

«Och, Hah-se, ich bin doch nur ein klitzekleines bisschen neugierig», maulte Kirsti.

«Wenn das so ist, kläre ich dich gerne auf», sagte Bettina.

Als ich Renates neugierigen Blick sah, wurde mir mulmig. Ich hatte keine Ahnung, wie sie auf das Ferdinand'sche Küchentischintermezzo reagieren würde.

«Es ist so», begann Bettina. «Ferdinand führt sich schon seit einiger Zeit auf, als wäre es allein *seine* Wohnung und *ich* diejenige, die vorübergehend eingezogen ist. Und als er nun auch noch in der Küche ...»

«Was? Ferdinand darf nicht in die Küche?» Kirsti war entsetzt.

«Ferdinand darf jederzeit in die Küche», sagte Bettina. «Aber was ich auf den Tod nicht leiden kann, ist, wenn er ...»

«Seine Sachen nicht weggeräumt, was?» Tante Renate war froh, etwas zum Gespräch beitragen zu können.

«So habe ich das noch gar nicht gesehen», grinste Bettina. «Ja, er hat in der Tat eine Blondine in der Küche liegen lassen.»

«Eine Blondine?» Kirsti bekam fast Schnappatmung, während ich Bettina unauffällig zu signalisieren versuchte, die Geschichte hier abzubrechen. Wohl *zu* unauffällig, denn sie erzählte nach einer Kunstpause munter weiter.

«Ja, er hatte sie vor sich auf dem Tisch liegen und war gerade dabei, sie zu bumsen, als ich mir etwas zu essen machen wollte.»

«Auf dem Küchentisch?», quietschte Kirsti. «Hase!»

«Grundgütiger!», hauchte Tantchen. «Das geht?»

Beide sahen Bettina mit tellergroßen Augen an, während Oliver sich räusperte, als hätte er einen Monsterfrosch im Hals.

«Nun, äh», stotterte er. «Das, äh, ist, äh, bemerkenswert, äh ...»

«Eher geschmacklos», fand Bettina. «Aber Kirsti wollte es ja genau wissen.»

Auch Renate wusste jetzt genau Bescheid. Sie sah aus, als würde sie noch eine ganze Weile brauchen, um diese neuen Perspektiven in ihr Weltbild zu integrieren.

Antonia rettete die Situation. «Renate, was hältst du davon, wenn ich dir das Gästezimmer zeige», sagte sie aufgeräumt. «Dann kannst du schon mal deine Sachen auspacken, und die beiden können mit Bettina in Ruhe das Hochzeitsessen besprechen.» Sie sah Oliver an. «Deswegen habt ihr Bettina doch gesucht, oder?»

Oliver nickte, sichtlich froh, das Thema wechseln zu können. «Genau, äh, ja. Es geht in der Tat um das, äh, Hochzeitsmenü!»

Nun kam auch Kirsti wieder zu sich. «Ja! Genau! Ahl-so … ich werde wahrscheinlich ein lindgrünes Hochzeitskleid tragen … und da haben wir uns was supah Originelles ausgedacht: ein vegetarisches Buffet!» Kirsti strahlte in die Runde, als hätte sie die Fleischlosigkeit persönlich erfunden.

Oh Gott, das hatte mir gerade noch gefehlt: eine gesunde Hochzeitsfeier, am Ende noch ohne Alkohol!

Ich schielte zu Oliver hinüber. Er liebte Wiener Schnitzel über alles, das wusste ich. Grün mochte ja für Hoffnung stehen, aber würde er so viel davon ertragen?

«Kein Problem», sagte Bettina gelassen. «Habt ihr schon genaue Vorstellungen, oder soll ich euch ein paar Vorschläge machen?»

«Vorschläge wären wundahbah!», rief Kirsti. «Nicht wahr, Hah-se?»

Hase tat so, als hätte er was an den Löffeln, und blätterte in seinem Filofax. «Wir müssen außerdem den Termin noch abklären», murmelte er. «Ich weiß, es ist alles sehr knapp, aber wir bräuchten das Catering am Samstag, den dreiundzwanzigsten Mai. Hättest du da ein Zeitfenster frei?»

Zeitfenster! Aah, wie ich diese bescheuerten Ausdrücke liebe! Fast so schön wie «sensible Daten», «Ehehygiene» oder die «Ganzjahrestomate».

Bettina holte ihren Terminkalender und nickte. «Das ginge. Dann würde ich, wie gesagt, ein paar Vorschläge ausarbeiten, und wir setzen uns zusammen. Einverstanden?»

«Sehr schön!» Oliver schaute seine Braut an. «Und wir müssen wieder los, mein Schatz. Deine Mutter wartet.»

Plötzlich hatte ich eine Eingebung. «Ach, Oliver, hast du einen Augenblick für mich?»

Kirsti sah mich aufmerksam an.

«Wegen einer Steuersache», schob ich nach, in der Hoffnung, ihn alleine sprechen zu können. «Am besten in meinem Zimmer, dann kann ich dir die Unterlagen gleich zeigen.» Ohne lang auf eine gestotterte Antwort zu warten, nahm ich ihn bei der Hand und zog ihn in mein Arbeitszimmer.

«Wo ist denn das Problem?», fragte Oliver, als ich die Tür hinter uns zumachte. «Steht dir etwa eine Betriebsprüfung ins Haus?»

«Nein, aber dir liegt dieses vegetarische Buffet im Magen, stimmt's?»

«Na ja, äh, ich meine, ich … ich bin mir sicher, dass Bettina das sicher, äh, wunderbar …»

«Schon recht», kürzte ich das gutgemeinte Gestammel ab. «Aber wir wissen doch alle, dass du ein Fleischfresser bist. Wie wäre es, wenn du Kirsti zu einer anderen Kleiderfarbe überredest? Dann würde sich das Grün-Motto von selber erledigen, und an deinem Hochzeitstag läge etwas auf dem Teller, das dir schmeckt!»

Olivers Miene erhellte sich auf der Stelle. «Das, äh, ist ja eine geniale Idee!» Doch im nächsten Moment schlug seine Stirn schon wieder Falten. «Aber was soll ich denn vorschlagen?» Mit Phantasie war unser Finanzbeamter wirklich nicht gesegnet.

Ich überlegte kurz. «Vielleicht etwas Blaues und dazu ein Buffet mit Meeresfrüchten?», schlug ich vor. «Oder ein rosa Kleid und dazu ein romantisches Buffet mit Rosendeko? Dazu kann man alles Mögliche auftischen.»

«Mensch, Eva, du bist, äh, großartig!» Vor lauter Begeisterung stolperte Oliver über ein Buch, das auf dem Boden lag, und konnte sich nur in letzter Sekunde an meiner Schreibtischkante festhalten.

«Pass bloß auf!», rief ich erschrocken. «Oder willst du vor dem Jawort in der Notaufnahme landen?»

Oliver kicherte. «Dann könnte Bettina ein Erste-Hilfe-Buffet entwerfen mit Gipsschienen und Tupfern. Und Kirsti müsste in Weiß heiraten!»

Ich sah ihn verblüfft an: Der Mann hatte tatsächlich verborgene Humorreserven!

Am Nachmittag war es wieder ruhig in der WG. Tante Renate richtete sich im Gästezimmer ein, Antonia korrigierte Schulaufgaben, und ich beschloss nachzusehen, ob sich die Bürogemeinschaft schon gemeldet hatte.

Als ich auf das Mailprogramm klickte, kam die Meldung, dass der Server meinen Benutzernamen nicht akzeptierte und das Kennwort wissen wollte. Kein Problem. Ich wühlte in meinen Unterlagen, gab das Gewünschte ein und klickte auf ‹OK›.

Die Meldung erschien erneut. Vielleicht verschrieben? Ich wiederholte den Vorgang. Wieder nichts.

Ich beschloss, den Maike-Text noch mal durchzulesen, und mit dem Vorsatz, es in zehn Minuten erneut zu versuchen, öffnete ich die Datei. Bevor ich loslegte, verkürzte ich auf fünf Minuten.

Nicht zu fassen, wie oft man in fünf Minuten auf die Uhr gucken kann, ob fünf Minuten schon vorbei sind.

Nächster Versuch. Wieder nichts.

Nach zwei weiteren Versuchen wählte ich die Nummer der Hotline.

«Hallo und herzlich willkommen!», rief eine hyperfröhliche Stimme. «Sie sind mit der Service-Hotline von ‹17 und 4› verbunden. Dieser Anruf ist für Sie kostenlos!»

Gleich darauf meldete sich die nächste: «Geht es bei Ihren Problemen um Ihren DSL-Anschluss, um Webhosting, Pocketweb oder sonstige Produkte?»

Ich nickte und wartete, bis die Tussi mir eine Nummer zum Weiterverbinden sagte, aber nichts passierte. Plötzlich war sie wieder in der Leitung und sagte freundlich: «Tut mir leid, ich habe Sie nicht verstanden!», und schon spulte das Band die Frage erneut ab.

Diesmal antwortete ich mit «Ja!».

«Tut mir leid, ich habe Sie nicht verstanden!», antwortete die Telefonstimme und wiederholte die Frage erneut.

In meinem besten und verständlichsten Deutsch antwortete ich wieder mit «Ja!», worauf die Stimme in einem deutlich genervten Ton mit «Entschuldigen Sie, aber so kommen wir wohl nicht weiter» reagierte. «Ich verbinde Sie jetzt lieber mit unserem Call-Center!»

Wunderbar. Gleich konnte ich mit einem kompetenten Gesprächspartner aus Fleisch und Blut über das Problem sprechen, aber die Meldung «Unsere Serviceplätze sind im Augenblick alle belegt! Versuchen Sie es später noch einmal!» holte mich auf den Boden der Tatsachen zurück. Verdammt! Ich versuchte es erneut mit meinem Mailprogramm. Immer noch nichts.

«Also wirklich, du führst dich auf, als wärst du internet-
abhängig, Eva», murmelte ich. «Du arbeitest jetzt einfach
weiter.»

Eine Seite lang funktionierte das hervorragend, dann meldete sich eine fipsige Stimme in meinem Kopf: «Du, vielleicht wollen die Leute von der Bürogemeinschaft dich heute schon sehen. Und wenn du dich nicht meldest ...»

Tapfer drückte ich die Wahlwiederholung und wurde
wieder euphorisch willkommen geheißen. Ganz ruhig, Eva.
Gleich sagst du entspannt und deutlich «Ja», und alles wird
gut.

«Geht es bei Ihren Problemen um Ihren DSL-Anschluss,
um Webhosting, Pocketweb oder sonstige Produkte?»

«Ja!», sagte ich. Ganz gelassen.

«Webhosting. Alles klar», sagte die Stimme. «Haben Sie
dazu technische Fragen?», was ich erneut mit einem knappen
«Ja» beantwortete.

«Aha. Technische Fragen», murmelte die Tonbandzicke.
«Dann stelle ich Sie jetzt zu einem passenden Berater durch!»

Na, geht doch! Man darf eben nicht die Nerven verlieren.
Während ich alle Zugangsdaten und die Kundennummer bereitlegte, krähte eine fröhliche Stimme: «Dieses Serviceportal
ist für Sie kostenlos!», dann wurde mein Ohr mit sphärischer
Säuselmusik geflutet. Als nach drei Minuten immer noch
nichts passiert war, versuchte ich es mit einem zaghaften
«Hallo!?» und «Ist da jemand?», aber nichts regte sich.

Ich legte auf. Ob das ein Fehler war?

Ich holte tief Luft und wählte erneut die Nummer der Hotline und: Überraschung! Ich sollte eine Frage beantworten:

«Geht es bei Ihren Problemen um Ihren DSL-Anschluss,
um Webhosting, Pocketweb oder sonstige Produkte?»

Ich antwortete mit einem etwas laut geratenen «Ja!», was mir sofort ein «Tut mir leid, ich habe Sie nicht verstanden!» einbrockte.

Frau «17und4» wiederholte die Frage aller Fragen, und plötzlich brannten die Sicherungen bei mir durch. «Ja, habe ich gesagt! Ja! Ja! JAJAJAJA, verdammte Scheiße!», brüllte ich. Dazu schlug ich rhythmisch mit der Hand auf die Tischplatte, und ohne meiner Gesprächspartnerin erneut die Chance zu geben, von ihrer Schwerhörigkeit zu berichten, knallte ich das Mobilteil auf den Schreibtisch, wo es tutend liegen blieb.

«Ist was?» Bettina.

«Grundgütiger, Evchen!» Meine Tante.

Sie standen nebeneinander in der Tür und guckten mich an wie zwei Wissenschaftler, die soeben eine bisher völlig unbekannte Lebensform entdeckt hatten.

«Ach, äh, eigentlich nichts. Irgendwie spinnt mein Mailprogramm, und ich habe ein bisschen mit der Hotline geplaudert.»

«Ach was.» Meine Freundin nahm einen großen Schluck Kaffee. «Du kannst dir deine Mails auch direkt vom Server abholen. Hast du die Webmail-Funktion eingerichtet?»

«Die was?»

«Lass mich mal.» Bettina setzte sich an meinen Schreibtisch und sah mich fragend an. «Darf ich?»

Ich nickte. «Ja» traute ich mich mittlerweile nicht mehr zu sagen, denn ich wusste nicht, was ich mit Bettina anstellen würde, falls sie mit «Ich kann Sie leider nicht verstehen» antwortete. «Du darfst alles machen, was du willst», sagte ich lammfromm. «Nur keine Texte löschen!»

Bettina schaute meine Zugangsdaten durch, und innerhalb von Minuten hatte sie mir einen Webmail-Zugang zu meiner Mailbox eingerichtet.

«Jetzt musst du in diese Zeile nur noch dein Passwort eingeben, und schon hast du deine Mails vor der Nase!» Sie machte mir den Schreibtischstuhl wieder frei. «Viel Spaß!»

Verdutzt setzte ich mich hin. «Wo hast du das denn gelernt?», fragte ich ehrfürchtig.

«Ferdinand ist zwar eine Heulnummer, aber immerhin hat er mir einmal in seinem Leben etwas Nützliches gezeigt.» Bettina grinste mich schief an. «Viel Spaß damit.»

«Dieses Internet ist schon interessant», sagte Renate, während sie auf meinen Bildschirm schaute. «Eine Bekannte von mir holt sich da alle möglichen Informationen zum Thema Ton und Glasuren.»

«Ja, da gibt es zu allem Auskunft», sagte Bettina. «Hast du keinen PC zu Hause?»

Meine Tante schüttelte den Kopf. «Das lohnt sich nicht für mich. Aber interessieren tut es mich schon.»

Bettina deutete in den Flur. «Dann lassen wir Eva mal in Ruhe arbeiten, und ich zeige dir bei mir am Computer, wie das Internet funktioniert.»

Kapitel 4

Am Montagmorgen kam ich nur schwer aus dem Bett. Schreckliche Träume hatten mich verfolgt. Träume, in denen ich mich mit dem schönen «George» treffen wollte, aber immer etwas dazwischengekommen war.

Ich schenkte mir gerade in der Küche eine Tasse Kaffee ein, als ich meine Tante in Bettinas Zimmer hörte.

«Grundgütiger! Nicht zu glauben!», rief Renate. «Und der ist noch zu haben?»

Irgendwas an diesem Satz alarmierte mich, und ich schaute zu den beiden herein.

«Morgen, Evchen!», quietschte meine Tante. «Rate mal, was ich hier mache!»

Das hatte ich mit einem einzigen Blick erfasst.

«Du willst dir doch nicht allen Ernstes einen Mann übers Internet suchen, oder?», fragte ich dennoch vorsichtshalber nach.

«Also wirklich, wo denkst du hin?» Sie klickte auf ein Foto, um es zu vergrößern.

Für den Bruchteil einer Sekunde war ich erleichtert. Bis meine Tante nachdenklich meinte: «Andererseits, ich bin jetzt neunundfünfzig. Allmählich heißt es, jetzt oder nie.»

«Du hast noch vor kurzem zu mir gesagt, dass keiner jemals an Johann heranreichen kann», warf ich ein.

«Aber schauen kostet nichts», fiel Bettina mir in den Rücken. «Und es macht Spaß!»

«Genau.» Tante Renate sah mich bockig an. «Es wäre

schön, wenn ich einfach mal einen Bekannten hätte, mit dem ich ins Konzert gehen könnte.» Sie klickte einen Mann mit Halbglatze weg und nahm sich das nächste Profil vor. «Warum sollte ich nicht auch mal Glück haben im Leben?»

Als ob sie bisher schlecht weggekommen wäre. Ich schielte auf den Monitor und erfuhr, dass ein gewisser «Warumnicht» 61 Lenze zählte, geschieden war, drei Kinder hatte und eine einfühlsame, gut kochende Partnerin suchte, die Volksmusik mochte.

«Du magst aber gar keine Volksmusik», versuchte ich ihr den Grauhaarigen madig zu machen. «Der ist nur auf eine aus, die für ihn kocht und seinen Geschichten von früher zuhört.»

«Ich finde, für dein Alter hast du viele Vorurteile», gab meine Tante zurück. «Vielleicht ist der arme Mann völlig vereinsamt. Wo sitzt noch mal dieser Doppelklick, Bettina?»

«Ich finde, du solltest wissen, auf wen du dich da einlässt», sagte ich etwas lahm, während wilde Gedanken auf mich einstürmten: Was, wenn Renate auf einen Verbrecher hereinfiel? Oder auf einen Geisteskranken? Und ich fände sie zerlegt und sauber sortiert in drei Müllsäcken in den Isarauen?

Ich konnte nicht behaupten, dass unser Verhältnis sehr eng war, aber das hieß noch lange nicht, dass ich sie in Portionen beerdigen wollte, oder?

Noch bevor ich diesen Gedanken weiter vertiefen konnte, schrie Tante Renate begeistert auf. «Den will ich mir mal näher anschauen!» Aufgeregt tippte sie mit dem Zeigefinger auf den Bildschirm, wo bereits ein neuer Kandidat aufgetaucht war. «Der sieht doch ganz nach dem Richtigen für mich aus: Er mag Konzerte, Natur, und er bastelt. Vielleicht töpfert er sogar!»

Ich atmete laut aus. «Dann lass ich euch mal lieber alleine», sagte ich und wandte mich an Bettina. «Aber denk dran: Wenn meiner Tante was passiert, mache ich dich dafür verantwortlich!»

Ich ging in mein Arbeitszimmer und fuhr den eigenen, wieder tadellos funktionierenden PC hoch. Dort wartete immerhin eine nette Überraschung in der Mailbox: Die Bürogemeinschaft hatte meine Bewerbung gelesen und lud mich ein, am nächsten Tag gegen zehn vorbeizuschauen. Meine Laune besserte sich schlagartig, und ich beschloss, mich ab sofort um meinen eigenen Kram zu kümmern. Schließlich sah sich Renate die Männer nur auf dem Bildschirm an. Apropos Männer: Ich sollte mich schleunigst bei Meister Mhia anmelden. Nicht dass ich meinen Clooney-Doppelgänger nie wiedersehen würde!

Entschlossen marschierte ich in die Praxis. Am Empfang saß eine magersüchtige Ziege, die ganz in Orange gekleidet war.

«Einen wunderschönen Tag», säuselte sie. «Was kann ich für Sie tun?»

Ich räusperte mich kurz. «Ich möchte mich für den Kurs am Mittwochabend anmelden», sagte ich so cool wie möglich. «Für diese Kraftentfaltung im Lungenbereich. Sie wissen schon.»

Die Ziege schaute mich an, als hätte ich sie nicht mehr alle, und blätterte umständlich in einem großen Heft. «Ah, Sie meinen den Kurs von Yogi Sri Singh.»

Ich nickte eifrig.

«Da muss ich aber erst mal nachfragen, ob noch ein Platz frei ist. Diese Sitzungen sind nämlich sehr beliebt.» Sagte es und schwebte in den Raum nebenan.

Himmel, diese Variante hatte ich bisher gar nicht in Betracht gezogen! Was sollte ich machen, wenn der Kurs schon ausgebucht war? George auf der Treppe auflauern? Mir mit Gewalt Zugang verschaffen?

Die Sprechstundenhelferin – oder hießen die hier Erleuchtungshelferinnen? – kam zusammen mit dem Praxisinhaber zurück.

«Sie haben Glück! Ja-ja-ha … Ein Platz wäre noch frei.» Herr Cantak Mhia, ebenfalls ganz in Orange, nickte mir gnädig zu und reichte mir eine schwabbelig-schwitzige Hand. «Es freut mich, dass Sie sich seelisch weiterbilden wollen. Ja-ja-ha … Sie ahnen gar nicht, wie glücklich Sie dieser Kurs machen wird!»

Das wollte ich ihm für den Preis auch geraten haben. Und wehe, George tauchte nicht auf!

«Davon bin ich überzeugt», sagte ich so liebenswürdig wie möglich.

Herr Mhia schob mir ein Formular zu und reichte mir einen orangefarbenen Stift. «Ja-ja-ha … Das müssten Sie aber noch ausfüllen!» Er wollte gerade wieder nach nebenan verschwinden, als das Telefon klingelte.

«Die esoterische Praxis Cantak Mhia wünscht Ihnen einen friedvollen Tag!», flötete die Vogelscheuche in den Hörer. «Ja, einen kleinen Moment!» Sie reichte Herrn Mhia den Hörer.

«Ja, bitte?», meldete sich dieser mit einem Lächeln auf den Lippen. «Ach, du bist es.» Die gute Laune rutschte ihm aus dem Gesicht. «Was meinst du mit Kontrollen?» Er hörte erneut zu, während ich mit dem Fragebogen kämpfte.

«Herrgott, ich habe dir doch gesagt, dass die Sache an sich zu heiß ist!», rief der Meister. «Du kannst mich mal …» In diesem Augenblick bemerkte er, dass ich das Gespräch interessiert verfolgte. «Du kannst mich mal … bei der Morgenmeditation begleiten», beendete er den Satz nun in gewohnt salbungsvollem Ton. «Genau, so ist es. Alles klar.» Er legte auf, nickte mir geistesabwesend zu und verließ die Anmeldung.

Anscheinend hatte man auch als Erleuchteter so seine Schwierigkeiten. Ich hatte sie gerade bei der Frage fünf: «Unter welchem Sternzeichen wurden Sie geboren? Und was ist Ihr Aszendent?»

Mhm. Den ersten Teil konnte ich beantworten, aber Aszendent? Ich erinnerte mich dunkel daran, dass Antonia mal für mich nachgeschaut hatte, aber ich wusste beim besten Willen nicht mehr, was dabei herausgekommen war.

«Entschuldigen Sie …», unterbrach ich die Träume der Thekentante. «Ist das mit dem Aszendenten wichtig?»

Sie glotzte mich an, als hätte ich gerade verkündet, dass ich ein Herz für Kinderschänder hatte. «Aber natürlich! Sie kennen Ihren Aszendenten nicht?»

Jetzt mal ruhig, Mädel. Ich habe es bisher noch ganz gut geschafft im Leben. Habe Abitur gemacht, studiert und stehe auf eigenen Beinen.

«Nein, der wurde mir bisher noch nicht vorgestellt», sagte ich genervt und gab ihr das Formular zurück.

Sie schüttelte den Kopf, als wäre ihr so etwas bisher noch nicht passiert. «Dann schreiben Sie wenigstens Ihren Geburtsort und die Geburtsstunde hin. Ich schaue später für Sie nach und trage es ein.» Dann knöpfte sie mir ganz unesoterisch das Geld ab, und ich war entlassen.

«Ich habe es geta-han!», trällerte ich Bettina, die mir auf der Treppe entgegenkam, ins Ohr. «Stell dir vor, morgen habe ich ein Vorstellungsdate in der Bürogemeinschaft, und Mittwoch ... treffe ich meinen Traummann wieder.»

Sie grinste. «Man könnte glauben, hier im Haus sei der Frühling ausgebrochen.»

Ich stutzte. «Wieso? Hast du dich etwa auch verliebt?»

«Nein, aber deine Tante hat gerade mit einem gewissen Tornado64 Kontakt aufgenommen.»

«Wie bitte?» Ich schrie fast. «Und du lässt das zu? Sie kennt den Typen doch gar nicht?! Am Ende ist es ein Psycho, so ein –»

«Jetzt lass die Kirche mal im Dorf», bremste Bettina meine Wahnvorstellungen. «Sie ist alt genug, auf sich selber aufzupassen. Abgesehen davon weiß man nie, auf was man sich bei einer Beziehung einlässt. Dafür gibt es nun mal keine Garantie. Und darf ich dich außerdem darauf hinweisen, dass du gerade ein Schweinegeld bezahlt hast, damit du einen Mann wiedersiehst, mit dem du noch keine drei Worte gewechselt hast?»

Widerwillig brummte ich so etwas wie ein «Ja».

«Na also!» Bettina sah auf die Uhr. «Aber noch was ganz anderes. Hättest du heute Abend Zeit?»

«Ja. Warum?»

«Ich habe völlig vergessen, dass ich eine Vernissage in Ebersberg ausrichten muss, und keiner meiner Mitarbeiter kann mir heute helfen. Ich hole dich gegen sieben vor der Tür ab, okay?»

Gegen fünf ließ sich Antonia genervt in meinen Lesesessel fallen. «Ich habe die Schule im Augenblick total satt», murmelte sie und blätterte in einer alten Gala, die herumlag. «Und zum Einkaufen habe ich auch keine Lust. Was hältst du davon, wenn wir heute Abend zusammen essen gehen?»

Ich erzählte ihr gerade, dass ich versprochen hatte, Bettina bei ihrem Catering-Einsatz zu helfen, als meine Tante zur Tür reinguckte.

«Kinder, ist das schön bei euch», seufzte sie selig. «Grundgütiger, nun komme ich vielleicht sogar durch ein Unglück zu meinem großen Glück! Jetzt habe ich sogar einen eigenen Briefkasten in diesem Internet ... Wie nennt man das noch mal?»

«Eine Mailbox», half Antonia.

«Genau!», sagte Tante. «Wenn ich schlau bin, lass ich meine gesamte Post dort einwerfen. Was meint ihr?»

«Das geht aber nicht», sagte Antonia. «Die Mailbox ist nur für elektronische Post. Zum Beispiel für Nachrichten von diesem Herrn, dem du vorhin geschrieben hast.»

«Meinst du, er schreibt mir zurück?», fragte Renate unsicher. «Oder kann der auch so tun, als hätte er meinen Brief nie aufgemacht?»

So richtig kapiert hatte sie die virtuelle Welt noch lange nicht.

«Möglich wäre das schon», sagte Antonia. «Aber davon solltest du jetzt mal nicht ausgehen. Schließlich sucht er ja Kontakte.»

«Richtig», sagte Tante Renate. «Ich gehe gleich noch mal gucken, ob er schon geantwortet hat. Man sollte immer positiv denken!» Bei diesem Satz schaute sie vor allem mich an. «Wer nicht wagt, der nicht gewinnt, Evchen.» Und schon war sie wieder in Bettinas Zimmer verschwunden.

«Arme Bettina», sagte ich. «Ob wir Tantchen je wieder von ihrem PC loseisen können?»

«Ach, ich glaube nicht, dass diese Begeisterung ewig vor-halten wird», sagte Antonia optimistisch. «Wenn das Neue nicht mehr so neu ist ...»

Der Rest ihres Satzes ging unter, denn Renate kam we-delnd mit einer A4-Seite ins Zimmer gerannt. «Er hat geant-wortet!», trällerte sie. «Schaut mal, meine erste elektronische Post! Ist das nicht süüüß?»

Stolz legte sie die ausgedruckte Mail auf meinen Schreib-tisch.

Liebe Sehnsucht_59,
ich kann dir gar nicht sagen, wie ich mich über deine Zeilen gefreut habe.
In meiner Freizeit gehe auch ich besonders gerne spatzie-ren und schau mir ab und zu einen Film im Kino an. Natür-lich wäre das alles viel schöner, wenn man das mit seiner Liebsten machen könnte. Und ich ernäre mich auch sehr gerne gesund und kann außerdem sehr über mich selber lachen.
Was meinst du? Wollen wir mal zusammen einen Tee trin-ken gehen?
Dein Tornado64

«Zwei Rechtschreibfehler in sechs Zeilen», war das Erste, was unsere Lehrerin bemerkte. «Und das mit ... wie vielen Jah-ren?»

«Vierundsechzig», sagte meine Tante. «Kann doch mal vor-kommen, wenn man aufgeregt ist, oder? Es ist schließlich viel wichtiger, dass er über sich selbst lachen kann, findet ihr nicht?»

Ich rollte mit den Augen. Hoffentlich konnte ich bald in

dieser Bürogemeinschaft arbeiten. Sonst müsste man mich demnächst in die Psychiatrie einliefern.

Gegen sieben verließen Antonia und ich gleichzeitig mit Renate die Wohnung.

«Grundgütiger, ich freue mich so», war der Satz, den meine Tante wie ein Mantra wiederholte. «Heute fängt ein neuer Töpferkurs an: Das Porträt in Ton. Das wird bestimmt aufregend! Wisst ihr, was das Schöne am Töpfern ist?»

Antonia und ich schüttelten synchron den Kopf.

«Ton kann man formen, wie man will, und er enttäuscht einen nie!» Mit diesen philosophischen Worten ließ sie uns zurück.

«Vielleicht sollten wir es auch mal mit einem Hobby versuchen», kicherte Antonia, während sie eine Werbesendung aus dem Briefkasten angelte. «Oh, schau mal, du hast Post!» Sie drückte mir das neueste Programm vom Oberknaller Mhia in die Hand. «Hast du dich denn nun für diesen Kurs angemeldet?»

«Hab ich. Und wenn George zum Atmen nicht auftaucht, fang ich an zu hyperventilieren.»

«Oder du fragst Renate. Vielleicht hat sie bis dahin einen abgelegten Liebhaber für dich.» Antonia hielt mir grinsend die Tür auf.

«Den ich bei Volksmusik bekochen kann? Vielen Dank.» Ich lehnte mich draußen an die Hauswand und blätterte im neuen Kursprogramm. «Leben Sie!» stand groß auf der ersten Seite. Mhia hatte gut reden. Von den Kursgebühren, die er einstrich, konnte man wahrhaftig prima leben.

«Vielleicht solltest du auch mal etwas anderes als diese Horoskopgeschichten in Angriff nehmen. Wie wäre es mit einer Runde ‹Hellhörigkeit-Hellfühligkeit›, im Wechsel mit ‹Engelarbeit und Seelenrückholung›?», schlug ich Antonia vor. Beim Lesen hörte ich automatisch sein blödes «Ja-ja-ha»: die erste Silbe normal, die zweite singsangmäßig etwas höher. «Oder das hier: ‹Erfolg-Reich sein. Teilhaben am materiellen Energiefluss des Lebens. Nur auf Anfrage›.»

«Nie wieder Schulaufgaben korrigieren, das wär's!», seufzte Antonia, als Bettina mit quietschenden Reifen anhielt und uns hektisch zuwinkte. Schnell stopfte ich das Heftchen in meine Tasche, und wir stiegen zu ihr ins Auto.

«Sorry, dass ich so spät bin», sagte sie, während sie losfuhr. «Aber Mister Sackgesicht hat mich angerufen und kein Ende gefunden.» Sie schaute über die linke Schulter, gab Vollgas und bog in die Schweigerstraße ein. «Wollte wissen, wie es denn nun mit der Kündigung wäre und überhaupt.»

«Achtzig ist trotzdem etwas schnell», versuchte ich sie zu bremsen. «Wir schaffen das schon noch.»

Links und rechts sah ich Menschen mit empörten Gesichtern in ihren Autos sitzen. «Denk daran, du brauchst deinen Führerschein!»

Bettina holte tief Luft. «Es geht gleich wieder. Aber dieser Typ geht mir derart auf den Senkel! Was, glaubt ihr, hat er mir erzählt?» Wütend überholte sie auf der rechten Spur.

«Du wirst es uns sicher gleich verraten.» Antonia krallte sich am Türgriff fest.

«Dieser Trottel hat doch tatsächlich damit gedroht, mir eins auszuwischen, wenn ich die Wohnung kündige!» Bettina schnaubte wie ein Stier.

«Und hat er dir auch verraten, wie er das bewerkstelligen will?» Bettina bog plötzlich scharf nach links ab, und ich musste mich festhalten, um nicht auf ihrem Schoß zu landen.

«Nein, aber er soll sich nur vorsehen. Mir sind auch schon einige Sachen eingefallen, mit denen ich ihm das Leben sauer machen kann.» Sie machte eine Vollbremsung an einer Ampel. «Da wird ihm das Lachen schnell vergehen!»

«Zu welcher Kunstrichtung bewirtest du denn die Leute heute Abend?», fragte Antonia, als wir die Stadt hinter uns gelassen hatten.

«Irgendwas mit Aquarellen», brummte Bettina, während sie ein Rentnerauto aus Erding überholte. «Der Künstler ist anwesend, und irgendein Kunstexperte aus München spricht einführende Worte. Wir gehen zuerst mit Weißwein durch, Bier kann am Buffet geholt werden. Dann gibt es – he, du Trottel!» Sie zeigte einem Autofahrer, der ihr gerade die Spur geschnitten hatte, mit einer klaren Geste, was sie von seinen Fahrkünsten hielt. «Wo war ich stehen geblieben?»

«Bei Trottel und Bier am Buffet.»

«Richtig!» Bettina strich sich eine Strähne aus dem Gesicht. «Und nach der Einführung können sich die Leute bei uns am Buffet bedienen. Ich denke mal, dass wir so gegen zehn wieder zu Hause sind.»

«Ah, wie schön, dass Sie schon da sind, Frau Willmer!» Eine übergewichtige, schwarz gekleidete Mittfünfzigerin stöckelte nervös auf Bettina zu. «Ich habe die Tische bereits aufgebaut, Sie kennen ja den Weg!»

Bettina stellte uns Mathilde Krüger, die Galeristin, vor, und wir machten uns ans Werk.

«Ich finde diese Aquarelle, ehrlich gesagt, ziemlich schrecklich», flüsterte Antonia, als wir mit unseren Platten durch die Räume gingen. «Allein die Farben! Das kriegen die Schüler im Leistungskurs Kunst bei uns in der Schule besser geregelt!»

«Du verstehst das eben nicht», ätzte Bettina neben ihr. «Das hier ist echte Kunst. Nicht solche amateurhaften Kritzeleien.» Sie drehte sich kurz um, um zu sehen, ob Frau Krüger in der Nähe war. «Kunst muss nicht gefallen, Kunst muss Knete bringen, und wenn du sie verstehen kannst, ist es sowieso schon zu spät!» Sie grinste. «Das habe ich jedenfalls gelernt, seit ich in diesen Kreisen verkehre.»

Als wir alles aufgebaut hatten, trudelten auch schon die ersten Gäste ein. Der Künstler des Abends, ein gewisser John Stahlmann, kam gleich auf Bettina zu und schüttelte ihr umständlich die Hand.

«Frau Willmer, es ist immer wieder eine Freude, Sie zu sehen. Immer hübsch, freundlich und mit den besten Leckereien, die ich mir vorstellen kann!» Auch uns schüttelte er die Hand. «Und so hübsche Helferinnen!», schleimte er weiter. Dann beugte er sich vertraulich zu Bettina und flüsterte: «Aber ich hoffe, die gibt's umsonst dazu, oder? Sonst bekomme ich Probleme mit meiner Frau! Hahaha!»

«Alles im Preis inbegriffen, Herr Stahlmann», sagte Bettina und lächelte zuckersüß zurück. «Es sei denn, Sie überweisen so spät wie beim letzten Mal. Dann muss ich Ihnen die Damen extra in Rechnung stellen.»

Die Galerie füllte sich rasch, und eine halbe Stunde später lauschte die Gesellschaft gebannt den Ausführungen eines komplett schwarz gekleideten Kunstkenners.

«John Stahlmann versteht es, uns mit den aktuellen Arbeiten seine unkomplizierte und unverkopfte Sicht auf die Dinge dieser Welt zu vermitteln», begann der Experte namens Brücklmaier. «Es, äh, geht ihm dabei vor allem um das, äh, Nichtfunktionieren von Kommunikation und um den Moment der, äh, ja, ich glaube, wir können hier wirklich von einer fast surrealistischen Erfahrung sprechen, die der Betrachter machen kann, wenn er sich ganz, und damit meine ich wirklich ganz, einlässt auf diese wundervollen Werke.» Er holte tief Luft. «Dann wird er feststellen, dass es dem Künstler vor allem um eine intuitive und emotionale Erfahrung geht, die er immer mit einem Funken Ironie verbindet.»

«Tante Renate würde *Grundgütiger* dazu sagen», brummte Antonia.

«… und daher freue ich mich, dass es ihm bei den neuen Arbeiten gelungen ist, diese verschiedenen Bedeutungsebenen und unterschiedlichen Bildsprachen übereinanderzulegen, und dass er uns an diesem Prozess teilhaben lässt. Ich danke Ihnen für Ihre Aufmerksamkeit!»

Die Anwesenden klatschten begeistert und bestürmten Herrn Brücklmaier mit schlauen Fragen.

«Warum müssen Künstler und Galeristen eigentlich immer schwarz gekleidet sein?», fragte ich. «Hoffen die, dass sie dann vergeistigt aussehen?»

«Jedenfalls muss man sich nie Gedanken machen, ob die Sachen zusammenpassen», mutmaßte Bettina. «Schwarz passt immer zu Schwarz!»

«Außerdem kaschiert es die paar Pfund zu viel auf der Hüfte. Was meint ihr, warum die Krüger Schwarz trägt?!» Antonia zeigte auf eine üppige Dame, die man schon als fett bezeichnen konnte. «Obwohl, sie sieht auch in Schwarz aus wie eine Wurst in der Pelle!»

«Sollen sie machen, was sie wollen», brummte Bettina und fing an, den Leberkäse in Scheiben zu schneiden. «Es geht los, Mädels! Und denkt dran: Wem die Speisenauswahl nicht passt, kann sich zur Hölle scheren. Aber verpackt diese Aussage bitte etwas charmanter.»

Zum Glück mussten wir gar nicht so direkt werden, denn die Leute waren hungrig und stürzten sich, ohne zu murren, auf das von Bettina vorbereitete Buffet.

«Schaut euch mal diesen Strizzi da drüben an.» Ich zeigte unauffällig auf einen Mann, der um die fünfundsechzig sein musste. Er hatte volles silbergraues Haar, dunkle Augen und war für sein Alter gut in Schuss. Sein dunkelgrauer Leinenanzug passte ihm perfekt, und der Farbton unterstrich seine sonnengebräunte Haut. «Das ist echt ein Typ, bei dem viele Frauen ab Mitte fünfzig schwach werden.»

«Ja, sieht so aus, als hätte er hier auch einige Fans», bemerkte Antonia. «Und er liebt es anscheinend protzig. Schau dir mal diese fette Uhr an. Wetten, dass der auch ein Goldkettchen auf der behaarten Brust trägt?»

«Iiih!» Schon bei dem Gedanken schüttelte es mich. «Am Ende so ein Bunny-Häschen!»

«Jetzt hört mal auf mit euren Gruselmärchen!», sagte Bettina streng. «Ihr seid hier nicht zum Ablästern!»

In diesem Moment näherte sich eine lange, spindeldürre Frau, die mit ihrem leeren Pappteller wedelte. «Sie müssen mir unbedingt mal das Rezept von diesem zauberhaften Krautsalat zukommen lassen, Frau Willmer», gurrte sie, als sie vor uns stand. «Einfach wunderbar. Und so leicht!»

«Gerne, Frau Peters.» Unsere Freundin setzte ihr professionelles Lächeln auf. «Und wie geht es Ihnen sonst? Alles in Ordnung?»

«Und wie!» Frau Peters stellte sich neben das Buffet und strahlte uns der Reihe nach an. «Ich war gerade in einem Fastenhotel. Fabelhaft, sage ich Ihnen!» Sie strich sich über die mageren, leicht faltigen Wangen. «Man fühlt sich wie neugeboren nach so einer Woche!»

«Sie waren zum Nichtsessen in einem Hotel?», fragte ich verblüfft.

«Na, so einfach dürfen Sie sich das nicht vorstellen!» Frau Peters sah mich an, als wäre ich nicht ganz dicht. «Das geschieht da ja alles unter Aufsicht, und man hat ein tägliches Fastengespräch.»

Ich war sprachlos. Diese Frau zahlte Geld dafür, dass sie nichts aß, und führte darüber auch noch täglich ein Gespräch?

«Der frische Aloe-vera-Saft, den es dort immer gab, fehlt mir richtig!» Frau Peters kam aus dem Schwärmen nicht mehr heraus. «Köstlich, sage ich Ihnen!»

Allein bei dem Gedanken wurde mir schon schlecht. Ich kannte Aloe vera nur als Bestandteil meiner Hautcreme, und das sollte in Zukunft auch so bleiben.

«Ich glaube nicht, dass so etwas für mich das Richtige wäre», murmelte Antonia.

«Das glauben viele am Anfang!», rief die Magere. «Aber das kommt nur durch Unwissen.» Sie stellte den Teller ab und kramte in ihrer Handtasche. «Hier haben Sie einen Prospekt.» Sie fasste sich mit beiden Händen an die Wespentaille. «Ich sage Ihnen: fabelhaft!»

Höflichkeitshalber schauten wir uns den Flyer an.

«Himmel, klingt das alles eklig», brummte Bettina, als Frau Peters ein paar Worte mit einem anderen Gast wechselte. «Leberwickel und Fastensuppe aus frischem Gemüse.

Mit viel Liebe zubereitet … Da würde ich nicht mal hingehen, wenn ich vor Geld rülpsen würde.» Sie faltete das Blatt wieder zusammen und gab es der strahlenden Dame gerade zurück, als sich eine weitere Frau zu uns gesellte.

«Grüssie, Frau Willmer, Ihr Buffet ist ja wieder phantastisch!», rief sie.

«Freut mich, wenn die Leute mit meinen Sachen zufrieden sind, Frau Goller-Glück!», sagte Bettina, während sie Teller aufeinanderstapelte.

Frau Goller-Glück gehörte anscheinend nicht der Fasten-, sondern eher der Botoxfraktion an. Von Fältchen kaum eine Spur, obwohl auch sie bestimmt die fünfzig überschritten hatte.

«Und? Was macht Ihre Malerei?», fragte Bettina sie gut gelaunt.

«Aaah! Wunderbar! Aber Sie werden meine neuesten Werke ja bald sehen. Sie machen doch das Catering bei der Jahresausstellung vom Kunstverein, oder?»

«Aber ja.» Bettina nahm einen kräftigen Schluck Wasser. «Ich wüsste nicht, was dazwischenkommen sollte.»

«Ich meine ja nur …» Frau Goller-Glück druckste ein wenig herum. «Es sind so merkwürdige Gerüchte in Umlauf, Sie wissen schon …»

«Ehrlich gesagt nicht.» Bettina schaute sie aufmunternd an. «Aber vielleicht möchten Sie mir davon erzählen?»

Frau Goller-Glück wartete, bis Frau Peters gegangen war, dann stellte sie sich direkt neben Bettina.

«Na ja, mein Mann … also, der sagt, dass Herr Wendel heute Nachmittag so komische Sachen über Sie und Ihren Betrieb erzählt hat!»

Aha, Ferdinand machte Ernst.

«Sooo … Hat Herr Wendel das?» Bettinas Augen wurden eine Spur schmaler. «Und was hat er genau erzählt?»

«Na ja, dass Sie …» Allmählich wurde Frau Goller-Glück die Sache unangenehm. «Er hat gemeint, dass die Qualität der Speisen Ihres Catering-Betriebes gar nicht so gut wäre, wie man annehmen würde, und …»

Bettina zog gekonnt ihre linke Augenbraue hoch. «Ach, das ist ja interessant …»

Frau Goller-Glück nickte heftig. «Aber nachdem Ihre Sachen immer vom Feinsten sind und ich mir gar nicht vorstellen kann, dass da etwas dran ist, wollte ich es Ihnen doch lieber gesagt haben.»

«Das finde ich sehr anständig von Ihnen», sagte Bettina langsam. «Wissen Sie, Männer haben manchmal Probleme damit, etwas zu akzeptieren. Vor allem, wenn es körperlicher Art ist. Dann werden sie patzig und teilen aus. Verstehen Sie, was ich meine?»

Frau Goller-Glück kam aus dem Nicken nicht mehr heraus. «Und ob!»

Bettina beugte sich dichter zu ihr. «Herr Wendel ist nämlich völlig impotent geworden, und das macht ihm enorm zu schaffen …»

Frau G-G schlug die Hand vor den Mund. «Ist nicht wahr!»

«Das müssen Sie natürlich für sich behalten», sagte Bettina mit all ihrem Charme. «Der arme Kerl. Aber das ist nun wirklich kein Grund, mir das Geschäft zu vermiesen, oder?»

Zur Abwechslung schüttelte Frau Goller-Glück nachdrücklich den Kopf. «Nein, so etwas ist unanständig!» Dann mischte sie sich wieder unter die Besucher.

«Du bist ja eine Ratte!», rief Antonia begeistert. «Was meinst du, wie lange sie diese Neuigkeit für sich behält, mh?»

Ich sah, wie die Goller-Glück sich angeregt mit einigen Frauen unterhielt. «Ich würde sagen, die ersten drei wissen es schon.»

«Tja, das kommt davon, wenn man sich als Lügenschleuder betätigt.» Bettina sah uns mit ihrem berühmten Blutvergießerblick an. «Der liebe Herr Wendel wird sich noch warm anziehen müssen!»

Darauf stießen wir an.

Kapitel 5

«Ganz ruhig, Eva, die werden dich schon nicht fressen», murmelte ich, als ich mein Fahrrad vor dem Haus der Bürogemeinschaft abstellte. Ich drückte auf die Kupferklingel und fühlte mich wie eine Fünfjährige, die zum Vorsingen bestellt war.

«Ja, bitte?», klang es blechern an mein Ohr.

«Eva Schumann. Ich habe einen Termin!», sagte ich, doch bei dem Wort «habe» summte der Öffner bereits, und ich drückte die schwere Haustür auf.

Während ich in den zweiten Stock hinaufging, war ich überzeugt, dass es eine Schnapsidee gewesen war, sich hier zu bewerben. Schon das Treppenhaus war so nobel, dass ich mir mit Sicherheit nicht mal die Nebenkosten für das Büro leisten konnte.

Oben angekommen klingelte ich erneut. Die Tür wurde aufgerissen, und eine Frau guckte mich über den Rand ihrer Schildpattbrille an. Es gab die gute Fee von der Website also tatsächlich. Ich konnte nicht anders, als sie anzustarren. Noch nie in meinem Leben war ich jemandem begegnet, der auch nur annähernd so aussah wie Frau Balösius.

Sie trug ein orangerotes Twinset zu einem kurzen pinkfarbenen Rock, dazu perlmuttfarbene Strümpfe und rote Samtpantöffelchen. Auch das halblange Haar hatte einen Rotton, irgendwas in Richtung Mahagoni, und war mit einigen Nadeln zusammengesteckt. Ich schluckte und schloss die Augen. Schließlich wollte ich kein Farbschleudertrauma bekommen.

«Kindchen, ist alles in Ordnung?», fragte eine heisere Stimme.

«Ja, doch! Alles prima!», stammelte ich und öffnete vorsichtig die Augen.

Die gute Fee sah mich durchdringend an. «Ich glaube, Sie brauchen einen Kaffee. Ist ja auch noch früh!» Ohne meine Antwort abzuwarten, zog sie mich über die Türschwelle und half mir aus dem Mantel.

«Ah, da ist ja unsere Bewerberin!» Ein großer, äußerst gut aussehender Mann mit raspelkurzen Haaren kam auf mich zu.

«Herzlich willkommen!», sagte er und schüttelte mir die Hand. «Ich bin Franz.»

«Das Kind braucht erst mal einen ordentlichen Kaffee!», sagte die Türfee bestimmt und genehmigte sich selber einen Schluck aus einer großen Tasse, deren Inhalt roch, als könnte man damit die Leopoldstraße teeren.

«Nicht deine Spezialmischung, Erna!», sagte Franz. «Wir kümmern uns schon um sie!»

Erna schnaufte, gab sich aber geschlagen.

«Die anderen warten im Besprechungsraum», sagte Franz und führte mich einen langen, breiten Flur entlang. «Wir sind schon sehr gespannt!»

Mir sank der Mut geradewegs in die Schuhe. «Ich hoffe, ich muss keine Tänzchen vorführen oder, noch schlimmer, singen?», versuchte ich meine Nervosität zu überspielen.

«Ach was!», sagte Franz. «Wir plaudern ein bisschen, und dann sehen wir schon, ob die Chemie stimmt.» Er beugte sich etwas zu mir herüber. «Vor allem machen wir das ohne Ernas Kaffee. Der ist für Normalsterbliche absolut tödlich!»

Das Gespräch verlief sehr entspannt, und bei einem leckeren Cappuccino lernte ich die Mitglieder der Bürogemeinschaft näher kennen.

«Ich kann mir nur zu gut vorstellen, dass dir öfters die Decke auf den Kopf fällt», sagte Katharina, eine nette Illustratorin in meinem Alter. «Dabei glauben die meisten Leute, dass wir das große Los gezogen haben. Bei mir denken sie immer, dass ich ein supertolles, kreatives Hobby habe und den ganzen Tag goldige Bärchen zeichne!» Sie stellte ihre Kaffeetasse mit einem Knall auf den Tisch zurück. Sie fuhr sich durch die kurzen blonden Locken und schob sich die Brille auf der Nase zurecht. «Am liebsten hätten die Verlage die ganze Arbeit umsonst. Ist ja schließlich nur ein Hobby!»

«Und alles sollte natürlich bis vorgestern fertig sein», ergänzte ich grinsend.

«Ja, manchmal wundert man sich, dass bestimmte Lektorate noch nicht von wütenden freien Mitarbeitern ausgelöscht worden sind», überlegte Bruno, der Sachbuchlektor war. «Das gäbe bestimmt eine hübsche BILD-Schlagzeile!» Er schaute auf seine Armbanduhr. «Ich würde gerne noch länger mit euch herumsitzen, aber leider habe ich auch ein Hobby, um das ich mich kümmern muss. Also, wie sieht's aus?»

Franz sah in die Runde. «Ich bin dafür. Und was ist mit euch?»

Die anderen beiden nickten.

«Dann würde ich sagen: Herzlich willkommen, Eva!», sagte er feierlich. «Noch irgendwelche Fragen?»

«Allerdings», antwortete ich. «Wie viel kostet es, in diesen heiligen Hallen zu arbeiten? Ich fürchte, ich kann mir das überhaupt nicht leisten!»

«Mach dir da mal keine Sorgen!» Bruno stand auf und legte mir beruhigend die Hand auf die Schulter. «Das klären die beiden noch mit dir. Bis später!» Und er ging schräg pfeifend hinaus.

Ich sah Franz und Katharina an.

«Es ist so», begann Franz. «Ich habe eine sehr liebe Patentante, die einige Immobilien besitzt, unter anderem dieses Haus.»

«Und da Franz ihr Lieblingsneffe ist, überlässt sie uns dieses Stockwerk besonders günstig», ergänzte Katharina.

Franz nannte mir den Preis für mein Büro, und mir fielen vor Staunen fast die Augen aus dem Kopf.

«Nicht schlecht», sagte ich. «So eine Tante hätte ich auch gerne. Und Erna ist auch im Preis mit drin? Das ist ja der Hammer!»

«Stimmt», sagte Katharina. «Auch wenn sie am Anfang vielleicht etwas gewöhnungsbedürftig ist.»

Ich kicherte. «Das kann man wohl sagen. Als ich ihr Bild auf der Homepage sah, dachte ich, dass es sich um einen Scherz handelt.»

«Unterschätze Erna nicht», sagte Katharina. «Sie war lange Chefsekretärin bei der Designabteilung einer Modefirma.»

«Daher die gewagten Farbkombinationen?», fragte ich.

«Yep. Und zu unserem Glück hat sie noch lange keine Lust, in Rente zu gehen», ergänzte Katharina. «Sie hat ein Herz aus Gold, aber am Telefon kann sie ein bissiger Rehpinscher sein. Wenn es jemanden gibt, den du ganz bestimmt nicht sprechen möchtest, hat dieser Jemand keine Chance, zu dir durchzudringen. Du wirst sehen, bald willst du nie mehr ohne sie leben wollen!»

«Dafür hält sie aber gerne einen kleinen Plausch mit dir», warf Franz ein. «Da musst du schon durch!»

«Solltest du einen abgelegten Liebhaber haben, den du partout nicht sehen willst, wird sie dir den auch brav vom Hals halten», ergänzte Katharina. «Ich habe da sehr gute Erfahrungen gemacht!»

Ich lachte. «Okay, ihr habt mich voll und ganz überzeugt. Wenn das Büro nicht gerade eine Besenkammer ist, ziehe ich ein!»

«Die Besenkammer halten wir hier prinzipiell frei für den Fall, dass Boris Becker trotz seiner Lilly rückfällig wird.» Katharina schaute mich bierernst an.

«Bitte! Verschon uns mit diesem Gala-Scheiß!», rief Franz. «Ich warne dich lieber gleich vor, Eva. Katharina, Erna und Bruno lieben Klatschzeitungen. Wenn du dich mal ausheulen willst, komm jederzeit in mein Büro!»

«Tut mir leid», sagte ich. «Aber ich fürchte, ich gehöre auch zur Gala-Fraktion!»

«Aaah! Ich glaube, du kriegst das Büro doch nicht.» Franz griff sich an die Gurgel und sank mit verdrehten Augen in seinem Freischwinger zusammen. «Das ist mehr, als ich ertragen kann!»

«Du armer Kerl!» Katharina ging zur Tür. «Ich sage Erna Bescheid, dass du eine Tasse Spezialmischung brauchst, okay?» Mir gab sie ein Zeichen. «Komm, ich zeige dir das Büro!»

Ich konnte mein Glück kaum fassen: Der Raum hatte genau die richtige Größe und war mit einem alten Schreibtisch und zwei Regalen bestückt. Durch große Fenster schaute ich auf einen idyllischen Hinterhof.

«Nicht übel, oder?» Katharina setzte sich auf die breite Fensterbank. «Du wirst dich hier bestimmt wohlfühlen!»

«Wer hat hier früher residiert?», fragte ich neugierig.

«Julia, eine Textildesignerin», erzählte Katharina. «Aber nachdem sie sich erfolgreich über das Internet verliebt hat, ist sie nach Köln gezogen.» Sie grinste mich an. «Julia hatte übrigens die Idee mit dem Fragebogen!»

«Meine Tante sitzt auch Tag und Nacht bei uns am PC und hofft, ihre große Liebe übers Netz zu finden.» Ich erzählte ihr von Renates Einzug.

«Du kannst ihr mal den Tipp geben, sich bei Parship anzumelden», sagte die Illustratorin. «Das ist hundertprozentig seriös. Da hat Julia ihren Typen kennengelernt!»

«Mir wäre es lieber, wenn sie diesen ganzen Kram bald wieder vergessen würde!» Ich stand auf und überlegte, was alles mit umziehen musste. «Ich gehe gleich mal los und packe ein paar Kisten. Je eher ich hier anfangen kann, desto besser.»

«Erna wird alles für dich vorbereiten.» Katharina stand ebenfalls auf. «Und noch was: Zum Einstand laden die Neuen die ganze Bürogemeinschaft immer zum Essen ein.»

«Wenn's sonst nichts ist? Wollen wir das Freitagabend gleich in Angriff nehmen?»

«Ich frag bei den anderen nach und sage dir dann noch Bescheid», versprach Katharina. «Bis später!»

Zu Hause begrüßte ich Tante Renate, die immer noch wie festgeklebt am Computer saß. Ich brachte ihr ein paar Kekse und ein Glas Milch, damit sie mir auf ihrer Männersuche nicht vom Stuhl fiel, und fing an zu packen.

Gegen drei Uhr hatte ich das Wichtigste aus meinem

Arbeitszimmer in Bananenkartons verstaut und stellte die Schachteln, zusammen mit PC und Drehstuhl, ins Treppenhaus.

«Bin schon da!», keuchte Bettina, die gerade die Treppe hochkam. «Haben wir noch Zeit für eine kleine Erholungspause?»

Ich nickte. «Klar. Antonia will auch mit. Die müsste gleich da sein.»

Kurz darauf saßen wir zu dritt am Küchentisch, und ich erzählte von meinem Vorstellungsgespräch und der Bürofee.

«Klingt richtig gut», fand Antonia. «Vor allem auf die Schreckschraube bin ich höllisch gespannt!»

«Und wie sind die Jungs?», fragte Bettina. «Knackig?»

«Franz ist ganz der Typ Kreativer: adrett gekleidet, hübsch, Kurzhaarschnitt und dunkle Augen.»

«Mmmmh…», machte Bettina.

«Und Bruno hat anscheinend ein Faible für wilde Krawatten», berichtete ich weiter. «Heute hat er eine mit bunten Monstergummibärchen um. Ansonsten: blonde Locken und randlose Brille.»

«Auch nicht schlecht», meinte Antonia. Sie stellte gerade unsere Gläser in die Spülmaschine, als Renate hereinkam.

«Ich weiß nicht, ob ich mich traue», sagte sie mit dünner Stimme.

«Was gibt es denn zu trauen?», fragte Antonia mit Therapeutenstimme. «Erzähl mal.»

So wie meine Tante seufzte, wusste ich, was los war.

«Hast du etwa ein Rendezvous?»

Hundert Punkte.

«Morgen. Mit Tornado64. Aber jetzt hat mich doch der Mut ein bisschen verlassen.»

«Aber warum denn?», fragte Bettina. «Das ist doch großartig!»

Na, schönen Dank auch. Großartig ging anders.

«Sag doch einfach ab», schlug ich vor. «Dann hast du keine Bauchschmerzen mehr und kannst dein Leben weiterhin genießen.»

«So ein Quatsch!» Antonia schaute mich streng an. «Renate sollte da ruhig mal hingehen. Vielleicht ist es ja die Liebe ihres Lebens? Welches Sternzeichen hat er denn, Renate?»

«Skorpion, glaube ich», sagte Renate. «Und ich bin Wassermann.»

«Dann solltest du ihn auf jeden Fall treffen», fand Antonia. «Das harmoniert wunderbar zusammen. Skorpion-Männer sind hilfsbereit, humorvoll, verlässlich, leidenschaftlich und: ausdauernd!»

«Wie wäre es mit folgender Idee», rief Bettina. «Eine von uns geht unauffällig mit zum Rendezvous, und wenn Tornado64 Renates Vorstellungen nicht entspricht, gibt sie derjenigen ein Zeichen.»

«Und dann?», fragte Renate atemlos.

«Dann …» Bettina überlegte. «Dann geht diejenige raus und ruft dich von der Toilette aus auf dem Handy an.»

«Aber sie hat gar kein Handy», rief ich triumphierend.

«Ich habe zwei», sagte Bettina. «Und eins davon leihe ich dir.»

Nun strahlte meine Tante. «Das ist eine gute Idee! So machen wir es.»

«Fragt sich nur, wer mitgeht», sagte Antonia. «Ich habe morgen Nachmittag einen Termin mit Müller-4 und Elternsprechstunde in der Schule.»

«Tja», sagte Bettina. «Und ich muss morgen das Catering für eine Doktorandenfeier in der Uni vorbereiten ...»

Drei Augenpaare richteten sich auf mich.

«Ich habe doch morgen diesen, äh, den Kurs», begann ich lahm. «Und da muss ich mich noch ...»

«Atmen brauchst du nicht extra zu üben, Eva!»

Antonia musterte mich wie die Oberlehrerin persönlich. «Und dein Kurs ist erst abends. Das bisschen Zeit am Nachmittag kannst du schon erübrigen, oder? Wenn Tornado nett ist, kannst du ja auch gleich wieder gehen.»

«Das klappt bestimmt alles wie am Schnürchen», sagte Renate dankbar. «Danke, dass du mich nicht im Stich lässt!»

«Da habt ihr mir was Schönes eingebrockt», brummte ich, als wir meine Sachen in Bettinas Caddy schichteten.

«Denk daran, das ist gut für dein Karma», sagte Antonia.

«Ach?» Antonia konnte einen immer wieder überraschen. «Ich hatte vor, mich nicht mehr ausnutzen zu lassen, und jetzt soll das plötzlich gut für mein Karma sein?»

«Das hier ist doch etwas ganz anderes», sagte meine Freundin voller Überzeugung. «Du tust es für deine Tante, damit sie ihr Glück findet. Außerdem ist sie kein Mann. Übrigens, Bettina, ich habe mich heute mal mit dieser Uschi von deinem Küchentisch unterhalten.»

«Und?»

«Sie hat mir etwas von einem Kreis erzählt, bei dem Ferdinand auch Mitglied ist.» Sie schob den letzten Karton auf die Rückbank. «Und sie wollte wissen, ob ich auch mitmachen möchte. Hast du eine Ahnung, was das sein könnte?»

Bettina schüttelte den Kopf. «Keinen Schimmer. Mehr hat sie dir nicht darüber erzählt?»

«Das will sie beim nächsten Mal machen», sagte Antonia. «Und es wäre sehr vertraulich.»

«Und wieso erzählt sie dir dann gleich davon? Sie kennt dich doch kaum, oder?» Ich sah Antonia verdutzt an.

«Mir war klar, dass sie sich bei uns an der Schule recht heimatlos fühlt», grinste sie. «Da habe ich mich aus reiner Selbstlosigkeit ein bisschen mit ihr unterhalten, und schon hat sie es mir erzählt. Wenn da etwas Dubioses dahintersteckt, kannst du Ferdinand damit vielleicht in die Pfanne hauen.»

«Und was sagt dein Karma dazu?», fragte ich mit gespielter Unschuld.

Aber Bettina war sehr angetan. «Halte mich auf jeden Fall auf dem Laufenden», bat sie. «Je mehr ich über das Treiben von diesem Kerl weiß, desto besser!»

Von meinem neuen Büro waren meine Freundinnen genauso begeistert wie ich.

«Und alles ist schon installiert?», fragte Bettina, die meinen PC einstöpselte. «Ich meine, Flatrate und Telefonanschluss?»

«Alles da, wie zu Hause», sagte ich zufrieden. «Ich muss nur noch eine Rundmail mit meiner neuen Adresse loslassen, dann bin ich offiziell hier zu erreichen.»

«Und wo ist denn nun diese Du-weißt-schon-wer?», fragte sie leise. «Wir sind ja so gespannt!»

«Die werdet ihr noch früh genug kennenlernen», sagte ich gerade, da ging die Tür auf, und Erna betrat mein Zimmer. Gekleidet in einem Muster- und Farbenmix, der alles bisher Dagewesene übertraf.

«Ah, Sie sind ja schon am Auspacken, Herzchen!», krächzte sie und streckte mir eine Mappe entgegen. «Hier haben Sie den Mietvertrag und die Schlüssel!»

«Vielen Dank», sagte ich artig. «Sie sind ja wirklich schnell!»

«Ist schließlich meine Aufgabe», sagte meine neue Sekretärin und setzte sich ihre Brille, die an einem Kettchen um ihren Hals baumelte, auf die Nase. «Für Freitagabend habe ich einen Tisch bei unserem Lieblingsitaliener bestellt. Um sieben!» Erst als sie sich umdrehte, entdeckte sie Antonia und Bettina, die sie mit riesigen Augen anstarrten. «Ach entschuldigen Sie, ich hatte Sie gar nicht bemerkt!» Erna ging mit ausgestreckter Hand auf die beiden zu. «Balösius mein Name. Erna Balösius!»

Antonia bekam gerade noch ein «Angenehm, Antonia Lutz» heraus, aber Bettina wandte sich ab und lehnte sich wimmernd ans Regal.

«Was ist denn mit Ihnen los, Kindchen?», fragte Erna besorgt. Dann drehte sie sich zu mir. «Ihrer Freundin scheint es gar nicht gutzugehen!»

«Das geht gleich wieder vorbei», sagte Antonia mit gefährlich zitternder Stimme. «Sie hat einen Trauerfall in der Familie.» Sie strich Bettina beruhigend über den Rücken. «Und ab und zu beutelt es sie noch furchtbar!»

«Ach, du meine Güte!» Erna schlug die Hände zusammen. «Kann ich ihr vielleicht helfen? Mit Trauerarbeit kenne ich mich aus.»

«Ich glaube, es ist das Beste, wenn wir sie ein bisschen alleine lassen», sagte ich schnell, denn Bettina schluchzte immer lauter. Ich schob Antonia und Erna in den Flur und kniff Bettina beim Hinausgehen in den Hintern. Sie jaulte auf.

«Scheint ja schlimm zu sein», sagte Erna voller Mitgefühl.

«Es geht», sagte ich. «Sie ist halt ein bisschen zart besaitet. Aber gleich geht es ihr wieder besser, wir kennen das schon.»

«Na gut, dann will ich mal los», sagte Erna und holte einen Mantel mit grellem Leopardenmuster aus dem Garderobenschrank.

Ich hörte, wie Antonia neben mir nach Luft schnappte, und stieß sie unsanft in die Seite. «Beherrsche du dich wenigstens!», raunte ich ihr ins Ohr.

«Bitte?», fragte Erna, die sich vor dem Spiegel hin und her drehte.

«Toller Mantel!», rief Antonia mit brüchiger Stimme. «Großartig!»

«Sind Sie sicher?» Frau Balösius schaute uns zweifelnd an. «Ich überlege dauernd, ob diese Kombination für ein Treffen mit meinem Bekannten nicht etwas zu spießig wirkt.»

«Keineswegs!», sagte meine Freundin, die sich wieder gefangen hatte. «Gerade für ein Rendezvous ist das einfach hinreißend!»

«Nun gut, wenn Sie das sagen.» Erna knöpfte den Leoparden zu und schnappte sich ihre große Handtasche. «Ich habe es nämlich gerne ein bisschen ausgefallener, wissen Sie?»

Nach unserem Büroausflug fuhr Bettina nach Hause, um weiter zu packen, Antonia verzog sich hinter ihren Schreibtisch, und ich beschloss, in meinen Zimmern mal so richtig auszumisten. Tante Renate besuchte eine Freundin. Somit bestand wenigstens in den kommenden Stunden keine Gefahr, dass sie sich mit neuen Männern verabreden würde.

Beim Aufräumen hing ich meinen Gedanken nach und träumte ein wenig von George. Plötzlich fiel mir auf, dass ich keine Ahnung hatte, was ich morgen zu dem Kurs anziehen sollte.

Vielleicht wusste es die beste Freundin. Ich steckte den Kopf durch die Zimmertür.

«Was zieht man denn auf dem Weg zur entspannten Lunge so an?»

Antonia saß an ihrem Schreibtisch. Links von ihr lag ein enormer Stapel Schulaufgaben, rechts Mephisto, der mich mit seinen grünen Augen musterte.

«Entspannte Lunge, was?» Sie kaute auf dem Ende ihres Rotstifts. «Ich würde sagen: scharfe Leggins, ein lockeres Sweatshirt, am besten mit einem tiefen Ausschnitt, und ein Paar passende warme Socken.»

«Scharfe Leggins? Gibt's die überhaupt? Und wenn ja, wie soll das bei meinen Oberschenkeln funktionieren?»

Antonia schüttelte den Kopf. «Ich verstehe deine Probleme mit deiner Figur nicht! Sei froh, dass du nicht so klapprig aussiehst wie diese ausgehungerten Models.» Sie musterte mich noch einmal prüfend. «Ja, ich bleibe bei meiner Empfehlung.» Dann widmete sie sich wieder ihrer Arbeit.

Na toll. Warme Socken hatte ich, schöne Sweatshirts auch, aber keins mit einem tiefen Ausschnitt. Und Leggins … Da half nur flottes Shoppen.

Ich zog gerade die Wohnungstür ins Schloss, als Antonias größter Fan Nicklas die Treppe hochkam. «Ist Antonia da?» Er strich sich verlegen durch die dunklen Locken.

Ich nickte. «Sie korrigiert Schulaufgaben und ist bestimmt begeistert, wenn du sie etwas ablenkst. Übrigens, was würdest du anziehen, wenn du zu einem …» Ich überlegte kurz. «… zu einem Kurs für autogenes Training gehen würdest?»

«Sweatshirt, Jogginghose und warme Socken», sagte Nicklas, ohne zu zögern. «Und ich würde eine Decke mitnehmen. Du brauchst wohl ein bisschen Entspannung?»

«Ja, so was in der Art», murmelte ich und sperrte ihm die Tür auf. «Danke!»

«Gern geschehen», sagte Nicklas. Er war wirklich nett.

«Ach – und Nick, was ich noch sagen wollte …»

Er sah mich fragend an.

«Lass dich mal nicht mit Kaffee abspeisen, sondern lock Antonia aus dem Haus. Ich glaube, sie lässt sich heute gerne von der Arbeit ablenken.»

Als ich in der Sportabteilung stand, merkte ich, dass ich keinen Schimmer hatte, ob das Atmen bei Herrn Singh in die Yogaecke, in die Pilatesabteilung oder zu Wellness gehörte.

Ich sah mir das Angebot näher an. Sollte ich mich für die Joy-Natural-Life-Damen-Studiopants «Anokhi» entscheiden oder eher für Jazzpants, die auf den Namen «Ashuli» hörten? Oder doch lieber die Capripants «Aprathi», zusammen mit der rosafarbenen Yogamatte «Relax» und einer neckischen Joy-Natural-Life-Mala-Kette «Anathya»? Dieses Label machte IKEA ernsthaft Konkurrenz.

«Kann ich Ihnen helfen?» Eine stämmige Frau tauchte vor mir auf. Auf ihrem Schildchen hieß es: «Frau Kaiser hilft Ihnen gerne», und obwohl ich mir gar nicht sicher war, ob ich von Frau Kaiser geholfen werden wollte, nahm sie die Sache sofort in die Hand. «Wofür brauchen Sie denn etwas?»

«Für einen Yoga-Kurs», sagte ich ausweichend.

Frau Kaiser stemmte die Hände in die Hüften und guckte mich forschend an. «Das ist so was mit Verrenkungen, nicht?», fragte sie. «Ja, das hat meine Tochter auch mal gemacht. Kommen Sie mit!» Sie ging zu einem anderen Kleiderständer. «Hier hängen die richtigen Sachen für Sie. Oberteil und Hose?»

Ich nickte. «Ich habe gehört, da zieht man Leggins an», warf ich zaghaft ein.

«Leggins?» Frau Kaiser-hilft-Ihnen-gerne schüttelte entschieden den Kopf. «Leggins sind out!» Sie schob Unmengen Pants hin und her, sah mich dabei immer wieder kritisch an und hielt mir dann drei Teile hin.

«Das wäre schon mal für untenrum! Jetzt zu den Oberteilen!»

Ich dackelte brav hinter ihr her. Bei den Shirts wiederholte sich das gleiche Ritual, bis sie mich in die Umkleidekabine schickte. Als ich mit der ersten Kombination aus der Kabine trat, schüttelte sie den Kopf.

«Viel zu langweilig», entschied sie und beugte sich näher zu mir. «Stellen Sie sich mal vor, da ist ein netter Kerl in dem Kurs. Da wollen Sie doch etwas hermachen, oder?»

Allerdings.

«Dachte ich mir.» Sie zwinkerte mir zu und tauchte kurz darauf mit einem petrolblauen Shirt am Vorhang der Umkleide wieder auf.

«Wow!», entfuhr es mir.

«Sag ich doch», sagte Mutter Kaiser. «Meine Tochter ist seit ihrem Gymnastikkurs mit so einem netten Mann zusammen! Und hübsch ist er auch noch!»

Ein gutes Omen. Zwanzig Minuten später entließ Frau Kaiser mich mit einem 1-a-George-tauglichen Outfit und wünschte mir augenzwinkernd gute Verrenkungen. Nun stand meinem Rendezvous mit diesem Mann nichts mehr im Wege.

Kapitel 6

Am nächsten Morgen ging es mir wie Tante Renate, und ich zweifelte an meinem Vorhaben. Sollte ich wirklich in den Psycho-Kurs gehen, um diesen tollen Mann wiederzusehen?

Ich musste. Abspringen war rein finanziell gar nicht mehr möglich. Schließlich hatte ich hundertachtzig Euro geblecht. Außerdem wollte ich George wiedersehen, oder? Also, Eva. Reiß dich zusammen und geh die Sache an! Schiss haben gilt nicht!

Als ich aus dem Bad kam, sah ich die Liste über meinem Schreibtisch, und ich nahm sie von der Wand.

Bald erledigen:
1. *Tobias abservieren (Persönlich? Mail? Telefon? Gute Gelegenheit abwarten!!!)*
   Check!
2. *Mich von keinem Mann mehr ausnutzen lassen. Und wenn er noch so schön ist!*
   Äh, bis jetzt war alles im Lot.
3. *Mir ganz generell das Leben von KEINEM Sackgesicht mehr vermiesen lassen.*
   Bin dran!
4. *Einen hübschen, verlässlichen, sympathischen Mann finden, der mich nicht ausnutzen will (siehe 2.). Der Zeit für mich hat UND ein guter Liebhaber ist.*
   Einen hübschen Mann hatte ich gefunden. Immerhin.

5. *Ausschweifender Sex mit o. g. Mann (siehe 4.).*
   Hoffentlich bald!
6. *Raus aus der Isolation und Anzeigen studieren.*
   Schon lange erledigt!
7. *Wenn dir etwas nicht passt, mach den Mund auf und*
   schluck deinen Ärger nicht länger hinunter!
   Wird gemacht!

Mir fielen noch zwei weitere Punkte ein:

8. *Kneifen gilt nicht, auch wenn ich mal Bammel habe.*

Und:

9. *Nicht aufgeben, egal was kommt.*

Mit einem zufriedenen Seufzer pinnte ich die aktualisierte Liste wieder an die Wand, zog mich an und fuhr zur Arbeit.

Ich war noch keine fünf Minuten da, als die gute Seele meines neuen Büros um die Ecke spitzte.

«Oh, Sie sind schon da!»

Heute war Frau Balösius ganz in Rosa unterwegs: Ein altrosa Pulli mit pinkfarbenen Rosen wurde durch eine Kette aus dunkelroten Plastikröschen vervollständigt. Die gleichen Plastikröschen trug sie als Ohrstecker und ein größeres Röschen im Haar. Sogar die Strümpfe waren rosé. Eigentlich alles ganz harmonisch, wäre da nicht noch der grellorangefarbene Wollrock gewesen.

Ich zeigte auf die geöffneten Kartons. «Ja, ich muss erst ein bisschen räumen, ehe ich mich an die Arbeit machen kann.»

Die Sekretärin nickte. «Ganz recht, meine Liebe. Aber vorher haben wir beide noch etwas zu erledigen!»

Sie zwinkerte mir zu, und Sekunden später stand sie auch schon wieder vor meinem Schreibtisch. Mit einem Piccolo und zwei Sektgläsern.

«Zuerst müssen wir beide auf gute Freundschaft und Zusammenarbeit anstoßen!» Erna öffnete die kleine Flasche und schenkte ein. «Willkommen im Büro. Ich heiße Erna!», und sie stieß mit mir an.

«Eva!», sagte ich, nahm einen ersten Schluck und deutete auf einen der Kartons. «Ich habe auch noch eine Flasche für die Happy Hour dabei.»

«Sekt ist Gold für den Blutdruck», sagte Erna euphorisch und füllte mein Glas nach. «Wirst du gleich merken!» Ihre Wangen hatten inzwischen tatsächlich einen kräftigen Rotton angenommen, passend zum Gesamtensemble.

Als im Flur das Telefon klingelte, stellte Erna ihr Glas ab und rannte los. Ich hätte niemals geglaubt, dass man sich auf diesen roten Samtpantöffelchen derart schnell fortbewegen konnte, und das auch noch beschwipst, aber sie schien gut in Übung zu sein. Bevor ich bis drei gezählt hatte, war sie schon wieder da.

«Pilates», schnaufte sie, als sie meinen anerkennenden Gesichtsausdruck sah. «Und Sekt natürlich.»

Sekt, klar. Oder hatte sie Sex gesagt? Erna schielte mit langem Hals in einen meiner Kartons. «Was übersetzt du denn so alles?»

«Zurzeit hauptsächlich Mädchenbücher aus dem Niederländischen», sagte ich und zeigte ihr das Buch, das ich gerade bearbeitete. «Liebesglück und Liebeskummer!»

«Jaja, das liegt häufig nah beieinander!» Katharina schaute

durch die Tür und grinste, als sie die Sektgläser sah. «Ich sehe schon, bei euch bin ich richtig!»

Erna köpfte sofort die nächste Flasche. «Ja, trink erst mal was», sagte sie und drückte ihr ein Glas in die Hand. «Frau Rebe ist nämlich auf der Jagd nach dir. Hat schon zweimal angerufen.»

Katharina verdrehte die Augen und genehmigte sich einen großen Schluck. «Na toll. Was hast du ihr gesagt?»

«Dass du heute den ganzen Tag Termine außer Haus hast.»

«Erna, du bist ein Schatz!» Nun sah Katharina mich an. «Und? Was macht deine Tante? Gibt es Neuigkeiten?»

Jetzt war es an mir, mit den Augen zu rollen. «Leider. Sie trifft sich heute Nachmittag mit Tornado64, und ich muss das heimlich überwachen, damit sie nicht meistbietend in die Prostitution verkauft wird.»

«Oder Schlimmeres!», rief Erna.

Noch Schlimmeres? Was schwebte ihr denn da vor? Bevor ich nachfragen konnte, sagte Katharina: «Wenn du dabei bist, kann ja zum Glück nichts passieren.»

«Genau», sagte ich. «Dann kann gar nichts passieren.»

Das mulmige Gefühl im meiner Magengegend sagte allerdings etwas anderes …

«Sei aber wachsam», meinte Erna auch prompt.

«Ich bin bei einer solchen Partnersuche mal schlimm auf die Nase gefallen.»

Ich hatte es gewusst! Tante Renate war auf dem Weg ins Verderben.

«Ich habe letztes Jahr über das Netz einen gewissen Eduard kennengelernt. Der hatte alles, wovon eine Frau in meinem Alter schwärmt: Er sah gut und gepflegt aus, hatte hervorragende Manieren und war großzügig. Ein richtiger Gentleman.»

Erna langte in die Tasche ihrer Strickjacke und zog eine Zigarette hervor. «Aber mit der Großzügigkeit war es bald vorbei. Er streute hie und da eine Bemerkung über eine problematische Finanztransaktion in seiner Firma ein und fragte mich schließlich, ob ich ihm vorübergehend aushelfen könnte …»

Sie spielte mit der Zigarette.

«Schon bei der dritten Verabredung.»

«Oh Mann», sagte ich erschüttert. «Und du hast ihm geglaubt?»

«Herzchen», sagte Erna. «Dieser Mann versprach mir die Ehe und war sehr überzeugend!»

«Ein Heiratsschwindler?»

Erna zog an der nicht angezündeten Zigarette und nickte.

«Und wie ging es aus?»

«Klassisch. Ich bin auf ihn reingefallen, habe ihm das Geld gegeben und danach weder den sauberen Eduard noch mein Erspartes je wieder gesehen.» Sie beugte sich zu mir. «Aber eins könnt ihr mir glauben: Wenn mir dieses Schwein noch einmal über den Weg läuft, geht es ihm unglaublich dreckig!» Sie schlug mit der flachen Hand auf meinen Schreibtisch und stand auf.

«Und wie ist es mit dem Mann weitergegangen, den du neulich bei Freunden kennengelernt hast?», fragte Katharina.

Ernas Blick wurde weicher. «Das lässt sich alles gut an», sagte sie. «Aber das erzähle ich euch ein andermal. Jetzt kümmere ich mich weiter um die Vorbereitungen für unser Bürofest. Das wird dieses Jahr richtig gut!»

«Bürofest?» Es wurde immer besser.

«Ja, am kommenden Dienstag», strahlte Katharina. «Wir machen jedes Jahr so etwas wie einen erweiterten Umtrunk. Jeder kann Freunde und Geschäftspartner einladen. Das ist immer sehr schön!»

«Klingt super», sagte ich. «Ich bin dabei. Aber jetzt muss ich euch rausschmeißen, sonst kriege ich das Liebesglück und Liebesleid heute nicht mehr übersetzt.»

Aber als ich alleine am Schreibtisch saß, musste ich ständig an Ernas Geschichte denken. Ich konnte es einfach nicht fassen, dass selbst eine gestandene Frau wie sie so übel hereingefallen war. Da hatte ich mit Tobias ja sogar noch Glück gehabt. Er hatte mich zwar ausgenutzt, aber wenigstens nicht finanziell ruiniert.

Eine halbe Stunde lang konnte ich mich tatsächlich auf meine Übersetzung konzentrieren, dann klingelte das Telefon.

«Evchen? Ich bin's …» Dann Stille.

«Was ist denn, Tante Renate? Irgendwas passiert?»

Ein tiefer Seufzer drang durch die Leitung. «Meinst du, ich soll das heute Nachmittag wirklich machen?»

Aha. Zuerst große Begeisterung und jetzt große Bedenken.

«Warum nicht?», fragte ich munter. «Wir haben uns doch einen guten Plan zurechtgelegt. Was sollte denn schiefgehen?»

Außer dass er pervers war oder ein Kannibale, der es sich in den Kopf gesetzt hatte, Renate zu entführen und zu einem Sonntagsbraten zu verarbeiten.

Renate seufzte erneut. «Aber was ist, wenn er nun doch nicht der Richtige für mich ist?»

Die Frage aller Fragen, Tantchen! «Das kannst du erst beurteilen, wenn du ihn getroffen hast. Niemand kann dir da eine Garantie geben.»

Wieder schwieg Renate in den Hörer.

«Na ja, du hast ja recht», sagte sie schließlich. «Anschauen kostet nichts …»

«Genau. Und abhauen auch nicht!», sagte ich und legte auf. Hoffentlich konnte sie diesen Mann nicht leiden, dann würde sie die Suche bestimmt sofort einstellen.

Wieder klingelte das Telefon.

«Ich habe dir etwas verschwiegen!»

«Was denn?»

«Ich chatte jetzt mit Krabbenbrötchen, und ich glaube, der ist viel netter und kultivierter als Tornado64», gestand Renate kleinlaut.

Krabbenbrötchen … Wie sah es in einem Menschen aus, dass er sich so einen Namen verpasste?

«Ist Bettina da?», fragte ich streng.

«Nein, die ist längst im Geschäft. Aber sie hat mir gesagt, dass ich ihren Computer benutzen darf. Lieb, oder?»

Spontan machten sich Mordgedanken in meinem Kopf breit, aber ich zwang mich, sachlich zu bleiben.

«Und was möchtest du jetzt machen?»

«Kleinen Moment, Evchen», bat meine Tante. «Ich muss Krabbenbrötchen schnell eine Antwort schicken. Nicht dass er denkt, ich bin verschwunden!» Sie knallte das Telefon auf den Tisch und ließ mich einige Minuten warten. Ich hörte sie leise kichern, dann war sie wieder da.

«So. Er hat jetzt eine Besprechung», sagte Tante. «Aber heute Abend meldet er sich gegen acht wieder. Ist das nicht aufregend?»

«Toll», sagte ich lahm. «Aber jetzt muss ich wirklich weiterarbeiten. Wir treffen uns um halb drei an der Ecke bei dem Café!»

Ich beendete die Verbindung und machte mich auf den Weg zu Erna. «Könntest du das Telefon bitte so einstellen, dass alle meine Anrufer bei dir landen?», fragte ich. «Sonst kriege ich heute gar nichts mehr gebacken.»

«Gerne, Herzchen», sagte Erna und drückte ein paar Tasten. «An mir kommt keiner vorbei!»

«Ich werde bestimmt keinen Ton herausbringen. Am Computer habe ich keine Scheu, aber jetzt ...», jammerte Tante Renate, als wir uns gegen halb drei vor dem Café «Kleine Schmausefalle» trafen. Hoffentlich wurde aus der Nummer keine Schmusefalle.

«Du wirst das schon machen», beruhigte ich sie. «Und du siehst richtig gut aus!» Was auch stimmte: Ihre kurzen grauen Haare hatte sie mit etwas Gel aufgepeppt, und zu der hellen Leinenhose trug sie ein dunkelbraunes T-Shirt und einen passenden Blazer. «Bettinas Handy hast du eingesteckt?»

Meine Tante kicherte nervös. «Hab ich in der Hosentasche!»

Kaum hatten wir unsere Plätze eingenommen, schwang die Tür des Cafés auf, und ein älterer Herr trat ein. Mit eindringlichem Blick scannte er die Gäste, bevor er auf meine Tante zuging.

«Sind Sie Sehnsucht_59?», fragte er mit donnernder Stimme.

Sofort hatten die beiden die gesamte Aufmerksamkeit der Gäste auf sich gezogen, und ich befürchtete, meine Tante würde vor Scham unter den rustikalen Holztisch sacken.

Sie nickte mit hochrotem Kopf und reichte ihm die Hand. «Ganz recht. Und Sie sind …»

«Tornado64!», dröhnte der Kandidat. «Aber im normalen Leben heiße ich Horst!»

Dieser Satz musste mindestens bis zum Küchenpersonal durchgedrungen sein.

«Ich heiße Renate», piepste meine Tante.

«Nun, Renate, was möchtest du trinken?» Der Mann, der sein Profil im Netz eindeutig mit einem Jugendfoto bestückt hatte, musterte meine Tante über den Rand seiner Hornbrille. «Einen schönen Tee?»

«Das wäre wunderbar», fiepte Renate. «So ein Tee tut immer gut!»

«Was kann ich den Herrschaften bringen?» Eine Bedienung im Dirndl baute sich neben dem Tisch auf.

«Zwei Kamillentee, bitte», sagte Horst. «Aber ohne Zucker!»

Flugs studierte ich die Getränkekarte. Am liebsten hätte ich eine Flasche Prosecco bestellt, aber entschied mich für eine Apfelschorle. Schließlich musste ich einsatzbereit sein, falls es Tornadoprobleme geben sollte.

«Hast du was dagegen, wenn wir die Plätze tauschen?», fragte Horst plötzlich. «Wenn ich mit dem Rücken zur Tür sitze, werde ich furchtbar nervös!»

«Kein Problem», sagte meine Tante.

Die Einzige, die damit ein Problem hatte, war ich, denn ohne Blickkontakt mit Renate konnte ich nicht richtig sehen, wann sie mir das vereinbarte Zeichen für den Anruf gab.

Kurzerhand packte ich meine Alibizeitschrift und zog ebenfalls um, was mir eine Rüge der Bedienung einbrachte.

Auch Horst drehte sich bei der Gelegenheit zu mir um, fuhr sich durch das schüttere Haar und musterte mich von Kopf bis Fuß.

Dann kam der Tee, und die beiden hatten ein Gesprächsthema. Zuerst besprachen sie das Für und Wider von Kamillentee, bevor die Heilkraft der Pfefferminze ausgelotet wurde.

«Pfefferminze ist was für Weichlinge. Aber Tee hin oder her», sagte Horst. «So richtig gesund bleibt man nur, wenn man nachts bei weit geöffnetem Fenster schläft!»

Außergewöhnliche Theorien hatte er ja, der Horst.

Meine frostbeulige Tante, die auch in Sommermonaten stets mit Socken ins Bett ging, sah ihn mit entsetzten Augen an. So viel zu Antonias Behauptung, dass Wassermann und Skorpion zusammen harmonierten …

«Warum, glaubst du, bin ich mit siebzig noch so vital?», tönte Horst. «Frische Luft und gesunde Ernährung!»

Aha! Hatte Tornado-Horstchen also auch noch sechs lumpige Jahre weggeschummelt.

Meine Tante sah aber inzwischen ohnehin nicht aus, als würde sie es noch lange mit dem Mann aushalten.

«Und Abstinenz!» Horst kam nun so richtig in Fahrt. «Alkohol ist der Teufel in Flaschengestalt!» Er beugte sich zu Renate vor. «Und was machst du, um fit zu bleiben?»

Renate machte mehrmals den Mund auf und zu. «Ich mache in Ton», stammelte sie dann. «Das ist kreativ und enttäuscht einen nie!»

Horst glotzte sie an, als hätte sie ihm soeben eröffnet, dass sie sich jede Nacht bei geschlossenem Fenster betrinken würde. Mit Pfefferminzlikör.

«So …», murmelte Tornado-Horst. «So … ja … das ist, äh,

interessant …» Er rührte in seinem Kamillentee, als wolle er einen Kräutertsunami heraufbeschwören.

Meine Tante nutzte die Gesprächspause und zog dreimal an ihrem linken Ohrläppchen: Das vereinbarte Zeichen!

Erleichtert machte ich mich auf den Weg zu den Toiletten. Ich hatte die ganze Angelegenheit mehr als satt und wählte die Nummer von Bettinas Handy.

Mailbox. Ich wählte die Nummer erneut, und wieder forderte Bettina mich auf, ihr eine Nachricht zu hinterlassen.

Anscheinend hatte niemand Renate erklärt, dass sich so ein Handy nicht automatisch einschaltete. Ich lehnte mich an die gekachelte Wand und überlegte fieberhaft, was ich nun tun sollte. Ich konnte ja schlecht zu meiner Tante gehen und ihr zeigen, wie sie das Handy einschaltete.

Ich wünschte Bettina zum Teufel. Sie hatte diesen ganzen Internetscheiß angeleiert, deshalb sollte sie jetzt auch die Ehre haben, meine Tante aus dieser misslichen Lage zu retten.

«Catering-Service Willmer!», meldete sie sich auf ihrem Zweithandy.

«Pass mal auf», sagte ich. «Ganz egal, wie viel du gerade zu tun hast, ich brauche dich jetzt auf der Stelle!» Und schilderte ihr die Situation mit Horst und Renate.

Bettina hörte stumm zu. «Verstehe. Okay, ich lasse mir was einfallen. Bis gleich.»

Ich steckte mein Telefon ein und setzte mich wieder an meinen Tisch. Tante machte ein verzweifeltes Gesicht, aber es gelang mir, sie mit einigen Gesten so weit zu beruhigen, dass sie nicht pausenlos zu mir herüberstarrte.

Horst schien von all dem nichts mitzukriegen. Er war beim Thema Bergwandern angelangt und tischte eine tolle

Geschichte nach der anderen auf. Fehlte nur noch der Bericht, wie er barfuß auf dem Mount Everest getanzt hatte.

Immerhin hatte diese Sache auch ihr Gutes: Nach diesem Erlebnis würde sich meine Tante sicher nicht so schnell wieder mit einem Unbekannten treffen.

Endlich kam Bettina. Sie ging mit großen Schritten auf den Tisch von Horst und Renate zu.

«Ein Glück, dass ich dich hier finde! Du musst sofort nach Hause kommen!», rief sie aufgelöst. «Wir haben einen Rohrbruch!»

Tante Renate, die nicht verstand, dass Bettina meinen Part übernommen hatte, fasste sich mit beiden Händen ans Herz.

«Grundgütiger!», rief sie entsetzt. «Nicht schon wieder!» Sie war völlig aus dem Häuschen, und ich bekam Angst, dass sie gleich vom Stuhl kippen würde.

«Wir werden sehen, was wir machen können», rief Bettina theatralisch. «Ich hoffe, Sie haben Verständnis, wenn ich Ihnen die Dame jetzt entreiße?»

Horst nickte verdattert. «Äh, ja, selbstverständlich. Aber soll ich nicht lieber mitkommen? Mit Rohrbrüchen kenne ich mich aus!»

Nun war Bettina an der Reihe, verblüfft zu gucken.

«Um Gottes willen, nein! Äh, ich meine, vielen Dank, aber der Installateur ist bereits vor Ort.» Dann zog sie Renate vom Stuhl hoch, dirigierte sie zur Garderobe, und eilig verließen die beiden das Lokal.

Ende der Vorstellung. Ich zahlte und kehrte erleichtert in mein schönes, stilles, Horst- und tantenfreies Büro zurück.

Kapitel 7

Auch an diesem Mittwoch wurde es irgendwann Abend, obwohl ich zwischen Schmausefalle und Schreibtisch den Glauben daran längst verloren hatte. Um fünf fuhr ich meinen Computer herunter, radelte nach Hause und verbrachte die anschließenden Stunden im Bad. Mir war schon klar, dass man zum richtigen Atmen auch ungeduscht, ungeschminkt und mit unrasierten Beinen gehen konnte, aber sicher stellte sich der Erfolg viel eher ein, wenn man gründlich vorbereitet war.

Zum Glück musste ich nur die Treppen hinuntergehen. Hätte ich weiter laufen müssen, wäre ich garantiert schon nach hundert Metern lang aufgeschlagen, so sehr zitterten mir die Knie.

«Reiß dich zusammen, Eva!», flüsterte ich und holte vor der Praxistür ein letztes Mal tief Luft, ehe ich sie öffnete. Die Stunde der Wahrheit war gekommen. Und George auch! Er stand direkt vor mir.

«Ha!», entfuhr es mir. Ich atmete nochmals tief durch und schickte ein «Ich meine ‹Hallo›!» hinterher.

«So sieht man sich wieder!» Herr Clooney strahlte. Oder bildete ich mir das nur ein?

Er sah in seiner Jogginghose und dem schwarzen Muskelshirt hinreißend aus, und ich hätte ihn am liebsten auf der Stelle mit nach Hause genommen. Leider war ich ganz offensichtlich nicht die Einzige mit solchen Ambitionen. Im Flur standen einige Kursteilnehmerinnen, die ihn anschauten, als würden sie nur noch über die richtige Verpackungsart nachdenken. Zum Glück sahen auch alle so aus, als würde zu Hause schon seit vielen Jahren ein Ehemann auf sie warten.

«Ich muss noch schnell zur Information», stammelte ich. «Fragen, wie mein Assistent heißt.»

«Ach so», sagte George, während er seine Schuhe auszog. «Ich wusste gar nicht, dass wir einen brauchen. Da komme ich gleich mal mit.»

Nervös kichernd ging ich zur Theke, wo die Ziege von gestern saß.

«Und?», fragte ich. «Ist noch etwas mit meinem Assistenten herausgekommen? Mein Name ist Eva Schumann.»

Sie kniff ihre schwarz geschminkten Augen zusammen und zischte: «Ihr *Aszendent* ist Waage, falls Sie das meinen!»

Ich drehte mich zu George um. «Aszendent! Das war es.» Er sah mich verblüfft an.

«Hast du dir denn eine Quittung geben lassen?», fragte er dann unvermittelt. «Ich meine nur. Man weiß nie, wie man die noch mal verwenden kann.»

«Stimmt», sagte ich zur Kajalziege. «Die brauche ich für die Steuer.» Ich wandte mich wieder an George. «Ich mache nämlich Recherchen für meine Arbeit.»

«So ein Zufall, ich auch!», sagte George mit gedämpfter Stimme und kam mir dabei so nahe, dass ich seinen Atem auf meiner Wange spürte. Leider blieb er nicht lange so, sondern fragte im Plauderton weiter: «Was machst du denn?»

«Ich, äh, übersetze gerade ein Buch, in dem solche Gruppen vorkommen», phantasierte ich drauflos. «Da ist es immer gut, die Atmosphäre mal kennenzulernen, nicht wahr? Dann kann man sich besser in den Text hineinversetzen.»

«Verstehe ich gut», sagte George. «Aus welchen Sprachen übersetzt du denn?»

«Aus dem Englischen und dem Niederländischen», krächzte ich.

«Ach, das ist ja interessant. Und? Hast du viel zu tun?»

«Ich kann mich nicht beklagen.»

Wieder lachte er, und in meinem Bauch flatterten ganze Horden von Schmetterlingen. Gleich würde ich abheben ...

Das Mädchen knallte mir die Quittung hin. «Bitte sehr!»

«Vielen Dank», sagte ich und wollte George gerade fragen, in welchem Rahmen er denn recherchierte, als ich sah, dass die meisten Kursteilnehmer bereits in den Raum nebenan gegangen waren.

«Dann wollen wir doch auch mal.» Sanft schob George mich in den Veranstaltungsraum, und ich fürchtete, dass die Stelle unter seiner Hand gleich Blasen werfen würde.

Die anderen Kursteilnehmer hatten sich in einem Kreis aufgestellt. Sieben Frauen mittleren Alters, die meisten hatten die Augen geschlossen, und ein Mann, der mit dicken Händen kreisende Bewegungen vollführte.

Wir stellten uns dazu, und ich nahm den Raum in Augenschein. Hier und da hingen Glöckchen von der Decke, und am Ende des Zimmers war ein langer dunkelblauer Vorhang befestigt, der die gesamte Breite einnahm. Davor stand ein kleines Podest in Orange. Auch George sah sich um, und unsere Blicke trafen sich.

Feueralarm in der Leistengegend.

Dann ertönte ein Gong, und hinter dem Vorhang tat sich was. Ein Mann, ganz in Weiß, glitt in den Raum, und ich schaute interessiert nach unten, um zu sehen, ob er Rollen unter den Füßen hatte. George kicherte leise.

Yogi Sri Singh, so nahm ich an, ließ sich auf dem Podest nieder und zündete links und rechts von seinem Platz Räucherstäbchen an. Langsam waberten die Rauchschlieren durch den Raum, und er nickte erhaben-heilig in die Runde.

«Konzentrieren Sie sich jetzt bitte auf sich selbst.» Yogi Singh schloss die Augen, sein Körper schwang leicht hin und her. «Seien Sie nun ganz Sie selbst ...»

Die grauhaarige Frau neben mir fing an, gefährlich hin- und herzupendeln, und der Mann gegenüber schlenkerte unkoordiniert seine langen Arme. Ich schloss die Augen und versuchte, mich zu entspannen. Aus einem Lautsprecher erklangen sphärische Klänge.

«Wir nehmen uns nun an den Händen und verbinden uns mit der kosmischen Energie ... mit der kosmischen Energie ...», tönte der Yogi. Ich spürte die kleine Hand der Grauhaarigen in der Linken, Georges große Hand in meiner Rechten. George drückte sie ganz leicht, und meine ganze rechte Seite fing an zu kribbeln. Mit kosmischer Energie hatte das allerdings nichts zu tun.

«Getragen von dieser Energie lassen wir uns nun zu Boden gleiten ...»

Gute Idee. Meine Beine drohten schon jede Sekunde ihren Dienst zu verweigern. Die sphärischen Klänge wurden etwas lauter, und ich rollte mich unauffällig etwas näher an George heran, um ihn –

«Stellen Sie sich vor, Sie atmen Licht ein», salbaderte Meister Singh. «Dieses Licht verbreitet sich im Körper ... vom Scheitelchakra ... das Herzchakra ... und das Wurzelchakra ...»

Keine Ahnung, wo sich diese ganzen Punkte befanden. Das Einzige, was ich spürte, war eine tierische Lust, mich ...

«… über die Beine … bis in die Zehenspitzen…»

Die Frau links von mir fing heftig an zu summen, und auch sonst machte sich im Kreis tiefes Seufzen breit. Ich konzentrierte mich tapfer auf Licht und Atem in meinen diversen Chakren, aber das Einzige, woran ich denken konnte, war Georges leuchtender Körper, direkt neben meinem.

«Sie atmen kosmisches Licht ein …»

Herrn Singhs Platte schien einen Kratzer zu haben.

«Sie atmen Licht ein … Das Licht breitet sich in jeder Zelle aus … leuchtet … leuchtet …»

Das war anscheinend mehr, als mein Körper verkraften konnte. Ich verschluckte mich und japste nach Luft. George war sofort zur Stelle und klopfte mir ein bisschen Licht aus der Lunge.

«Geht's wieder?», flüsterte er mir sanft ins Ohr und sah mir dann intensiv in die Augen. Am liebsten hätte ich ihn gebeten, mich in die Arme zu nehmen und nach oben zu tragen, um dort meinen Körper ganz erdverbunden zum Glühen zu bringen. Herr Singh warf uns äußerst missbilligende Blicke zu. Also räusperte ich mich ein letztes Mal und ließ mich wieder auf den Rücken fallen.

Yogi Singh leierte weiter. «Sie merken, wie sich Schmerzen und Spannungen auflösen … Sie spüren, wie Sie ganz Sie selbst sind in diesem Licht … und das Licht strahlt nach außen …»

Verstohlen drehte ich meinen Kopf nach rechts und blickte in Georges dunkle Augen. Da hatte dieser Singh ausnahmsweise mal recht: Er strahlte wirklich!

«Das Licht beglückt nun auch Ihre Umgebung, und Sie schenken Ihren Mitmenschen das Licht …»

So ging es ewig weiter. Das Licht machte nach Ansicht von

Herrn Singh die merkwürdigsten Sachen, und ich schrammte mehrmals nur knapp an einem Lachkrampf vorbei.

Dass George neben mir ebenfalls gelegentlich leise vor sich hin bebte, machte die Sache nicht besser, und gegen Ende musste ich doch noch einmal Zuflucht in einem gefälschten Hustenanfall nehmen.

Nach vierzig Minuten fand Sri Singh allmählich zum Ende und forderte uns auf, wieder in die Welt zurückzukehren.

Na, das war ja gerade noch mal gutgegangen. Wie ich die nächsten sieben Kursstunden würdig überstehen sollte, war mir allerdings ein Rätsel. Meine Nachbarin hingegen sah mich richtig beseelt an, und auch die anderen Teilnehmer machten einen glücklichen Eindruck.

«Nächste Woche kommen wir erneut zusammen, um uns in Liebe zu vereinen», sagte Yogi Singh leise, dann machte er die Rollschuhnummer zurück hinter den Vorhang, und wir trollten uns in den Flur.

«Ganz schön gefährlich, diese Lichtschluckerei, was?» George setzte sich auf den Stuhl neben mir und zog seine Schuhe an.

«Allerdings! Und durstig macht es auch.» Gut, Eva, der perfekte Übergang! «Wie sieht's aus? Wollen wir noch einen Wein trinken gehen?»

George nahm eine schwarze Lederjacke vom Garderobenhaken. «Heute Abend muss ich leider noch arbeiten.»

Großartig! Mal was ganz anderes. Aber so schnell gab ich mich nicht geschlagen. Ich langte in meine Tasche und zog eine Visitenkarte heraus. «Vielleicht ein anderes Mal?»

Mister Clooney nickte. «Gerne!»

Mein Herz machte einen Hüpfer, und ich drückte ihm die

Karte in die Hand. «Hier, die Handynummer ist auch mit drauf. Ich würde mich sehr freuen!»

George überflog die Karte und sah mich auf eine Art an, dass mein Herz kurz aussetzte. «Danke … Eva. Ich melde mich ganz bestimmt!»

Im nächsten Moment standen wir schon im Treppenhaus.

«Tja, also dann bis …», begann George, aber ich schüttelte den Kopf.

«Ich gehe noch kurz mit runter», sagte ich. «Es wollte mir noch jemand etwas in den Briefkasten werfen!»

Nachdem ich festgestellt hatte, dass die angeblich versprochene Sendung nicht angekommen war, öffnete ich die Haustür.

«Wirklich schade, dass du arbeiten musst. Gleich hier um die Ecke ist ein toller Biergarten!»

Es war ein lauer Abend, und ich hätte etwas dafür gegeben, mit diesem Mann unter einem Kastanienbaum zu sitzen. Ach was. Ich würde den Abend sogar mit ihm im dreckigsten Kellerloch verbringen, wenn er nur bei mir wäre.

Er lächelte mich ein weiteres Mal an, und meine Gefühle drehten Loopings. «Ich verspreche dir, dass ich mich so bald wie möglich melde!»

Ein paar Meter weiter hupte es. In einem schwarzen BMW saß eine außerordentlich hübsche Rothaarige, die George genervt zuwinkte.

«Huch, ich muss los», sagte mein Traumprinz. «Also, bis bald!» Dann stieg er ein, und der Wagen fuhr mit quietschenden Reifen davon.

War das zu fassen? George versuchte gar nicht erst, die Existenz eines Mäuschens vor mir geheim zu halten. Obwohl, ein Mäuschen war das nicht gewesen. Eher eine Raubkatze.

Aber wenn er auf solche Frauen stand, warum flirtete er dann mit mir? In düsterer Stimmung drehte ich mich um und wollte gerade die Treppe zur Wohnung hochlaufen, als meine Mutter mir von oben entgegenkam.

«Sag mal, bist du noch zu retten?», rief sie. «Du lässt es zu, dass deine Tante sich wildfremden Männern in die Arme wirft?»

«Moment mal», fing ich an, aber ohne jede Chance.

«Da können Serienmörder dabei sein!», fauchte meine Mutter. «Kaum ist Renate bei dir eingezogen, setzt du ihr Flöhe ins Ohr und zeigst ihr auch noch, wie sie an diese Dunkelmänner herankommt. Das ist unverantwortlich!»

Serienmörder! Dunkelmänner! Jedenfalls wusste ich jetzt endlich, wem ich meine überbordende Phantasie verdankte.

Ich lehnte mich an die Wand und ließ meine Mutter weiter lamentieren. Bei den Worten «Und ich verlange von dir, dass du diesem schändlichen Treiben Einhalt gebietest!» reichte es mir aber.

«MO-MENT mal!», rief ich mit der geballten Kraft meiner frisch gestärkten Lungen. «Wir waren so nett, Tante Renate auf *deinen* ausdrücklichen Wunsch bei uns aufzunehmen, aber damit ist unser Bedarf an durchgeknallten Mittfünfzigerinnen für den Moment auch ausreichend gedeckt! Teile deine Vorstellungen, wer was wie wo zu machen hat, doch bitte in der nächsten Zeit zur Abwechslung mal jemand anderem mit!»

Meine Mutter starrte mich verblüfft an. «Ich, äh ... Ja, wenn ...», begann sie, aber ich schüttelte den Kopf.

«Lass einfach dein Licht leuchten», sagte ich streng. «Und zwar kosmisch, wenn es geht.» Damit ließ ich sie stehen und stapfte wütend nach oben.

«Hey! Wie ist es gelaufen?» Bettina kam mit einem Tablett aus der Küche. «Du hast gerade deine Mutter verpasst.»

«Von wegen verpasst», sagte ich. «Sie hat mich unten an der Haustür gestellt und mich wegen Renate zur Schnecke gemacht. Aber irgendwie war das ganz hilfreich.»

Bettina sah mich fragend an.

«Ich hatte gerade gesehen, wie George mit einer hübschen Frau in einem BMW davonfuhr, und da sind mir bei der bescheuerten Gardinenpredigt meiner Mutter die Sicherungen rausgeflogen, und ich habe ihr zum ersten Mal in meinem Leben herzhaft die Meinung gegeigt.»

Ich hielt Bettina die Tür zur Dachterrasse auf.

«He, du machst dich ja richtig», rief Bettina begeistert. «Ich war schon immer der Meinung, dass du dir viel zu viel gefallen lässt.»

«Damit ist jetzt Schluss», sagte ich finster.

Bettina hatte draußen provisorisch den Tisch gedeckt und stellte einen Korb mit Brot und eine Schale mit Oliven und Tomaten dazu. Sie entkorkte eine Flasche Rosé und sah mich gespannt an.

«Aber jetzt erzähl doch mal das Wichtigste! Wie war's mit George?»

«Gut! Du hättest ein Spiegelei zwischen uns braten können, so heiß war es. Nur am Schluss ist es schlecht gelaufen. Da sagte er, er müsse noch arbeiten.»

«Na toll», brummte Bettina. «Mit dieser Frau, oder was.» Sie schob mir die Schale mit den Oliven zu.

«Er hat mir aber mehrmals versprochen, sich bei mir zu melden!», sagte ich.

«Jaaa, bestimmt …», sagte Bettina lahm. «Wahrscheinlich war das in dem BMW seine Schwester!»

«Sicher! Oder seine Schwiegermutter.» Ich seufzte. «Ach verdammt, ich habe einfach kein Glück in der Liebe.»

«Quatsch», sagte Bettina. «Du pickst dir bloß immer zielsicher die Mistkerle heraus.»

«Weil das die Einzigen sind, die was von mir wollen.»

«Genau. Einen Verlagskontakt hier, eine kurze Übersetzung da», ergänzte Bettina.

Ich ließ den Kopf hängen.

«Aber dieses Mal ist es bestimmt anders», sagte ich geknickt. «George weiß gar nichts von mir, also kann er mich doch nicht aus purer Berechnung so anstrahlen.»

«Stimmt», sagte Bettina. «Also hör auf dein Gefühl und schieß ihn nicht gleich in den Wind.»

Sie hob ihr Weinglas. «Auf dein erstes Date mit George!» Wir stießen an.

«Und wenn es mit George nichts wird, erhörst du diesen Mario aus dem Geschäft unten. Antonia hat recht. Der ist wirklich süß. Und hübsch!»

«Apropos Antonia», wechselte ich das Thema. «Wo ist die überhaupt?»

Bettina sah mich verschwörerisch an. «Mit Nicklas ins Kino gegangen …»

«Nein!» Ich berichtete Bettina von meinem kurzen Gespräch gestern mit Nick. «Da bin ich mal gespannt, wie sich das entwickelt.»

Sie kicherte. «Ich habe sie nochmals auf seinen hübschen Knackarsch aufmerksam gemacht. Da hat sie zugeben müssen, dass das stimmt.» Sie nahm einen ordentlichen Schluck Wein. «Ich finde, dass die beiden gut zusammenpassen.»

«Gibt es denn auch was Neues in Sachen Ferdinand?»

Bettina nickte bedächtig. «Mmh ... Ich habe eine hübsche Racheidee.» Sie warf den Weinkorken über die Brüstung. «Weißt du, Ferdinand ist doch völlig abhängig von seinem Handy. Und beim Packen in der Wohnung fand ich heute *zufällig* einen Zettel, auf dem er die Passwörter für seine heilige Quasselbox notiert hat ...»

«Und dieser Zettel lag ganz offen auf dem Tisch herum?»

«Na ja, nicht direkt auf dem Tisch», gab Bettina zu. «Er lag in seiner Schreibtischschublade ...»

«Vielleicht in einer Mappe mit wichtigen Unterlagen?»

«Möglich ...» Sie grinste wie ein Krokodil. «Jedenfalls kann ich jetzt seine Telefonkarte jederzeit sperren lassen. Mal sehen, wann die Zeit dafür reif ist.»

Sie schenkte uns nach. «Ach, und bevor ich es vergesse: Ich hatte einen total hektischen Oliver am Telefon. Er wollte mit mir etwas zum Thema Hochzeitsbuffet besprechen, aber wurde dann in eine Sitzung gerufen. Er meinte zum Schluss nur, ich soll dir ausrichten, dass ‹Grün› gestorben sei und Kirsti nun ‹Blau› in Erwägung zieht. Du wüsstest dann schon Bescheid.»

Ich lächelte.

«Klar. Das bedeutet, dass Oliver das vegetarische Buffet verhindern konnte und Kirsti nun über ein blaues Kleid und ein Meeresfrüchte-Buffet nachdenkt.» Ich erzählte ihr von meinen Anregungen.

Anstatt mir dankbar zu sein, sah Bettina mich entgeistert an. «So geht das aber nicht. Ich denke mir doch nicht täglich ein neues Menü aus. Die müssen sich entscheiden. Und zwar bald, sonst können sie sich bei ihrer Hochzeit selber an den Herd stellen!»

«Ich kümmere mich drum», versprach ich.

Eine Zeitlang saßen wir einfach nur so da und hingen unseren Gedanken nach. Bis Bettina mit den Fingern schnippte. «Sag mal, Eva, wie heißt dieser ‹George› denn nun wirklich?»

Verdammt! Ausgerechnet das hatte ich vergessen ihn zu fragen.

Kapitel 8

Wie viel Lebenszeit vergeuden Frauen eigentlich damit, auf einen Anruf von *ihm* zu warten? Oder besser gefragt: Wie viel Zeit vergeudete *ich* damit?

Nachdem George am Donnerstag kein einziges Lebenszeichen von sich gegeben hatte, wachte ich am Freitagmorgen mit einem schrecklichen Verdacht auf: Womöglich war die Telefonleitung tot!

Ich sprang aus dem Bett und führte probehalber mehrere Kontrollanrufe vom Festnetz auf das Handy durch – und umgekehrt –, bis mir auffiel, dass auf diese Weise beide Anschlüsse besetzt waren. Erschrocken legte ich auf und rief um Punkt acht Uhr bei der Telekom an, um nachzufragen, ob mein Anschluss auch wirklich einwandfrei funktionierte.

«Was haben Sie denn für ein Problem?», wollte der Mann von der Störungsstelle wissen.

«Ich habe das Gefühl, dass meine Leitung defekt ist», rief ich aufgeregt. «Es knackt immer wieder so komisch.» Schnell raschelte ich mit einem Papierfetzen am Hörer herum. «Hören Sie?»

«Aber Sie können normal telefonieren und verstehen mich jetzt gut, oder?»

Kleinlaut gab ich es zu.

«Dann ist das nur eine kleine sphärische Störung», sagte der Fachmann. «Kein Grund, jemanden vorbeizuschicken!»

Verzweifelt legte ich auf. Ich wollte ja auch nicht, dass irgendjemand vorbeikam. Ich wollte George, verflixt noch mal!

Plötzlich fiel mir etwas neues Schreckliches ein: Ich hatte im Büro jetzt eine andere Telefonnummer. Und die stand nicht auf der Visitenkarte, die ich Mr. Clooney in die Hand gedrückt hatte! Es konnte alles gutgehen, wenn George hier anrief und einfach eine Nachricht auf meinem AB hinterließ. Aber das hatte er bisher nicht getan. Und was, wenn er zu den Menschen gehörte, die Anrufbeantworter hassten und prinzipiell nie eine Nachricht hinterließen?

Nein, darauf konnte ich es nicht ankommen lassen. Ich überlegte gerade, meinen Arbeitsplatz für einige Tage wieder hierherzuverlegen, als Tante Renate mit hochroten Wangen auf mich zusauste und einen Computerausdruck schwenkte.

«Also, ich glaube, mit Krabbenbrötchen wird es was», jubilierte sie. «Schaut mal: Ehrlichkeit, Vertrauen und Respekt sind ihm in einer Beziehung ganz wichtig, und in seiner Freizeit ist er gerne draußen.» Sie tippte auf das Wort «Moppedfahrn». «Toll, was? Und er kann über sich selbst lachen!»

Ich sah vor meinem geistigen Auge, wie meine Tante in einem knallengen und viel zu kurzen T-Shirt hinten auf einer maroden Harley-Davidson hing und sich kreischend an einem fetten, langhaarigen Rocker festklammerte.

Vielleicht könnte man das Szenario für einen Trash-Film verwenden: *Nackt unter Krabbenstullen* oder *Der Fluch der Nordseesnacks*.

«Das mit dem Lachen hatte Tornado64 auch geschrieben, oder? Und was hast du meiner Mutter eigentlich erzählt?», fragte ich gereizt. «Die hat mich total zur Schnecke gemacht.»

«Och … nichts Besonderes», wich meine Tante aus. «Nur, äh, dass ich mich jetzt ab und zu mit Männern treffe … Das ist ja wohl nicht verboten, oder?»

«Nein, das ist es nicht. Aber du hättest es ja nicht gerade deiner Schwester auf die Nase binden müssen. Du weißt
doch, wie sie ist. Und überhaupt: Vielleicht chattest du erst
mal noch eine Weile mit diesem Krabbenbrötchen», schlug
ich vor. «Und lernst ihn etwas besser kennen, bevor du ent-
scheidest, ob ihr euch wirklich verabreden wollt.»

«Na ja … das mache ich schon eine ganze Weile», sagte
meine Tante quengelig. «Und am Samstag wollen wir uns
treffen.»

«Da habe ich keine Zeit», versuchte ich das Vorhaben hin-
auszuschieben.

«Ich denke auch gar nicht daran, dich noch mal mitzuneh-
men», sagte Renate. «Ich glaube, du bringst mir Unglück!»

Dieses Gespräch stürzte mich in ein Dilemma:

Wenn ich zu Hause arbeitete, würde der kombinierte
Wahnsinn von Tante Renate, ihrem *Moppedfahrer* und mir
in kürzester Zeit zur Implosion des Universums führen – jedenfalls meines persönlichen Universums –, und ich tat wohl
besser daran, mich zum Arbeiten in den von Erna Balösius
beschützten Teil des Kosmos zu begeben.

Andererseits: Wenn *ich* nicht zu Hause arbeitete, lief ich
Gefahr, Georges Anruf zu verpassen.

Ahhh!

Ich musste eine Lösung finden. Wäre meine Tante noch
zurechnungsfähig gewesen, hätte ich sie bitten können, meine Anrufe in meiner Abwesenheit entgegenzunehmen. Aber
das war mir zu riskant: Wer weiß, was sie im Chatrausch alles von sich geben würde? Am Ende wäre George so ver-
schreckt, dass ich nie wieder von ihm hören würde.

Aber … den Anrufbeantworter konnte man ja neu besprechen! Von dieser plötzlichen Erkenntnis beflügelt, rannte ich in mein Zimmer und durchsuchte diverse Schreibtischschubläden nach der Gebrauchsanleitung.

Ein Glück, dass ich selten etwas wegschmiss! Ich schlug nach unter «Ansage aufnehmen». Brav drückte ich alle entsprechenden Knöpfe und sprach meinen Text: «Hallo, hier ist der Anschluss von Eva Schumann. Sollten Sie mich hier nicht erreichen, versuchen Sie es bitte auf meinem Handy oder unter folgender Nummer …»

Wie war noch mal meine neue Büronummer?

Ein Zettel in meinem Geldbeutel brachte Licht ins Dunkel, und ich startete den nächsten Versuch. Beim dritten Mal hatte ich es ohne Stottern und Versprecher geschafft. Na, ging doch. Ich sicherte den Text mit der #-Taste und lauschte der neuen Ansage.

Ich erschrak, als ich meine Stimme hörte. Jetzt stimmte zwar der Text, aber meine Stimme klang wie die eines manisch-depressiven Roboters.

Verzweifelt schaltete ich den Anrufbeantworter aus und setzte mich mit dem Mobilteil in die Küche. Erst mal frühstücken.

Kurz darauf kam Antonia in die Küche. «Du glaubst es nicht, aber es hat geklappt!»

«Du warst mit Nicklas im Bett?»

Antonia wurde rot. «Nein, ich habe mich gestern im Lehrerzimmer noch mal mit Uschi unterhalten!» Sie setzte sich mir gegenüber.

«Und? Hast du was über Ferdinand und seine fiesen Spielchen herausfinden können?»

«Nicht direkt, aber ich glaube, sie ist an sich ganz nett. Ein bisschen naiv, aber keine falsche Zicke. Ist da schon Kaffee drin?»

Ich nickte und schob ihr die Thermoskanne rüber. «Jetzt erzähl schon!»

«Ich habe das alles ganz einfach angeleiert», sagte meine Freundin. «Habe gefragt, ob sie sich denn schon ein bisschen eingewöhnt hat und derlei Sachen, du weißt schon. Und dann habe ich sie gefragt, ob sie sich hier in der Stadt ein Zimmer genommen hat …» Sie klimperte mit den Augen.

«Ja, und was hat sie dann so erzählt?»

«Dass sie einen ganz tollen Typen kennengelernt hat und bald mit ihm zusammenziehen wird.» Sie beugte sich über den Tisch. «Und am kommenden Montag will sie mir ein paar Unterlagen mitbringen über diesen dubiosen Kreis, bei dem sie Mitglied geworden ist.»

«He, an dem Tag bin ich ja bei dir in der Schule und halte meinen Vortrag übers Übersetzen», sagte ich. «Hast du Uschi erzählt, dass du Ferdinand kennst?»

Antonia schüttelte den Kopf. «Ich habe mich erst mal bedeckt gehalten.» Sie nahm eine Tasse und schenkte sich Kaffee ein. «Ich finde nicht, dass wir die Katze aus dem Sack lassen sollten. Wer weiß, welche Infos wir noch brauchen. Nee, ich lasse das mal ganz locker angehen.»

«Und mit Nicklas? Hast du das auch locker angehen lassen?»

Sie nickte. «Ja. Es war ein richtig schöner Abend. Man kann sich wirklich gut mit ihm unterhalten und, äh …»

«Und was?», bohrte ich nach.

«Ihr habt schon recht gehabt. Er ist wirklich ganz schnuckelig.» Sie sah mich an. «So, und jetzt will ich endlich einen ausführlichen Bericht über *deinen* Mittwochabend: Wie war der Kurs? War er da?»

Ich erzählte die ganze Geschichte, und Antonia hing an meinen Lippen. «Mein Gott», seufzte sie. «Hoffentlich hörst du bald von ihm, du Arme!»

«Du meinst wohl: Hoffentlich hat er nichts mit dieser Rothaarigen laufen!» Ich atmete laut nach den Regeln von Yogi Singh aus. «Ich habe keine Ahnung, was ich davon halten soll.»

«Jetzt warte es doch erst mal ab», sagte Antonia. «Vielleicht meldet er sich heute.»

«Womit wir beim nächsten Problem wären!» Ich erzählte ihr von meinem Kampf mit dem AB.

«Das ist typisch», sagte Antonia. «Sonne und Mars bilden gerade ein Quadrat. Merkur und Neptun ebenfalls. Das bremst alle Vorhaben. Gerade bei solch einfachen Sachen merkt man das enorm.» Sie schaute auf die Uhr. «Ein Glück für dich, dass ich erst zur dritten Stunde in der Schule sein muss. Lass mich es noch mal versuchen, vielleicht klappt es dann!»

Tatsächlich: Antonia sprach meinen Text auf, und die Ansage klang genau so, wie sie sein sollte. Ach, was wäre die Welt ohne Freundinnen!

«Tausend Dank!», sagte ich erleichtert.

«Ich wüsste etwas Besseres.» Sie hievte ihre schwere Schultasche auf den Schreibtisch. «Können wir heute nicht mal Jobtausch machen? Du gehst für mich in die Schule, und ich plaudere ein bisschen mit Erna …»

«Nee, danke», winkte ich ab. «Da vertiefe ich mich doch lieber in mein neues Übersetzungsprojekt.»

Das schön gestaltete Buch, das im Büro auf mich wartete, handelte von Drachen, von denen zum Glück keiner in der Pubertät war.

Nach einer Einführung in die allgemeine Drachenkunde («Ein ängstlicher Drachenforscher wird es nie weit bringen») ging es weiter mit den verschiedenen Drachenarten, wobei ich feststellte, dass Frau Wolf (Hausdrache) nicht aufgeführt wurde.

Doch spätestens, als ich bei den Patagonischen Beuteldrachen angelangt war, drifteten meine Gedanken wieder ab zu George. George, der immer noch nicht angerufen hatte, und meine Laune drohte auf der nach unten offenen Gereiztheitsskala ins Bodenlose abzusacken.

Es war wie verhext. Egal welche Zeitung ich aufschlug, überall lachte mir Herr Clooney entgegen, und kaum stand ich draußen auf der Straße, war ich umzingelt von hinreißend aussehenden rothaarigen Frauen.

Wenn das so weiterging, würde ich vor Feierabend in der geschlossenen Abteilung wohnen.

«Jetzt vergiss den Mann einfach mal, bis er sich meldet, Eva!», sagte ich streng. «Du hast ein tolles Büro und wirst es dir hier richtig gutgehen lassen. Alles klar?»

«Bei mir schon!» Franz steckte seinen Kopf durch die Tür und winkte mir zu. «Und bei dir?»

«Geht so», murmelte ich und nahm mir vor, endlich mit meinen Selbstgesprächen aufzuhören. Jetzt hatte ich schließlich Menschen aus Fleisch und Blut um mich herum. «Ich muss mich noch ein bisschen eingewöhnen, weißt du?»

«Mach dir da mal keinen Kopf», sagte Franz beruhigend. «In einer Woche wirst du dir gar nicht mehr vorstellen können, jemals woanders gearbeitet zu haben.»

Nachdem auch Bruno mich kurz begrüßt hatte, vertiefte ich mich weiter in die Welt der Drachen.

Ich hatte eben erfahren, dass Drachenflügel denen von Fledermäusen ähneln, als ein dezentes «Pling!» mich auf eine eingegangene Mail aufmerksam machte.

Subject: Wie wär's?
From: Mail@TextIdee.de
To: Mail@eva_translation.de
... mit einem kleinen Mittagessen in der Sonne?
Mit mir? Und dir?
Fragt Franz.

O-oh, ein flirtender Kollege. Mmh. Obwohl, war eigentlich auch ganz nett. Wer konnte mir denn garantieren, dass George sich jemals melden würde. So ein bisschen Ego-Bestätigung hatte noch nie geschadet. Los, Eva, sonst rostest du noch ein!

Subject: Re: Wie wär's?
From: Mail@eva_translation.de
To: Mail@TextIdee.de
Im Prinzip gerne, aber ich bin gerade mit der Betreuung eines Jungdrachen beschäftigt und weiß nicht, wie die Leute reagieren, wenn ich den Gassi führe. Außerdem bekomme ich riesige Probleme, wenn die Übersetzung zur artgerechten Betreuung nicht bald beim Verlag auf dem Tisch liegt ...

Subject: Ach ...
From: Mail@TextIdee.de
To: Mail@eva_translation.de

Soll der Verlag doch selber mit den Problemen fertigwerden. Hier in der Nähe ist ein hübscher kleiner Biergarten, den du bestimmt noch nicht kennst, und da ist man ganz unter sich.

12.30?

Subject: Re: Ach ...
From: Mail@eva_translation.de
To: Mail@TextIdee.de

Wie wäre es, wenn du mit besagtem Drachen essen gehst und ich in der Zeit weiterarbeite? Ich bin mir sicher, er liebt Leberkäs und Brezeln.

Ich hatte gerade auf «Senden» gedrückt, als Katharina hereinschaute.

«Hat am Mittwoch alles gut geklappt?»

«Du meinst die Sache mit George?», fragte ich.

Katharina lachte. «Von der weiß ich nichts. Ich meine die Sache mit deiner Tante.»

Ich fasste mir an die Stirn. «Das war das absolute Chaos.» Ich erzählte, wie die Begegnung mit Tornado64 abgelaufen war, und Katharina lachte sich schlapp.

«Hat deine Tante wenigstens jetzt die Nase voll von den Männern?»

«Von wegen. Ich fürchte, es geht erst richtig los. Morgen ist Krabbenbrötchen dran ...»

«Ich hoffe, dir ist klar, dass du mir weiterhin ausführlich berichten musst. Und was hat es mit diesem George auf sich? Noch ein Typ von deiner Tante?»

«Nein, das ist meine Abteilung.» Ich schilderte ihr meine bisherigen Begegnungen mit dem Traummann.

«Ein richtiger Clooney-Doppelgänger?»

«Eine etwas jüngere Ausgabe», sagte ich. «Noch nicht so grau wie das Original.» Und da wir schon beim Thema Haarfarbe waren, erwähnte ich auch die mysteriöse Rothaarige.

«Das könnte seine Schwester sein», überlegte Katharina. «Oder eine Kollegin.»

Warum schrillten nur bei mir die Alarmglocken, wenn ich von der Tussi erzählte? Wieso runzelte keine die Stirn und warnte mich?

«Es könnte aber auch seine Freundin sein», sagte ich. «Oder seine Frau.»

«Das wäre natürlich scheiße», brachte sie es auf den Punkt. «Und? Ist Franz schon aktiv?»

«Wie, aktiv?»

«Na, mit Flirtmails!» Sie schaute mir tief in die Augen. «Süße, so wie du guckst, seid ihr schon voll dabei!»

«So kann man das nicht nennen», protestierte ich, merkte aber, dass ich rot wurde. «Er hat nur mal wegen der …»

«Mittagspause angefragt», ergänzte Katharina. «Ich warne dich nur: Franz ist ein lieber Schatz, aber völlig beziehungsunfähig!» Sie sah mich prüfend an. «Heb dir deine Energie lieber für dieses Sahneschnittchen auf. Und vergiss vor lauter Männerstress nicht, dass wir heute alle zum Italiener gehen!»

Vor unserer Abendessensverabredung standen Katharina und Bruno pünktlich um halb sechs mit der von mir gespendeten Flasche Prosecco vor meiner Bürotür.

«Frisch aus dem Kühlschrank», sagte Bruno und setzte sich auf die Fensterbank. «Ist schon richtig wohnlich hier. Und? Klappt es mit der Arbeit?»

Ich nickte. «Ganz prima!»

«Ich kam allerdings gerade rechtzeitig, um gewisse Warnungen auszusprechen», sagte Katharina. Sie öffnete die Flasche und schenkte drei der fünf Gläser voll.

«Aha», sagte Bruno, und damit schien alles gesagt zu sein.

«Kommen die anderen nicht?», lenkte ich vom Thema ab.

«Franz telefoniert noch», sagte Katharina. «Erna auch, aber die werden sicher gleich auftauchen.» Sie hob ihr Glas. «Auf unsere Neue!»

«Auf Eva und ewige Freundschaft!», rief Bruno.

Wir hatten gerade den ersten Schluck getrunken, als meine Zimmertür aufflog.

«Ach, Schätzchen, hier bist du!» Erna fuhr sich hektisch durchs Haar. «Wir müssen uns etwas einfallen lassen. Leo steht unten vor der Tür!»

«Oh nein!», riefen Bruno und Katharina wie aus einem Mund.

«Was hast du ihm gesagt?», fragte Bruno.

«Dass du heute nicht im Büro bist», sagte Erna. «Was sonst?»

Ich hatte zwar keine Ahnung, worum es ging, aber Sekt konnte sicher nicht schaden. Schnell schenkte ich ein weiteres Glas voll und hielt es Erna hin.

«Danke, Herzchen!» Sie nahm einen tiefen Schluck. «Er klang sehr hartnäckig», sagte sie und sah Bruno über ihren Brillenrand an. «So, als würde er zur Not unten biwakieren, bis du wieder auftauchst!» Noch ein Schluck.

Katharina hatte meinen fragenden Blick bemerkt und klärte mich leise auf. «Leonard ist ein Autor. Bruno hat mal eines seiner Bücher betreut, und seitdem ist er total in ihn verschossen.»

«Und Bruno ist alles andere als begeistert.»

«Bruno ist zwar schwul, aber in keinster Weise daran interessiert, sein Leben mit einem komplett gestörten Diätfreak zu verbringen.»

Das konnte ich nachvollziehen. «Und wieso Diätfreak?»

«Leo schreibt nur zu diesem Thema und testet vorher alles im Selbstversuch. Sein erstes Buch war angeblich noch ganz gut, aber wir warten darauf, dass er irgendwann mit etwas aufkreuzt wie *Schmerz – aber dauerhaft: Die neue Reißnageldiät*.»

Bevor ich einen Kommentar dazu abgeben konnte, klingelte das Mobilteil, das Erna in der Hand hielt.

«Bürogemeinschaft Haidhausen, was kann ich für Sie tun? … Nein, Herr Färber, er ist immer noch nicht im Haus. Nein, ich weiß nicht, ob er heute noch mal ins Büro kommt.»

«He, Bruno, hast du das Angebot von dieser Agentur noch auf deinem Tisch liegen?» Franz stand in der Tür, aber er wurde auf der Stelle von Katharina zurück in den Flur geschoben.

«Sei leise!», zischte sie. «Leonard ist am Telefon!»

«Nein, mein lieber Herr Färber», sagte Erna schlagfertig. «Jemand hat den Namen Kuno gerufen. Das ist unser neuer Hausmeister, verstehen Sie? Nein, nicht Bruno. Ja, ich werde es ihm selbstverständlich ausrichten. Natürlich. Auf Wiederhören!» Dann unterbrach sie die Verbindung und schaute in den Flur. «Ihr könnt wieder reinkommen!»

«Tut mir leid», sagte Franz geknickt. «Ich hoffe, ich hab es nicht vermasselt.»

«Nichts passiert», sagte Erna. «Aber wir sollten den alten Trick wieder anwenden, sonst wird das heute Abend nichts mit einem gemütlichen Essen.»

Der Trick bestand darin, dass Bruno sich durch den Hinterausgang hinausschlich, während die anderen Leo vor der Haustür in ein Gespräch verwickelten.

«Herr Färber, Sie sind ja immer noch da?!», rief Erna, als wäre das eine Riesenüberraschung. «Gehen Sie doch lieber nach Hause!»

Leonard lehnte an einer Laterne und sah sie traurig an. «Vielleicht habe ich ja doch noch Glück», sagte er. «Das neue Projekt ist das Beste, was ich bisher geschrieben habe, und es wäre mir sehr wichtig, es Bruno persönlich vorzustellen.»

«Wie wäre es, wenn ich ihm eine entsprechende Notiz auf den Schreibtisch lege?», schlug Erna vor. «Vielleicht kommt er bis Ende der Woche nicht vorbei, und so lange können Sie hier doch nicht herumstehen, oder?»

Der gequälte Schreiberling schüttelte den Kopf. «Ach, lassen Sie mich einfach», seufzte er. «Ich werde schon eine Lösung finden …»

«Am besten eine weit weg von hier», brummte Katharina genervt. «Wenn er morgen früh schon wieder hier herumlungert, zeige ich ihn wegen Belästigung an.»

Da piepste ihr Handy. Sie las ihre neue Nachricht und tippte Erna auf die Schulter.

«Wir sollten uns jetzt wirklich auf den Weg machen», sagte sie. «Herr Theodor macht sich sonst noch Sorgen!»

Das war der Codesatz, der besagte, dass Brunos Flucht gut verlaufen war.

Das Essen war ein voller Erfolg. Bruno, froh, seinem Verfolger entronnen zu sein, erzählte Geschichten aus der Zeit, als er Leos ersten Ratgeber lektoriert hatte.

«Einmal kam er in mein Büro und konnte sich kaum noch

auf den Beinen halten, weil er sich so streng an seine eigene Diät gehalten hatte», kicherte Bruno. «Zwei Wochen nur roher Sellerie und Möhren!»

Ich verzog das Gesicht. «Da würde ich bereits nach einem halben Tag verenden», sagte ich und betrachtete genüsslich die dampfende Lasagne auf meinem Teller.

«Du brauchst ja auch gar nicht abzunehmen. Bist doch genau richtig», flüsterte Franz mir ins Ohr. «Kein Gramm zu viel oder zu wenig.»

Oh Gott. Katharina hatte recht gehabt. Der Gute ging ganz schön ran!

«Was hast du gesagt, Franz?», mischte Katharina sich ein.

«Ich sagte, dass Eva die Letzte ist, die eine Diät braucht», sagte Franz lässig.

«Ich bin mir sicher, dass Eva das selber am besten weiß.» Erna schaute ihn scharf an. «Tu mir einen Gefallen und lass sie in Ruhe. Du hast schon genug Kolleginnen das Herz gebrochen!»

«Genau», sagte Katharina. «Und jetzt erzähl du mal von deinem neuen Bekannten, Erna!»

Erna schob ihren leeren Teller zur Seite, tupfte sich mit der Serviette die Lippen sauber und sah strahlend in die Runde. «Nun … er heißt Martin und war Gas- und Wasserinstallateur. Nun hat sein Sohn den Laden übernommen, und er hilft noch ab und zu aus.»

«Bestimmt hat er Geld wie Heu, oder?», fragte Franz.

Ich stutzte. «Wie kommst du darauf?»

«Ist doch klar», sagte Franz. «Wenn dir die Scheiße bis zum Hals steht, bist du bereit, jede Summe zu zahlen. Hauptsache, der Abfluss ist bald wieder frei.»

«So kann man das nun auch wieder nicht sagen», fand Erna.

«Aber am Hungertuch nagt er nicht. Und er ist ein richtiger Kavalier.» Sie fixierte Franz. «Etwas, was man von dir wohl kaum behaupten kann!»

«Von wegen. Ich könnte dich später, ganz Gentleman, nach Hause begleiten», sagte Franz würdevoll. Er wandte sich an mich. «Oder dich! Was hältst du davon?»

«Gar nichts», sagte Katharina. «Eva und ich machen noch einen kleinen Kneipenbummel. Und zwar nur wir zwei.» Sie sah mich an. «Oder?»

Kapitel 9

Am nächsten Morgen hatte ich beim Aufwachen Kopfschmerzen bis in die Haarspitzen.

Vorsichtig kramte ich in meinen Erinnerungen der letzten Nacht. Franz kam zum Glück nicht darin vor. George leider auch nicht.

Dann fiel mir wieder ein: Katharina und ich waren am Ende unserer Kneipentour in einer Bar gelandet und dort mit einem Kollegen von ihr, dessen Freund und jeder Menge Caipirinha versackt. Zusammen mit dem Wein vom Abendessen und dem Bier, das wir in den Kneipen getrunken hatten, eine tödliche Mischung. Aber es war lustig gewesen.

Der Freund des Kollegen war Vertreter bei einem Verlag und kannte auch die Sachen von Tobias. Das war aber auch schon alles, was ich noch wusste.

Ich hätte mein Sparbuch dafür gegeben, liegen bleiben zu können, aber keine Chance … Oliver wollte seine letzten Sachen holen, und ich hatte versprochen, ihm dabei zu helfen.

Ich quälte mich aus dem Bett, duschte und zog mir ein paar alte Klamotten über. Ich hasste Umzüge, aber vielleicht würde mich das Durcheinander von George ablenken.

«Auch gestorben!», rief Bettina aufgebracht, als ich die Küche betrat.

«Guten Morgen», begrüßte ich die Mädels. «Wer ist tot?» Mit einer Tasse Kaffee und einem Hörnchen setzte ich mich an den Tisch und versuchte dem Gespräch zu folgen.

«Blau ist gestorben», sagte Bettina schlecht gelaunt. «Und

jetzt ist Rot dran. Das war wirklich eine *geniale* Idee von dir! Kirsti kann sich jetzt überhaupt nicht mehr entscheiden, in welcher Farbe sie heiraten will, und ändert stündlich das Buffet-Motto.»

«Was hast du denn? Rot ist doch eine schöne Farbe.» Ich hob den maunzenden Mephisto auf den Schoß und kraulte ihn. «Tut mir wirklich leid, dass es sich so entwickelt. Ich wollte lediglich, dass Oliver an seinem Hochzeitstag etwas zu essen bekommt, das ihm schmeckt. Mehr nicht. Und warum hat sie Blau abgeschossen?»

«Weil Meeresfrüchte nicht gut sind für Olivers Cholesterinspiegel», klärte Antonia mich auf.

«Na, dann schauen wir einfach, dass wir sie jetzt auf Rot festnageln», schlug ich vor. «Ein rotes Kleid und dazu eine Rosendekoration. So ein Buffet kann man ja mit allem bestücken. Problem gelöst.»

Ich nahm die Zeitung und sah nach, was meine Lieblingsseite heute zu vermelden hatte: Michelle Hunziker sehnte sich nach der großen Liebe, Heidi Klum war auf dem absteigenden Ast, Hochzeitsplaner dagegen wurden auch in Deutschland immer beliebter.

«Was macht denn ein Hochzeitsplaner?», fragte ich.

«Das sind Leute, die aufpassen, dass nicht so ein Schlamassel entsteht wie im Fall Kirsti und Oliver», brummelte Bettina. «Die dafür sorgen, dass es klare Absprachen gibt. Rot ist nämlich nicht einfach Rot. Heute früh war Kirsti zum Beispiel bei Bordeauxrot.»

«Und vor zwanzig Minuten liebäugelte sie mit Zinnoberrot», ergänzte Antonia.

In diesem Augenblick stürmte Kirsti herein. «Jetzt habe ich's!», rief sie und wedelte aufgeregt mit einem Magazin für

Brautmode herum. «Was haltet ihr von Chinesischrot? Wäre das nicht supah-exotisch?», und zu Bettina: «Kannst du Chinesisch?»

«Nur mit der Sprache hapert es etwas», antwortete ich für Bettina, die mir einen giftigen Blick zuwarf.

Dann fixierte sie Kirsti mit schmalen Augen. «Setz dich doch bitte mal ruhig hin.»

Unsicher nahm Kirsti am Küchentisch Platz. «Ist was?»

«Ja, es ist was», bestätigte Bettina mit unheimlicher Stimme. «Vor allem mit meinen Nerven ist gerade was: Sie sind kurz davor, sich zu verabschieden!»

«Ach, das tut mir abah leid», piepste Kirsti.

«Mir auch.» Bettina sprach betont ruhig weiter. «Und daher werden du und ich jetzt eine Abmachung treffen. Wir beschließen jetzt auf der Stelle, wie das Buffet an eurem Hochzeitstag aussehen wird. Ganz gleich, ob du in einem gelben Babydoll heiratest oder in einem chinesischroten Kleid. Sonst könnt ihr bei McDonald's essen. Ist das klar?»

«Äh, ja!» Kirsti schaute sie entsetzt an. «Es ist nur – ich kann mich so schlecht entscheiden!»

«Wir entscheiden uns jetzt einfach für ein schönes Buffet mit Rosendeko», schlug Bettina vor. «Was hältst du von weißen und dunkelroten Rosen und jeder Menge Schleierkraut? Das sieht wunderschön aus, und alle Rottöne passen dazu.»

Kirsti strahlte sie an. «Supaah! Das ist eine supah Idee!»

«Na also. Ich arbeite ein paar Menüvorschläge aus, und dann machen wir Nägel mit Köpfen. Einverstanden?»

Kirsti nickte begeistert, schnappte sich ihr Hochglanzmagazin und rannte hinaus. «Olivah! Bettinah hat eine suupah Idee!» Dann war es wieder still in der Küche.

«Boah, du hättest Dompteur werden sollen. Oder Berufsschullehrerin.» Antonia sah Bettina voller Bewunderung an. «Wahnsinn!»

«Allerdings.» Bettina stand auf. «Wahnsinn. In seiner reinsten Form.»

Als Antonia und ich das Frühstücksgeschirr in der Spülmaschine verstaut hatten, war es schon halb elf.

«Wo ist Renate eigentlich abgeblieben?», fragte ich.

«Sie wollte zuerst zum Friseur und dann in die Stadt gehen», sagte Antonia.

«Hoffentlich nicht, um sich wieder mit einem Typen zu treffen», brummte ich, während ich an Olivers Zimmertür klopfte.

Unser Finanzbeamter stand, den Schraubenzieher in der Hand, ratlos vor den beiden wuchtigen Schränken.

«Wie wäre es mit vier helfenden Händen?», fragte ich freundlich.

«Nur, wenn ich mit euch nicht über Farben diskutieren muss.» Er machte einen angespannten Eindruck. «Habt ihr eine Ahnung, wie man diese Teile zerlegt?»

Armer Kerl. Müsste er seine Mahlzeiten nach dem Do-it-yourself-Prinzip zusammenschrauben, wäre er innerhalb kürzester Zeit verhungert.

«So schwer kann das nicht sein», sagte ich und nahm ihm den Schraubenzieher ab.

«Hah-se! Ich gehe dann mal lo-hos!» Kirsti winkte ihrem Zukünftigen zu. «Tschüssie!»

Oliver nickte müde. «Viel Spaß, mein Schatz.»

«Warum heiratet ihr eigentlich so auf die Schnelle?», wollte Antonia wissen. «Normalerweise plant man so was doch langfristiger, oder? Was ihr macht, ist der pure Stress!»

«Das machen wir deshalb, weil ich diesen Zirkus nur äh, sehr befristet aushalte», brummte Oliver sonor. «Ich liebe Kirsti von Herzen, aber ...»

«Aber wenn du nicht vor dem Jawort einen Schlaganfall bekommen willst, muss der Nervenstress auf ein winziges Zeitfenster beschränkt werden», vervollständigte ich den Satz à la Oliver.

«Du hast es erfasst! Daher war meine Bedingung: entweder gleich oder gar nicht.»

Eine Zeitlang schraubten wir schweigend weiter, bis Olivers Handy klingelte. Er nahm ab und sein Blick erstarrte. «Nein, Kirsti, ich hänge nicht an Chinesischrot ...»

Antonia kicherte, während sie die Bretter aus dem Regal nahm.

«Fuchsienrot ist bestimmt herrlich», sagte Oliver tapfer. «Nein, ich mag es wirklich ... Nein, ich sage das nicht nur so dahin ...» Er hörte weiter zu. «Kirsti, ich bin beim Packen! Ja, besprich das mal mit der Verkäuferin. Genau.» Er unterbrach die Verbindung und schüttelte ungläubig den Kopf.

«Kleine Änderung der Farbnuance?», fragte ich vorsichtig.

«Exakt.» Oliver drückte einen Knopf an seinem Handy. «Aber die nächste Änderung soll sie mir bitte auf die Mailbox sprechen.»

Wir packten weiter in trauter Dreisamkeit. Zehn Minuten später klingelte mein Telefon. Antonia sah mich vielsagend an, und ich zählte bis drei. «Hallo, Eva Schumann!»

«Kannst du mir Olivah mal geben? Er hat sein Handy versehentlich ausgeschaltet!» Ich drückte Oliver mein Telefon in die Hand.

«Ja?» Olivers Bass klang nicht mehr ganz so freundlich.

«Rostrot passt wunderbar zu Schleierkraut.» Er sah uns hilfesuchend an. «Ja, ich liebe Rostrot. Ja, ganz bestimmt. Ja. Tschüs!» Er gab mir das Telefon zurück. «Wie viele Rottöne sind denn so im Allgemeinen bekannt?»

«O, wir sind noch lange nicht durch!» Antonia überlegte. «Es gibt noch Fuchsrot, Kupferrot, Tomatenrot, Krebsrot …»

«Bitte!», rief ich. «Du musst den Teufel echt nicht an die Wand malen!»

Schon bald klingelte mein Telefon erneut. «Eva Schumann!»

«Du-huuh! Ich bins wiedah!» Wortlos reichte ich das Mobilteil an den Fast-Gatten weiter. «Ich verstehe Bettinas Zustand von Minute zu Minute besser», murmelte ich. «Und es würde mich nicht wundern, wenn diese Ehe nicht von Dauer wäre …»

«Nein, wenn du keine rostroten Schuhe bekommst, nimmst du einfach das bordeauxfarbene Kleid», sagte Oliver gepresst. «Nein, ich habe nie behauptet, dass ich Bordeauxrot nicht mag. Nein, ganz bestimmt!»

Aber Kirsti machte mit ihrem Spiel weiter. Wir erfuhren im Lauf des Vormittags, dass es in der ganzen Stadt keine bordeauxfarbenen Schuhe in ihrer Größe gab, worauf sie zu Krapplackrot wechselte. Das Kleid in dieser Farbe gefiel ihr aber vom Modell her dann doch nicht. Auch Karminrot war eine Weile in der engeren Auswahl, leider erinnerte sie der Ton aber an die Sofakissen ihrer Großtante, zu der sie ein gespanntes Verhältnis hatte. Magentarot war zu kitschig, Flamingorot einen Hauch zu ordinär und Braunrot eindeutig zu dumpf. Als es zum achten Mal klingelte, riss mir der Geduldsfaden.

«Ja, was ist denn jetzt schon wieder?», blaffte ich ins Telefon. Es war kurz still.

«Bin ich mit dem Anschluss von Eva Schumann verbunden?», fragte eine sanfte, dunkle Stimme.

Oh Gott, George! Mir wurde ganz flau im Magen.

«Ja, die ist auch da», stammelte ich in den Hörer. «Äh, hallo! Schön, dass du dich meldest!» Aus dem Augenwinkel sah ich noch, wie Antonia die Hand vor den Mund schlug, und flüchtete in die Küche. Was ich jetzt nicht gebrauchen konnte, war hysterisches Gekichere im Hintergrund.

«Sorry, es geht hier gerade ziemlich rund», versuchte ich meinen Ausrutscher zu entschuldigen. «Totaler Umzugsstress und so.»

«Hast du denn überhaupt Zeit, dich mit mir zu treffen?»

Mir rutschte das Herz in die Hose. «Doch, doch! Ich ziehe nur gerade meinen Mitbewohner um, ich meine, ich helfe meiner Freundin beim …»

Halt die Klappe, Eva! Erst denken, dann sprechen.

«Umzüge rauben einem den letzten Nerv, was?» George ließ sich nicht von mir verwirren.

«Du sagst es», seufzte ich. «Und dann noch die Hochzeit …»

«Wie? Du heiratest?»

«Nein!», rief ich panisch. «Mein Mitbewohner, der genau genommen gar nicht mehr mein Mitbewohner ist …»

«Weil er gerade auszieht.» George gab sich alle Mühe, mir zu zeigen, dass er den roten Faden erwischt hatte.

«Exakt. Der heiratet.» Ich war schweißgebadet.

«Und wir beide sollten bald zusammen essen gehen, was meinst du?»

Georges Stimme spülte mir fast das Hirn weg, und mir war schlecht vor Aufregung.

«Oh ja», hauchte ich. «Davon halte ich viel!»

Als das Gespräch wenige Minuten später beendet war, saß ich einfach da und glotzte vor mich hin.

Antonia spitzte durch die Tür. «Und?»

Mein Strahlen sagte alles.

«Und wann?»

«Morgen Abend um sieben, im Broccaindosso.» Ich grinste wie ein Honigkuchenpferd. «Wenn mich in der Zwischenzeit die Sehnsucht nicht dahinrafft.»

Wir hatten Olivers Sachen endlich fertig verpackt, als Kirsti ins Zimmer stöckelte. «Schon wiedah Ärgah!», rief sie theatralisch. «Hah-se! Jemand hat mir das letzte Paar von diesen rubinroten Schuhen vor der Nase weggeschnappt. Was mache ich denn jetzt?»

Oliver schloss die Augen und holte tief Luft.

«Dabei habe ich das passende Kleid zurücklegen lassen!»

Hase machte die Augen wieder auf. «Himmel noch mal! Heiratest du wegen der neuen Garderobe, oder heiratest du, weil du mich liebst?!», brüllte er.

So einen gewaltigen Gefühlsausbruch hatte ich in all den Jahren nicht bei ihm erlebt. Es wurde ganz still im Zimmer. Kirsti schaute betreten und wurde rot. Nicht bordeaux-, nicht chinesisch-, nein puterrot.

Als die beiden endlich abgeschwirrt waren, war es drei Uhr, und ich hatte nur eins im Sinn: meine Kopfschmerzen auskurieren und dabei von George träumen. Doch kaum hatte ich mich hingelegt, stand meine Tante in der Tür.

«Ich muss dir unbedingt was erzählen», sagte sie und setzte sich an das Fußende meines Betts.

«Hattest du wieder ein Rendezvous?», fragte ich.

Meine Tante nickte. «Stell dir vor, Evchen. Er hat mich angegrapscht! Also, das geht doch zu weit, oder?»

Ich schloss die Augen und rief mir die Eckdaten von Krabbenbrötchen ins Gedächtnis: Ehrlichkeit, Vertrauen und Respekt waren ihm wichtig. Und das berühmte *Moppedfahrn*.

«*Begrapscht* hat er mich», wiederholte meine Tante mit hochrotem Gesicht. «Und er wollte mich nach dem Kaffee gleich mit zu sich nach Hause nehmen!»

Ich hoffte inständig, dass George das morgen Abend auch bei mir versuchen würde.

Es folgte eine wirre Story von einem notgeilen Mann, der alle Register gezogen hatte.

«Immerhin war ich dieses Mal nicht schuld an dem Fiasko.» Es war kindisch, aber das musste ich einfach loswerden.

«Nein, warst du nicht», gab Renate widerwillig zu. «Aber gut, ich werde sehen, wie es mit Vinzenz weitergeht. Der klang sehr respektvoll und seriös.»

Ich traute meinen Ohren nicht. «Meinst du nicht, dass du schon genügend Reinfälle erlebt hast? Das waren bisher doch alles Idioten, die du da auf dem Bildschirm hattest!»

«Und wenn schon», sagte Renate verschnupft. «Wenn man dem Glück keine Chance gibt, kann es auch nicht zu einem kommen.»

Gegen fünf konnte ich wieder einigermaßen geradeaus schauen und machte mich auf die Suche nach einem Kaffee.

Ich durchforstete den alten Küchenschrank gerade nach meinem Lieblingsbecher – da war er –, als plötzlich eine Melodie im Schrank erklang. Vor Schreck fiel mir das gute Stück fast aus der Hand. Eine andere Tasse schien für die Musik verantwortlich zu sein. Tatsächlich: «Siebzehn Jahr, blondes Haar!», bimmelte es.

«Sag mal, ist das dein Ernst?» Ich hielt Bettina das Corpus Delicti vor die Nase.

«Nein, mein Udo Jürgens», sagte sie und sortierte ihre Kochbücher weiter in eines der neuen Bücherregale. «Hübsch, gell? Tante Hilde schenkt mir immer solche Sachen.» Sie stand auf und langte in einen anderen Karton. «Das habe ich auch von ihr!» Bettina drückte mir eine große, dicke Kerze in die Hand, auf der in roten Buchstaben stand: «Wenn du glaubst, du bist am Ende, nein, am Ende bist du nicht! Denn du gehst nur durch ein Dunkel, und danach wird's wieder Licht.»

«Aber das Schönste ist eindeutig das hier!» Bettina hielt eine große Muschel in der Hand, aus deren unterem Ende ein Kabel ragte. «Pass mal auf.» Sie steckte den Stecker in die Steckdose und drehte das Teil dann zu mir. Eine hellblau gekleidete Madonna sah mich mit erhobenen Händen an, während am Muschelrand zig kleine bunte Lämpchen blinkten. «Souvenir aus Lourdes!» Bettina strahlte mich an. «Hat was, oder?»

Ich grinste. «Das wäre eine Bereicherung für das Badezimmer!»

«Gute Idee.» Bettina legte die blaue Madonna auf den Boden neben eine leere Umzugskiste, in der Mephisto zusammengerollt schlief. Gelegentlich wackelte er mit Pfoten und Ohren. Wahrscheinlich träumte auch er schon von Buffets. Von Mäusebuffets, bei denen man sich die Häppchen erst fangen musste.

«Es wird schon richtig wohnlich hier.» Ich stellte die Udo-Jürgens-Tasse auf den runden Tisch neben einem alten, mit rotem Samt bezogenen Sofa. Es sah verlockend aus, und ich testete es gleich mal auf seine Bequemlichkeit. «Ist das hier Samtrot oder eher ein Burgunderrot?», fragte ich unschuldig.

«Keine Reizworte, bitte! Wenn ich dran denke, dass nächste Woche um diese Zeit die Hochzeit schon in vollem Gang ist, wird mir ganz anders!»

«Und wo ist Renate? Hockt sie schon wieder vorm PC?»

«Sie holt sich ein paar hübsche Sachen zum Anziehen aus ihrer Wohnung», sagte Bettina. «Für das Treffen mit diesem Vinzenz.»

Ich schüttelte den Kopf. «Sie ist ganz schön zäh», sagte ich. «Ich hätte erwartet, dass nach Krabbenbrötchen Schluss wäre, aber sie will es noch mal wissen.»

«Je oller, je doller», meinte Bettina. «Apropos: Ich habe gehört, dass es bei dir einen heißersehnten Anruf gegeben hat?»

«Ja …» Ich seufzte selig. «Morgen Abend treffen wir uns, und ich hoffe schwer, dass es nicht rein platonisch bleibt. Die Erinnerung, wie es ist, mit einem Mann im Bett zu sein, verblasst von Stunde zu Stunde. Wenn mein sexfreier Zustand noch länger anhält, muss ich am Ende im ‹Kamasutra für Dummies› nachschlagen.»

Bettina grinste. «Eva, Sex ist wie Rad fahren. Das verlernt man nicht!»

Ich legte die Beine über die Sofalehne und sah zum Fenster hinaus. «Es gibt übrigens noch ein Thema, das allmählich heiß wird», überlegte ich laut.

«Du meinst, was du morgen anziehst?»

Ich schüttelte den Kopf. «Ich meine das Hochzeitsgeschenk. Wäre doch doof, wenn wir mit leeren Händen auftauchen, oder?»

«Ah, hier seid ihr!» Antonia schaute herein und ließ sich neben mich auf das Sofa plumpsen. «Das wird ja richtig gemütlich!»

«Wo warst du denn die ganze Zeit?», fragte ich.

«Och, mit Nicklas Eis essen.» Antonia versuchte möglichst gleichgültig zu klingen.

«Drei Stunden lang?»

«Na ja, wir waren auch noch ein bisschen spazieren ...»

«Sooo ...» Bettina zog ihre linke Braue hoch. «Und? War es schön?»

Antonias Wangen wurden ein wenig rot. Schamrot?

«Ja, und auch sehr lustig. Da war so ein Straßenmusiker im Englischen Garten, der war echt der Hammer! Bei dem schepperte es an jedem Glied. Wahnsinn!»

Bettina und ich sahen uns kurz an und wieherten los.

«An jedem Glied», heulte Bettina. «Echt der Wahnsinn. Ob Nicklas das auch kann?»

«Ha-ha, sehr komisch!», machte Antonia, aber ein Grinsen konnte sie sich nicht verkneifen.

«Wäre eine hübsche Einlage bei der Hochzeitsfeier.» Ich wischte mir die Tränen aus den Augen. «Wir überlegen uns übrigens gerade ein Geschenk», klärte ich sie auf. «Hast du eine Idee, worüber Kirsti und Oliver sich freuen würden?»

Antonia, froh über den Themenwechsel, setzte sich gerade hin. «Na, das kann so schwer doch nicht sein, oder?»

«Das dachten wir bei Kirstis Kleid und dem Buffet-Motto auch.»

«Es sollte natürlich etwas für beide sein.» Antonia legte die Stirn in Falten. «Da müssen wir nur den gemeinsamen Nenner finden!» Sie rannte aus dem Zimmer und kam bewaffnet mit Stift, Block und Klemmbrett zurück.

«Wir sammeln einfach mal ihre Vorlieben und sind dann ratzfatz am Ziel.» Ganz in ihrem Lehrerelement, teilte sie das Blatt in zwei Spalten auf. Einmal «Oliver mag:» und einmal «Kirsti mag:».

«So, jetzt müssen wir nur noch zusammentragen.»

«*Nur noch* ist gut», sagte ich. «Ich glaube nicht, dass wir da weit kommen …»

«Ach was», brummte Antonia und schrieb «Steuerformulare» unter «Oliver mag». Es folgten: «Fleisch», «alles, was grau ist», «Ruhe» und «Sportschau».

Kirstis Seite füllte sich mit den Begriffen «Klamotten», «Kräutertee», «Gemüse und Salat», «Schuhe» und «shoppen».

Nach einer halben Stunde Grübeln waren wir dem gemeinsamen Nenner kein bisschen näher gekommen.

«Vielleicht sollten wir uns mal im Internet inspirieren lassen», schlug ich vor. «Jetzt, wo Renate den PC nicht blockiert, haben wir eine Chance.»

Bettina gab bei Google den Begriff «Hochzeitsgeschenke» ein und wurde mit 661 000 Seiten belohnt.

«Nehmen wir doch gleich das!» Antonia zeigte auf eine Adresse, die «Originelle Hochzeitsgeschenke für den ganz besonderen Anlass» versprach.

«Da wurde *originell* mit *Schrott* verwechselt», bemerkte Bettina, als das Ergebnis erschien. «Nicht zu glauben!»

Ich klickte auf «Die doppelte Pendeluhr – zwei Pendel, die symbolisch wie die Herzen zweier Jungvermählter im Einklang schlagen».

«Ich kann mir nur vorstellen, was mit Oliver passiert, wenn er so was Geschmacksfreies auspackt», murmelte ich. «Er bekommt auf der Stelle einen doppelten Herzinfarkt.»

«Aber hier ist was Tolles.» Antonia zeigte aufgeregt auf

einen Text am unteren Ende der Seite. «Ein Partnerhoro-skop!»

Bettina verdrehte die Augen. Sie drehte sich zu Antonia: «Hast du das letzte Woche in der Zeitung gelesen? Amerikanische Wissenschaftler haben herausgefunden, dass der Stand der Sterne keinerlei Einfluss auf unser Leben oder unseren Charakter hat. Dieser ganze Horoskopkram ist völliger Mist!»

Antonia zuckte die Schulter. «Amis … Die dichten auch die Evolution auf bibelkompatibel um. Auf deren Geschwätz gebe ich gar nichts!»

«Ist doch egal», versuchte ich abzulenken. «Hier finden wir jetzt ganz bestimmt etwas!» Ich klickte auf «Verrückte Geschenke».

«Ich fand den Kram bisher schon verrückt genug», murrte Bettina, und in der Tat, wir kamen vom Regen in die Traufe.

Von quadratzentimetergroßen Transsylvanien-Grundstücken, Viagra-Notfallsets über Sprechboxen, die einem mit dem Text «Hallo, wie wunderschön, dass du da bist!» an der Haustür begrüßten, war fast alles dabei.

«Guckt mal! Da gibt es Geschenkideen zum Basteln», johlte Antonia.

«Nur über meine Leiche!», riefen Bettina und ich wie aus einem Mund.

Antonia seufzte. «Seid ihr wenigstens einverstanden, wenn ich den Pizzaservice mal anrufe?»

Es dauerte nicht lange, bis eine große Capricciosa neben dem Computer stand und verlockend duftete. Bettina und Antonia diskutierten mittlerweile die Frage, ob Oliver sich über eine Stunde Monsterbaggerfahren auf dem großen Männerspielplatz freuen würde. Die Antwort war ein klares «Nein».

«Ich rufe erst mal meine Mails ab», sagte Bettina mit vollem Mund. «Ich glaube, wir sollten diesen Hochzeitsscheiß ein bisschen sacken lassen.»

«Gute Idee», sagte ich und teilte mit Antonia die letzte Pizzaecke.

Bettina loggte sich ein und las sich durch die eingegangene Post. «Sagt mal, heißt Kirsti nicht ‹Klug› mit Nachnamen?»

Antonia nickte. «Wobei der Name nicht Programm ist.»

Bettina deutete auf eine Mail. «Ich werde hier von einer Frau Maria Klug um dringenden Rückruf gebeten.»

«Könnte die Frau Mama sein», überlegte ich. «Schalte dein Telefon doch bitte auf laut. Wenn sie ihrer Tochter ähnlich ist, möchte ich keine Silbe verpassen.»

Bettina wählte die Nummer.

«Ja bitte!», meldete sich eine herrische Stimme.

«Frau Klug?», fragte Bettina höflich. «Hier ist Bettina Willmer von Willmers Catering-Service. Was kann ich für Sie tun?»

«Na, endlich!», rief Frau Klug. «Ich hatte schon befürchtet, dass Sie sich gar nicht melden!» Sie seufzte theatralisch. «Es geht um das Hochzeitsbuffet für meine Tochter Kirsti. Ich habe gehört, dass Sie mit dieser Sache beauftragt wurden?»

«Das ist richtig, Frau Klug», sagte Bettina höflich und trommelte leise auf der Tischplatte.

«Aahlso», setzte Frau Klug an. «Um mal eins vorwegzunehmen: Wenn es nach mir gegangen wäre, hätten wir eine erfahrene Hochzeitsmanagerin verpflichtet, dann wäre das noch etwas Gescheites geworden in dieser verrückt kurzen Zeit. Aber ich nehme an, Sie sind schon fest unter Vertrag?»

«So ist es.» Bettina machte eine unmissverständliche Geste Richtung Hörer.

Kirstis Mutter gab den nächsten Seufzer von sich. «Dann kann ich nur hoffen, dass an den Gerüchten nichts dran ist …»

«Die da wären?», fragte Bettina eisig-höflich.

«Nun, man hört neuerdings allerhand Geschichten über die Qualität Ihrer Dienstleistungen, und da habe ich gedacht …»

«Dass Sie Ihre Tochter nur ungern vergiften lassen. Und schon gar nicht an ihrem Hochzeitstag!», vervollständigte Bettina.

«Nein-nein!» Frau Klug ruderte zurück. «So habe ich das nicht gemeint, aber ich weiß ja nicht einmal, was für Kirstis Hochzeit alles geplant ist! Sie will es mir einfach nicht verraten!»

«Ich kann Sie beruhigen.» Bettina schaute uns vielsagend an. «Das ist eigentlich niemandem bekannt. Sie sind also nicht alleine mit diesem Problem.»

«Haben Sie denn überhaupt Erfahrungen mit Hochzeiten?», wollte Frau Klug wissen.

«Meinen Sie das persönlich oder beruflich?»

«Beruflich natürlich!», zischte Frau Mama. «Was Sie persönlich machen, ist mir völlig schnuppe.»

«Vielen Dank», sagte Bettina ungerührt. «Und ja, ich habe mit meinem Team schon viele Hochzeiten ausgerichtet. Immer zur vollsten Zufriedenheit meiner Kunden.»

«Ich meine ja nur.» Kirstis Mutter lachte schrill auf. «Es ist schließlich doch ein Unterschied, ob man für den Kaninchenzuchtverein ein paar Schnittchen macht oder aber die Hochzeit für meine Tochter ausrichtet …»

«Soviel ich weiß, isst auch Ihre Tochter gerne Salat», bemerkte Bettina.

Frau Klug ignorierte die Anspielung und möhrte weiter. «Und ich möchte nicht, dass mein lieber Schatz am schönsten Tag seines Lebens völlig enttäuscht und weinend in der Ecke sitzt. Wie haben Sie die Dekorationen denn geplant? Wenigstens irgendetwas Ausgefallenes? In dieser Orangerie hat man schließlich alle Möglichkeiten.»

«Auch in dieser Frage wenden Sie sich am besten direkt an Ihre Tochter», antwortete Bettina ungerührt.

«Mir können Sie es doch sagen!», brauste Frau Klug auf. «Immerhin bin ich die Brautmutter.»

«Sie erwähnten es bereits.» Bettina zeigte uns einen Vogel. «Und wenn Sie ein gutes Verhältnis zu Ihrer Tochter haben, wird sie es Ihnen sicherlich verraten, oder?»

«Also, solche Sprüche muss ich mir von Ihnen nicht bieten lassen! Natürlich haben Kirsti und ich ein gutes Verhältnis!»

«Wir sind fast wie Freundinnen, kommt jetzt gleich», flüsterte Antonia. «Wetten?»

Frau Klug tat uns den Gefallen. «Man könnte fast sagen, dass wir Freundinnen sind!» Antonia und ich weinten lautlos vor uns hin. Auch Bettina biss sich verzweifelt auf die Unterlippe.

«Nun, dann ist alles geklärt, oder?»

«Ganz wie Sie meinen», sagte Kirstis Mutter eisig. «Aber ich warne Sie: Wenn Sie die Hochzeit meiner Tochter in den Sand setzen, hat das für Sie ein böses Nachspiel! Ich verfüge über jede Menge Kontakte, merken Sie sich das!» Damit knallte sie den Hörer auf den Apparat.

«Sympathische Frau», sagte ich.

Bettina nickte. «Und ich weiß nun endgültig, dass es richtig ist, Herrn Wendels Handy gleich am Montag sperren zu lassen. Der wird sich noch wundern.»

Kapitel 10

Es war Sonntag, und es war Viertel vor fünf. In zwei Stunden und fünfzehn Minuten würde ich George gegenübersitzen, und je mehr ich über diese Tatsache nachdachte, umso nervöser wurde ich. Wahrscheinlich würde ich keinen Bissen hinunterbekommen, sondern den ganzen Abend mit schwitzigen Händen dümmlich vor mich hin grinsen.

Das durfte mir auf keinen Fall passieren. Nein, ich würde gut vorbereitet zu diesem Essen gehen. Basta. Ich machte eine Liste.

Was ich unbedingt herausfinden muss:
1. Wie er mit richtigem Namen heißt.
2. Was er beruflich macht.
3. Was es mit der Rothaarigen auf sich hat!!!

Die beiden ersten Fragen würden sich leicht beantworten lassen. Aber Punkt drei? Und wollte ich das überhaupt so genau wissen?

Ich trommelte nervös mit den Fingern auf der Tischplatte. Wie würde ich reagieren, wenn sie tatsächlich seine Freundin war?

Hysterisch lachen? Weinen? Schreiend davonrennen? Oder doch etwas mit ihm anfangen und hoffen, dass er sie wegen mir verließ?

Ich guckte erneut auf die Uhr. Noch zwei Stunden. Höchste Zeit, mich um meine Garderobe zu kümmern.

«Das ist nicht dein Ernst, oder?» Antonia musterte die Sachen, die ich mir aufs Bett gelegt hatte.

«Doch», sagte ich. «Das ist mein voller Ernst. Und bitte schaff sofort den Kater aus meinem Schlafzimmer. Am Ende haart er mir noch das T-Shirt voll.»

Antonia scheuchte Mephisto zurück in den Flur, schloss die Tür und ging zu meinem Kleiderschrank. «Du gehst nicht zum Sport, Eva. Du hast ein Rendezvous!»

«Dieses T-Shirt ist aber richtig bequem, und man sollte sich wohlfühlen bei so einer Gelegenheit.»

«Schon», sagte meine Freundin. «Aber dein Gegenüber sollte sich auch wohlfühlen und nicht denken, du hättest dir etwas angezogen, in dem du möglichst schnell wegrennen kannst.»

«Verdammt, was soll ich denn machen?», rief ich verzweifelt. «Ich bin für solche Auftritte einfach nicht geschaffen!»

«Bist du sehr wohl», sagte sie und wühlte sich durch die Kleiderbügel. «Und heute wirst du das mal unter Beweis stellen. Ab sofort zeigst du mal deine weiblichen Seiten. So.» Sie hielt mir eine schwarze Hose entgegen. «In dieser Hose kommt dein supersexy Hintern wunderbar zur Geltung.» Sie verschwand erneut in den Tiefen des Kleiderschranks und tauchte diesmal mit einem weinroten Shirt auf, das einen weiten U-Boot-Ausschnitt hatte. «Das ist figurbetont, zeigt deine schönen Schultern und ist nicht zu aufreizend. Anziehen!»

Als ich kurz darauf in den Spiegel guckte, musste ich Antonia recht geben.

«Und jetzt schminkst du dich noch dezent», sagte Antonia.

«Lieber nicht», sagte ich. «Ich fahre mir viel zu oft durchs Gesicht. Am Ende sehe ich aus wie Draculas Braut.»

«Dann wird es höchste Zeit, dass du dir das abgewöhnst.»

Bettina pfiff anerkennend, als ich fertig geschminkt aus dem Bad kam. «Toll siehst du aus! Wenn der Typ heute Abend nicht anbeißt, ist ihm nicht mehr zu helfen.»

Antonia nickte. «Meine Rede. Und jetzt sehen wir noch nach, was dein Tageshoroskop dazu sagt.» Sie ging in ihr Zimmer, und ich folgte ihr, heute ausnahmsweise bereit, mich an jede positive Prognose zu klammern.

Abend: Gehen Sie aus! Laden Sie jemanden ein! Zu zweit wird der Abend wildromantisch. In Gruppen amüsant. Wofür entscheiden Sie sich?

«Das klingt doch phantastisch!» Antonia strahlte, aber ich wurde schon wieder von Zweifeln gepackt.

«Vor ein paar Tagen hat das Horoskop auch nicht gestimmt.»

«Die Sterne irren sich nie», antwortete sie mit einem Blick, als wären Uranus und Venus nahe Verwandte von ihr.

«Meiner Erfahrung nach hilft in so einem Fall nur gezieltes Vorglühen», bemerkte Bettina. «Ich habe da ein gutes Rezept!»

«Mein Magen verträgt nicht mal Kamillentee», protestierte ich, aber sie hörte mir schon gar nicht mehr zu.

«Hoch die Tassen!», sagte unsere Freundin fröhlich. Sie drückte uns ein Glas mit roter Flüssigkeit in die Hand. «Auf den wildromantischen Abend!»

Ich trank vorsichtig. «Mmh. Sekt mit Campari?»

Bettina nickte fachmännisch. «Die Bitterstoffe sind gut für deinen Magen, und der Sekt macht dich ein bisschen locker.» Sie nippte erneut an ihrem Glas. «So ist es jedenfalls gedacht.»

«Im Augenblick weiß ich nicht mal, wie man ‹locker› buchstabiert», sagte ich. «So wie ich mich fühle, bin ich um acht wieder zu Hause, und ihr habt alle Hände voll zu tun, mich zu trösten!»

Bettina schenkte mir nach. «Sollte es wirklich so kommen, kannst du dich an meiner Schulter ausheulen», versprach sie mütterlich. «Aber ich glaube eher, dass du erst morgen früh wieder hier auftauchst und vor lauter jubilierenden Hormonen nicht mal mehr weißt, wie du heißt.»

«Schauen wir mal.»

Bettina zog ihre Braue hoch. «Ach. Gestern hast du noch ganz anders geklungen.»

«Vielleicht sollte ich nicht gleich am ersten Abend einen auf notgeiles Krabbenbrötchen machen», sagte ich. «Der sexuelle Notstand ist zwar im Anmarsch, aber noch nicht angekommen!» Ich nahm einen weiteren Schluck von Bettinas Medizin. «Außerdem kann sich selbst der netteste Typ am nächsten Morgen als Psychopath entpuppen.»

«Och ...» Bettina sah verträumt zum Fenster raus. «Mir könnte so ein gelungener One-Night-Stand durchaus mal wieder gefallen.»

«Für so was bin ich einfach nicht geeignet.» Ich widmete mich weiterhin brav dem Vorglühen. «Eine feste Beziehung wäre mir lieber.»

«Ich meine auch wirklich den Idealfall», lenkte Bettina ein. «Einfach guter Sex, ohne langes Werben und Magenflattern. Und am nächsten Tag ist es vorbei.»

Wir dachten eine Weile schweigend über das Thema nach.

«Wisst ihr, was in England die häufigste Verletzung beim Sex ist?», unterbrach Antonia die Stille. «Am Teppich aufgeschürfte Knie!»

Wir kicherten los.

Als ich auf die Uhr schaute, verging mir das Lachen aber sofort: «Oh Gott, ich komm zu spät!»

In Windeseile rannte ich ins Bad, knetete mir noch etwas Gel ins Haar und schlüpfte in meine Sandalen.

Antonia streckte mir den Feuilletonteil der ZEIT entgegen. «Für den Fall, dass du warten musst. Dann machst du wenigstens einen guten Eindruck!»

«Wenn er Bauarbeiter ist, wird ihn das eher abschrecken», piepste ich und suchte hektisch nach meiner Jacke.

«Wird schon schiefgehen», sagte Bettina. Sie klimperte mit den Autoschlüsseln. «Hopp! Ich fahre dich schnell, dann schaffst du es locker.»

Mir war richtig übel, als wir davonbrausten, und das Blut pulsierte in meinen Ohren.

«Du siehst fabelhaft aus», versuchte mich meine Freundin aufzumuntern. «Halte durch, gleich geht es dir besser!»

Fünf vor sieben hielt das Auto vor dem Broccaindosso.

«Hast du Geld dabei? Und ein sauberes Taschentuch?»

Ich grinste sie mit dem Mut der Verzweiflung an.

«Du machst das schon!» Bettina gab mir ein Küsschen auf die Wange. «Auf geht's!»

Mit weichen Knien betrat ich das schicke italienische Restaurant. Ernst dreinschauende Kellner schwebten über dicke Teppiche lautlos von Tisch zu Tisch.

«Haben Sie reserviert?» Ein älterer Kellner warf mir einen kritischen Blick zu.

«Äh, ich glaube schon …», stammelte ich und sah mich fieberhaft im Lokal um: turtelnde Pärchen, ein Tisch mit fröhlich schwatzenden Frauen, aber kein George.

«Und auf welchen Namen?», bohrte der Schwarzbefrackte weiter.

Gute Frage … Ich konnte ja schlecht behaupten, dass ich auf George Clooney wartete.

So eine bekloppte Situation! Am liebsten hätte ich mich einfach zu dieser Frauengruppe dazugesellt und George George sein lassen. Kein Zittern, kein Herzrasen, kein –

«Eva, du bist ja schon da!» Die Restauranttür schwang hinter meinem Traummann zu, und er sah mich mit einem Blick an, der sämtliche Zweifel in Wohlgefallen auflöste. «Tut mir leid, dass ich so spät dran bin, aber ich musste noch was erledigen. Wartest du schon lange?»

«Vielleicht kann der Herr mir sagen, ob ein Tisch reserviert wurde?» Der Alte ließ nicht locker.

«Aber klar.» George drehte sich zu ihm um. «Ein Tisch für zwei auf den Namen Müller.»

Willkommen Müller-5!

Ganz ruhig, Eva. Immer einen Fuß vor den anderen. Links und rechts dabei schön abwechseln, bis du da vorne bei dem Tisch bist! Alles nur die Folge eines merkwürdigen biologischen Vorgangs: Wildgewordene Hormone machen dich zu einem hilflosen Spielball der Natur.

Mediziner behaupten ja, dass der Zustand eines Verliebten dem eines psychisch Kranken sehr ähnlich sei, also ist alles im grünen Bereich.

Als wir am Ziel angekommen waren, bat Herr Miesepeter um unsere Jacken, und ich drückte ihm bei der Gelegenheit auch den Feuilletonteil in die Hand. Er schaute mich an, als hätte ich sie nicht mehr alle.

«Möchten die Herrschaften einen Aperitif?» Einer der

herumschwebenden Kellner zündete die Kerze auf unserem Tisch an und reichte uns die Speisekarten.

Müller-5 guckte mich fragend an. «Wie sieht es bei dir aus?»

«Wenn du mir bei der Gelegenheit deinen Vornamen verrätst, nehme ich ein Glas Prosecco», antwortete ich.

Mein Traumprinz lachte und gab mir die Hand. «Entschuldige bitte. Ich heiße Adrian!»

Der Kellner stand mit unbeteiligter Miene neben unserem Tisch, als wäre es gang und gäbe, sich mit einem wildfremden Menschen zum Essen zu verabreden.

«Auf eine gute Lungenentspannung», sagte Adrian, als die Gläser vor uns standen. «Hast du denn schon andere mit deinem inneren Licht glücklich machen können?»

«Und ob», kicherte ich. «Meine Mitbewohnerinnen schweben völlig high durch den Flur. Vor dem Zubettgehen muss ich sie erst anleinen, sonst weiß ich nicht, wo ich am nächsten Morgen nach ihnen suchen muss.»

«Ja, das ist eine gefährliche Angelegenheit.» Adrian-George beugte sich vertraulich über den kleinen Tisch. «Schon ein Zufall, dass wir im selben Psychokurs recherchiert haben, was?», sagte er leise.

«Aber ein schöner Zufall», hauchte ich. Das Herz schlug mir bis zum Hals.

«Oh ja, ein *sehr* schöner Zufall sogar!» Wir stießen erneut an.

Gerade als ich Adrian fragen wollte, was er denn recherchiert hatte, beugte er sich dichter zu mir. «Sollen wir mal einen Blick auf die Speisekarte werfen?», flüsterte er. «Sonst schläft der Typ hier am Ende noch ein.» Er nickte dem Kellner, der neben unserem Tisch Stellung bezogen hatte, freundlich zu. «Gleich sind wir so weit.»

Ja, dachte ich. Gleich bin ich so weit …

Tapfer versuchte ich, mich auf die Liste der angebotenen Speisen zu konzentrieren, aber mein Magen fühlte sich an, als wäre er mit Beton ausgegossen. «Ich glaube, ich nehme nur einen Salat», sagte ich. «Irgendwie hat mir dieser ganze Umzugsstress den Appetit verdorben.»

«Den nehmen wir gleich für zwei Personen», meinte Adrian und gab die Bestellung auf. «Danach sehen wir weiter. War es gestern denn so schrecklich?»

Froh über ein Gesprächsthema, erzählte ich ausführlich von Kirstis Farbverwirrungen.

«Und du hast dich heute Abend für Weinrot entschieden?», fragte Adrian und zeigte auf mein T-Shirt.

«Was heißt hier Weinrot», tat ich empört. «Als ob es ein einfaches Weinrot überhaupt gäbe!» Ich fasste mich an die Stirn. «Man kann zwischen Bordeaux-, Merlot-, Burgunder-, Brunello- und Chiantirot unterscheiden. Um nur mal die wichtigsten Weinrottöne zu nennen.»

Adrian legte seine Hand aufs Herz und zwinkerte mir zu. «Entschuldige», sagte er. «Beim nächsten Mal werde ich besser vorbereitet sein!»

Ich grinste. Nächstes Mal klang gut.

Adrian entfaltete seine Stoffserviette. «Kriegt ihr eigentlich viel mit von diesem Cantak Mhia?»

«Kaum», sagte ich. «Er stopft uns immer das Monatsprogramm in den Briefkasten, und ab und an schweben irgendwelche erleuchteten Leute durch das Treppenhaus, aber das machen sie schön leise. Und die Kursteilnehmer neigen auch nicht zu Randale.»

«Und was macht dein Esoterikprojekt? Hat dir der Kurs etwas gebracht?»

Esoterikprojekt? Ich geriet kurz ins Schleudern. «Mein Esoterik… Ach, du meinst, mein Esoterikprojekt!»

Mensch, Eva, wenn man für jede Notlüge einen Pickel bekäme, würdest du längst aussehen wie ein Streuselkuchen.

«Ja, das Esoterikprojekt …» Ich grinste Adrian etwas debil an. «Doch, dafür hat es sich ganz und gar gelohnt.»

«Um was für ein Buch handelt es sich da genau?», fragte der schöne Mann interessiert weiter.

«Ooh …» Ich überlegte fieberhaft. «Da gibt es in einem Roman, den ich übersetze, ein paar Szenen, die in so einer Gruppe spielen, und da ich völlig unbeschlagen bin, was dieses Thema angeht, habe ich mir gedacht, dass es nicht schaden könnte, mal bei so was reinzuschnuppern.»

Das waren mindestens vier Pickel.

«Und warum hast du dort recherchiert?», fragte ich, aber bevor Adrian antworten konnte, stellte der Kellner eine lecker aussehende Salatplatte zwischen uns auf den Tisch, versorgte uns mit Tellern und Besteck und wünschte guten Appetit.

George legte mir galant von allem etwas auf den Teller. «Vielleicht auch noch ein wenig von diesen maigrünen Blättchen?», fragte er schmunzelnd.

«Sehr freundlich», spielte ich das Spiel mit. «Und auch gerne noch etwas von diesen gelbgrünen. Und ein Hauch Olivgrün.»

Ach, wie himmlisch, ein Mann mit Humor! Es würde mich zwar brennend interessieren, was ihn in diese Psychogruppe getrieben hatte, aber ich ließ das Thema lieber ruhen. Am Ende verplapperte ich mich und wir hätten noch mehr Salat.

Ich wollte es allgemeiner angehen. «Und was machst du so im täglichen Leben?»

«Ach, ich bin bei einer Behörde tätig», murmelte George-Adrian, «aber damit möchte ich dich heute Abend wirklich nicht langweilen!» Er widmete sich seinem Grünzeug. «Sag mal, dieser Herr Mhia scheint eine Menge Geld mit seinen Kursen zu scheffeln, oder?»

«Das Gefühl habe ich auch», sagte ich und nahm mir noch ein paar grasgrüne Rucolablättchen und ein graugrünes Artischockenherz. «In seinem neuen Programmheftchen wurde sogar ein Kurs erwähnt, bei dem geht es ums *Erfolg-Reich* sein. Mit Bindestrich, verstehst du?»

Adrians Gabel blieb auf halbem Weg zu seinem Mund in der Luft hängen. «So? Und wie soll das gehen?»

«Es war von irgendwelchen materiellen Energieflüssen die Rede. Genaueres wird nur auf Anfrage verraten.»

«Hast du den Prospekt noch irgendwo?»

Ich zuckte die Schultern. «Keine Ahnung. Aber die geben dir beim nächsten Kursabend sicher gerne ein Exemplar!»

Adrian betrachtete grübelnd seinen Teller. «Danke. Das eine Mal in der Praxis hat mir gereicht», murmelte er.

He! Was sollte das denn? Hatte ich die hundertachtzig Euro am Ende für ein einziges Rendezvous hingelegt?

«Gehst du denn noch mal zu dem Kurs?»

Jetzt cool bleiben, Eva! «Wohl kaum», sagte ich. «Für meine Recherche hat das eine Mal gereicht. Was hast du denn eigentlich dort …?»

In diesem Moment legte Adrian seine Hand auf meine. «Obwohl …»

Mein Herz machte einen Hüpfer. Er hatte es sich anders überlegt! «Obwohl was?»

«Obwohl ich schon einen gewissen Ehrgeiz hätte, herauszufinden, wie der Knabe sich bewegt. Ob Sri Singh wirklich Rollen unter den Füßen hat?»

Ich kicherte. «Du hast wieder mal nicht aufgepasst: Herr Singh wird getragen von der kosmischen Energie.»

Adrian verlangte nach der Speisekarte. «Apropos: Ich verspüre noch eine Menge hungriger Schwingungen, und ich habe mir sagen lassen, dass man dagegen etwas machen sollte!»

«Ein Lehrsatz von Sri Singh?», fragte ich.

«Von meiner Großmutter!» Er reichte mir die andere Karte. «Ich glaube, wir sollten uns das eine oder andere Gericht noch mal näher anschauen.»

Es war fast zehn, als wir satt und zufrieden vor dem Lokal standen, und ich atmete tief ein. «Mmmh … riechst du diese herrliche Abendluft?»

Adrian tat es mir nach. «Mmmh … wunderbar. Mit so einem Hauch Parmesan!»

«Und einem winzigen Anklang von Tiramisu im Abgang.»

Adrian hielt die Nase in die Luft. «Eindeutig! Ich habe mal gelesen, dass Albatrosse, Sturmvögel und andere große Seevögel ihre Beute in den Weiten des Ozeans mit Hilfe ihres Geruchssinns aufspüren.»

«Mir hat eine Freundin erzählt, dass Schmetterlinge ihren Geschmackssinn in den Beinen haben.»

Ob das bei den Schmetterlingen, die mir im Bauch herumflatterten, auch der Fall war?

Adrian grinste, legte den Arm um meine Schulter und zog mich sanft an sich. «Hat sie dir auch erzählt, wie Schmetterlinge sich küssen?», fragte er leise.

«Ich könnte sie ja mal fragen», wollte ich sagen, aber mehr als «M-mmh» kam mir nicht über die Lippen. Sanft küsste er mich auf die linke Wange, und ich hatte das Gefühl, auf der Stelle dahinzuschmelzen. Der Mann fühlte sich nicht nur gut an, er roch auch wunderbar … Gerade bewegten sich unsere Münder aufeinander zu, als in seiner Hose etwas zu vibrieren anfing. Leider nicht das, was ich gerne zum Vibrieren gebracht hätte – es war sein Handy.

«Verdammter Mist!», fluchte er. «Entschuldige, Eva …» Hektisch langte er in die Hosentasche. «Ich muss rangehen, es könnte wichtig sein.» … «Ja, Müller.» Sein Gesicht wurde sofort ernst. «Das heißt, die Lage hat sich geändert?» Er nickte mehrmals.

Na toll … Meine Lage hatte sich auch schlagartig geändert. Statt weiter in Adrians Armen zu weilen, stand ich verloren auf dem Gehsteig, und die Abendluft fühlte sich eher frisch an. Ich fröstelte und rieb mir die Oberarme.

«Klar, ich komme sofort», hörte ich ihn sagen und verfluchte alle Mobiltelefone dieser Welt.

Ich musste an diesen blöden Spruch denken: «Man soll immer dann aufhören, wenn es am schönsten ist!»

Aber wer wollte denn jetzt schon aufhören? Ich jedenfalls nicht!

«Ich muss los», sagte Adrian. «Eine dringende berufliche Angelegenheit. Kannst du mir dieses eine Mal verzeihen?»

Er sah mich mit seinen schönen braunen Augen an, und ich konnte nur nicken.

«Kannst ja nichts dafür», sagte ich tapfer.

«Ich melde mich, sobald ich kann», flüsterte der schöne Müller-5 und küsste mich zart auf die Lippen. «Versprochen!» Dann ging er zur Straßenecke vor. Dort hielt gerade ein schwarzer BMW, und als Adrian die Beifahrertür öffnete, sah ich, wer am Steuer saß: die Rothaarige von Mittwoch.

Langsam machte ich mich auf den Weg zur S-Bahn. Das beschwingte, verliebte Gefühl war verschwunden. Stattdessen fühlte ich mich klein, hässlich und elend, gemischt mit einer Portion Wut.

«Diesmal hast du dich selber übertroffen, Eva», murmelte ich. «Dieser Kerl verarscht dich schon, bevor die Sache richtig ins Rollen gekommen ist. Und er macht nicht mal den Versuch, es dir zu verheimlichen!»

An der S-Bahn-Treppe lehnte ich mich ans Geländer und ließ den Abend noch einmal Revue passieren. Alles hatte gestimmt. Und er hatte mir heiße Blicke zugeworfen und gesagt, dass er mich bald wiedersehen möchte. Ich hatte mir das ganz bestimmt nicht eingebildet.

«Scheißtypen!», sagte ich laut und gab der leeren Coladose, die oben an der Treppe stand, einen saftigen Tritt. «Verdammte Mistkerle!»

«Er ist ein richtiger Kavalier!», rief Tante Renate, als ich die Wohnungstür aufsperrte. «Grundgütiger! Und so gebildet.»

Das war mehr, als ich jetzt ertragen konnte, und ich beschloss, mich leise an der Küche vorbei in mein Zimmer zu schleichen. Ich hatte es fast geschafft, als Bettina in den Flur schaute.

«Dachte ich mir doch, dass ich was gehört habe», sagte sie. «Warum bist du denn schon wieder zu Hause?»

Ich winkte ab. «Lasst mich mal», sagte ich. «Tante Renate hat sicher eine Menge zu erzählen, und ich brauche meine Ruhe.»

«Kommt gar nicht in Frage», sagte meine Freundin, und bevor ich bis drei zählen konnte, saß ich bei den anderen in der Küche.

«Also.» Bettina trommelte auf den Tisch. «Was ist schiefgegangen?»

«Hattest du auch ein Rendezvous?», fragte Renate. «Evchen! Davon hast du mir gar nichts erzählt.»

«Nicht so wichtig», versuchte ich die Sache ein zweites Mal abzubiegen. «Könnte ich auch ein Glas von dem da haben?»

«Nur wenn du uns erzählst, was los war.» Antonia hielt die Weinflasche fest im Arm, und mir war klar, dass ich keinen Tropfen bekäme, wenn ich nicht auspackte.

«Es war ein schöner Abend», begann ich. «Richtig romantisch. George heißt Adrian, ist Müller-5, und es war wahnsinnig schön.»

«Und warum bist du dann schon wieder hier?» Antonia schob mir ein Glas zu. «Wenn es so *wahnsinnig* schön war?»

«Weil er noch arbeiten musste.»

«Um diese Zeit? Am Sonntag?» Tante Renate sah mich groß an. «Hat er Schichtdienst?»

«Angeblich arbeitet er bei einer Behörde.»

«Und die schieben Schichtdienst?» Bettina schüttelte den Kopf. «Ich habe bisher nur Beamte kennengelernt, die Punkt vier den Hammer fallen lassen.»

«Ich auch», gab ich zu. «Und was mir gar nicht gefällt: Diese Rothaarige hat ihn zur Arbeit abgeholt.»

«Vielleicht arbeitet er im Puff, und sie ist die Puffmutti?» Bettina konnte einen so richtig aufbauen.

«Grundgütiger!», rief Renate zur Abwechslung.

«Soweit ich weiß, verfügt die Stadt bisher noch nicht über eigene Bordelle», brummte ich. «Aber was soll's. Ich bin ohnehin nicht sein Typ. Wahrscheinlich steht er nur auf scharfe Rothaarige mit unendlich langen Beinen, und ich werde seine sexuellen Bedürfnisse sowieso nie erfüllen können.»

«Also, deine Beine sind auch nicht ohne!», sagte Antonia. «Und du weißt doch gar nicht, auf was er steht.»

«Auch schon egal. Abgesehen davon habe ich nicht mal ein Auto, sondern nur ein klappriges Fahrrad. Na ja, wenn er sich wieder meldet, werde ich das alles gleich mal klären.»

«Was soll das denn heißen?» Antonia sah mich streng an. «Sag bloß, du hast dir seine Nummer nicht geben lassen!»

Ich seufzte und schüttelte den Kopf. «Vergessen …»

Antonia und Bettina guckten sich an, als wäre ich komplett unzurechnungsfähig. Und das Schlimme war: Sie hatten recht.

Kapitel 11

«Eva! Eee-va!»

Mit Mühe machte ich ein Auge auf und sah Antonia vor meinem Bett stehen.

«Wie spät isses denn?», krächzte ich.

«Gleich halb acht», sagte meine Freundin. «Denkst du bitte dran, dass du heute rechtzeitig in der Schule bist? Am besten, du meldest dich um elf im Sekretariat. Ich hole dich dort ab, okay?»

Lieber Himmel, heute hatte ich ja meinen Auftritt bei ihr in der Schule. Ich setzte mich auf und nickte. «Mach ich!»

«Hast du schlafen können?» Sie sah mich besorgt an.

«Ging so», sagte ich, aber das war gelogen. Ich hatte mir die halbe Nacht den Kopf darüber zerbrochen, ob George was mit der Rothaarigen hatte, und wenn ja, warum er dann ausgerechnet mit mir essen ging.

Gegen drei war ich zu dem Schluss gekommen, dass er wahrscheinlich jemanden suchte, der ihm umsonst Sachen aus dem Englischen oder Niederländischen übersetzte, und ich in seinen Augen eine war, die man wunderbar ausnutzen konnte. Aber diesmal würde mir das nicht passieren. Die Zeiten, in denen ich auf diese Masche hereingefallen war, waren ein und für alle Mal vorbei!

«Wir können uns ja später drüber unterhalten», sagte Antonia und strich mir über den Arm. «Bis dann!»

179

Die Stunde in der Klasse verging wie im Flug. Die Schüler, zwölf ultracoole Jungs und dreizehn nicht minder coole Mädels, waren tatsächlich interessiert, und spätestens nach der Geschichte mit der «erschten Liebe» hatte ich alle in der Tasche. Der Gong erklang eher, als uns lieb war.

«Vielleicht kannst du noch mal eine Stunde kommen», überlegte Antonia, als wir Richtung Lehrerzimmer gingen. «Der Elternverein zahlt dir bestimmt einen weiteren Auftritt. Würdest du das machen?»

Ich nickte. «Warum nicht? Jetzt brauche ich aber erst mal einen Kaffee!»

«Den hast du auch verdient.» Sie schloss die Tür des Lehrerzimmers auf und steuerte direkt auf die Kaffeemaschine zu, wo eine blonde Kollegin sich gerade eine Tasse einschenkte. «Hallo, Uschi!»

Uschi! Vor lauter Adrian-George-Müller-Stress hatte ich sie fast vergessen.

Ferdinands Neue drehte sich um und lachte uns an. «Hallo! Sie sind Antonias Mitbewohnerin, oder?»

«Stimmt!» Ich schüttelte ihr die Hand und sah sie mir genau an: blond, blaue Augen, etwa eins sechzig, mit D-Körbchen unter einem engen lilafarbenen T-Shirt und vielen Ringen an den Händen.

«Und? Wie ist es gelaufen?», fragte sie freundlich, während Antonia mir eine Tasse in die Hand drückte.

«Ganz prima.»

Uschi nickte, hört mir aber gar nicht zu, sondern studierte das Display ihres Handys.

«Ist was passiert?», fragte Antonia interessiert.

«Ich verstehe das nicht», seufzte ihre Kollegin. «Ich habe meinem Freund heute schon ein paar Mal eine SMS geschickt, aber er antwortet nicht. Und wenn ich anrufe, kommt die Ansage ‹Diese Nummer ist zurzeit nicht vergeben›.»

Ich verschluckte mich fast an meinen Kaffee. Heute war Montag, und Bettina hatte Ferdinands Handy abgemeldet.

«Vielleicht hat sich dein Freund eine neue Nummer zugelegt und es dir nicht gesagt?», überlegte ich laut.

Uschi sah uns entrüstet an. «Nein, so was würde Ferdi niemals tun! Er erzählt mir immer alles.»

Träum weiter, Herzchen.

«Ich glaube, ich rufe mal bei den Krankenhäusern an», sagte die mobile Uschi plötzlich. «Bestimmt ist ihm etwas zugestoßen!»

Ich ahnte, was Ferdinand zugestoßen war: Er hatte einen satten Tobsuchtsanfall bekommen, weil er nicht telefonieren konnte. Ich konnte ihr aber schlecht sagen, dass so etwas in der Regel nicht für einen Krankenhausaufenthalt reichte.

«Ach was», sagte Antonia. «Man muss nicht gleich vom Schlimmsten ausgehen.»

Auch ich schüttelte möglichst überzeugend den Kopf. «Wahrscheinlich spinnt wieder so ein Funkmast. Das hört man doch andauernd. Dein Freund hat heute einfach einen schlechten Empfang, das wird alles sein.»

Und nicht nur einen schlechten, sondern gar keinen …

Uschi schaute so unglücklich drein, dass sie einem fast leidtun konnte.

«Sag mal, du wolltest mir doch noch etwas zeigen, oder?», lenkte Antonia ihre Kollegin von der Funknetzmisere ab.

«Ja, stimmt!» Uschi steckte ihr Handy ein. «Da gehen wir aber lieber in die Lehrerbibliothek.» Sie beäugte mich skeptisch.

«Eva kannst du trauen», sagte Antonia. «Also los, ich bin schon sehr gespannt.»

Wir setzten uns und bekamen von Uschi ein dichtbeschriebenes A4-Blatt. Es begann mit den Worten «Werden Sie Erfolg-Reich!».

Moment mal, so hieß doch auch diese Sache bei Cantak Mhia!

«Lest es euch mal in Ruhe durch», schlug sie vor. «Ich glaube, das ist eine echte Chance!»

Wenn Geld fließt, fließt Energie, hieß es da. *Und in einer starken Gemeinschaft fließen noch stärkere Energien. Werden Sie Teil des Herzkreises, tauschen Sie Energien und Geld und werden Sie stärker und reicher.*

Meine Güte, was sollte das denn?

Wir glauben an das universelle Gesetz: Alles, was wir freien Herzens geben, kommt vielfach zu uns zurück. Endlich werden wir Geld haben, um unsere Träume zu verwirklichen, Frauen beschenken Frauen und diese wieder andere. Und da dieses Geld immer in die Mitte fließt, ist nachher jede Frau reich. Gehen wir von neun Herzen aus: Jedes Herz aus der obersten Reihe zahlt an das einzelne Herz ganz unten jeweils 500 Euro. Dieses Herz erhält insgesamt 4000 Euro und verlässt dann das Spiel. Jetzt bilden die beiden Herzen aus der zweiten Reihe von unten jeweils ein neues 4000-Euro-Herz, müssen jedoch acht neue Herzen werben.

«Das ist doch die totale Verarsche!», rutschte es mir heraus. «Die Erste bekommt vielleicht ihre Knete, aber die nächsten beiden gehen schon mit viel weniger raus, wenn sie keine Leute ranbringen können, oder?»

Antonia nickte. «Man nennt das auch ‹Schneeballsystem›, und es ist strafbar, Uschi!»

Die mobile Reserve schaute uns verwundert an. «Aber so etwas würde mein Ferdi doch niemals machen! Und wieso soll das Betrug sein?»

«Ganz einfach», erklärte Antonia. «Am Anfang zahlst du eine bestimmte Summe, und mit jedem Mitglied, das nachrückt, kommst du ein Stück weiter im System nach oben. Es werden also sehr viele nachrückende und zahlende Leute benötigt, damit das Spiel weiter funktioniert, verstehst du?»

Uschi schaute nun stur auf das Blatt, das vor ihr lag. «Also, ich muss euch ehrlich sagen, dass ich Ferdi da voll vertraue!»

«Schön für dich», sagte Antonia nüchtern. «Bei mir sieht es anders aus!» Sie ließ das Blatt unauffällig in ihrer Schultasche verschwinden.

«Antonia hat recht», sagte ich ernst. «Rechne doch selber mal nach, das kann doch überhaupt nicht gutgehen! Ich habe mal eine Statistik gesehen, die besagte, dass man schon in der achtundzwanzigsten Runde fast alle Bewohner der Erde zum Mitspielen bewegen müsste, um noch Geld zu bekommen. Ziemlich unrealistisch, oder?»

Uschi wand sich. «Ferdi hat mir aber gesagt, dass es jede Menge Mitspielerinnen gibt!»

«Klar», sagte ich. «Und Mao Tse-tung war ein großer Menschenfreund.»

Antonia rollte mit den Augen «Vergiss es, Uschi!»

«Kann es sein, dass dein Freund dich darum gebeten hat, möglichst noch ein paar Mitspieler in der Schule zu werben?»

Uschi wurde rot. «Nein, ich finde es wirklich eine tolle Sache, und da habe ich gedacht, dass ihr euch vielleicht auch über so viel Geld freuen würdet.»

«Ich habe nichts gegen Geld», sagte ich nachdenklich. «Aber an deiner Stelle wäre ich sehr vorsichtig.»

«Was soll ich denn machen?» Uschi fuhr sich nervös durch das Haar. «Ich habe es Ferdi doch fest versprochen!»

«Habt ihr denn schon eine gemeinsame Wohnung gefunden?», fragte Antonia in einem vertraulichen «Ich-bin-deine-Freundin-mir-kannst-du-alles-sagen»-Ton.

Ihre Kollegin nickte. «Ja, es läuft im Prinzip super, aber …»

«Aber?», bohrte ich nach.

«Ach, pausenlos rufen irgendwelche Frauen bei ihm an. Das macht mich ganz verrückt!»

Aha. Der liebe Ferdinand hatte sich also kein bisschen geändert.

«Dabei sind das alles nur so, äh, Geschäftsverbindungen, aber trotzdem.»

Genau, Uschi. Vor allem *trotzdem*!

Sie beugte sich vertrauensvoll zu uns vor. «Dabei weiß ich, dass meine Eifersüchteleien völlig unbegründet sind. Ferdi ist ein absolut treuer Mann, wisst ihr. Aber ich bin nun mal wahnsinnig eifersüchtig!»

Und dazu hatte unsere süße Uschi sicherlich auch allen Grund. Geschäftsverbindungen … Den Ausdruck musste ich mir merken.

«Uschi ist kurz davor, bei den Krankenhäusern durchzurufen, weil sie Angst hat, dass Ferdi etwas zugestoßen ist», begrüßte Antonia Bettina zu Hause. «Sein Handy funktioniert nämlich heute nicht!»

«Ferdi?!» Bettina sah ungläubig von ihrem Veranstaltungsplan auf. «Sie nennt ihn Ferdi?! Nee, oder?»

Antonia und ich nickten wie Zwillinge. «Oh doch!»

«Und sein Handy ist tot?», fragte sie. «Das ist aber schlimm!»

«Apropos Ferdinand.» Antonia zog den Schrieb von Uschi aus ihrer Tasche. «Lies dir das mal durch!»

«Das darf doch nicht wahr sein!» Bettina war fassungslos. «Dieser Vollidiot! Wenn er da wirklich die Finger im Spiel hat, hätte ich große Lust, zur Polizei zu gehen, um ihn anzuzeigen!»

Antonia schüttelte den Kopf. «Dazu fehlen uns vorn und hinten die Beweise. Wenn ihn eine anzeigen kann, ist es Uschi.»

«Aber Uschi möchte ihren Ferdi natürlich nirgendwo reinreiten. Schließlich zieht sie bald mit ihm zusammen», ergänzte ich. «Übrigens, sie hat sich bitter beschwert!»

«Ach ja?» Das interessierte Bettina. «Worüber?»

«Es schmeckt ihr nicht, dass Ferdinand von so vielen Frauen angerufen wird», kicherte Antonia. «Er hat ihr zwar erklärt, dass das alles nur ‹Geschäftsverbindungen› sind, aber die liebe Uschi ist von Natur aus schrecklich eifersüchtig. Und dann ist ein Leben mit Ferdinand hart, oder?»

«Beinhart», bestätigte Bettina. «Übrigens, ich wollte heute Nachmittag noch mal in meine alte Wohnung fahren und die Pflanzen holen. Hat eine von euch Zeit, mir zu helfen?»

Antonia schüttelte den Kopf. «Sorry, ich habe erst ein Date mit Müller-4, und dann gehe ich mit Nicklas spazieren.»

Ich ließ mich auf Bettinas Sofa fallen. «Ich kann dir helfen. Mit dem Arbeiten wird es heute sowieso nichts mehr.»

Wir gingen gerade durch die Wohnung, um Bettinas Grünzeug einzusammeln, als das Telefon in Ferdinands Zimmer klingelte.

«Komm, wir spielen Mäuschen», grinste Bettina, als der Anrufbeantworter ansprang. «Bestimmt jemand, der *Ferdi* heute nicht erreichen kann.»

Gespannt warteten wir das Ende der Ansage ab. «Ja-ja-ha, hier ist Heinz. Heinz Bauer», hörte ich eine Stimme, die mir bekannt vorkam. Nur woher?

«Ich weiß, dass ich dich nicht zu Hause anrufen soll, aber es ist dringend, und ich kann dich auf dem Handy nicht erreichen. Ist etwas passiert und du hast dich abgesetzt, oder was ist los? Hier ist jedenfalls einiges passiert. Ja-ja-ha! Und es wäre gut, wenn du dich bald bei mir melden würdest. Bestimmte Entscheidungen möchte ich lieber nicht alleine treffen, hörst du? Also, hoffentlich bis bald!»

Dann gab das Gerät einen Pieps von sich und schaltete sich ab. Bettina schaute neugierig auf das Display. «Schon elf Anrufe.» Sie sah mich an. «Und, was grübelst du?»

«Ich habe diese Stimme schon mal gehört», sagte ich. «Aber ich komme nicht drauf, wo …» Ich nahm einen Farn vom Schrank und stellte ihn zu den anderen Pflanzen in den Karton.

«Vielleicht jemand von einem deiner Verlage?», fragte Bettina.

Ich schüttelte den Kopf.

«Dein Zahnarzt? Der Postbote? George?»

In dem Moment fiel bei mir der Groschen. «George!»

«George?» Bettina sah mich verblüfft an. «Seit wann heißt der Heinz?»

«Nein», sagte ich ungeduldig. «Als ich mich wegen George

für diesen Kurs anmeldete, kam Oberesoteriker Mhia dazu. Der hat diesen ‹Ja-ja-ha›-Singsang drauf.»

«Sicher?», fragte Bettina.

«Ganz sicher. Hast du nicht mal erzählt, dass Mhia Ferdinand schon einige Male hier besucht hat?»

«Stimmt. Aber das hier klang nicht unbedingt nach Weibergeschichten.» Bettina drückte mir einen der Pflanzenkartons in die Arme.

«Es geht hier auch nicht um Weibergeschichten», sagte ich, «sondern um die Erfolg-Reich-Nummer. So wie es aussieht, stecken Ferdinand und Mhia unter einer Decke. Und wer dort welchen Part übernimmt, würde mich brennend interessieren!»

«So kommen wir nicht weiter», sagte Bettina, als wir zu Hause am PC mehr über den Oberesoteriker herauszufinden versuchten. Die Suchmaschine präsentierte uns ein paar Millionen Seiten zum Namen «Heinz Bauer». «Selbst wenn was dabei sein sollte, bräuchten wir Tage, um den Kram durchzulesen, und das ist die Sache nun auch nicht wert!»

«Versuch es doch mal mit der Kombination ‹Cantak Mhia›. Da kommen wir bestimmt schneller zum Ziel!»

Bettina gab den Namen zusätzlich ein, und siehe da: Nach der siebten Seite wurden wir fündig. Auf der Internetseite seines Alter Ego Cantak Mhia tauchte der Name «Heinz Bauer» unter «Stationen meiner esoterischen Entwicklung und Ausbildung» auf. Wir lasen, dass unser Nachbar eine Lehrerausbildung abgeschlossen hatte und anschließend die Grundausbildung «Pranaheilung», was immer das sein mochte, bei Roswitha Knabe-Goebel in Bobengrün absolviert hatte. Nach einer schamanistischen Basisschulung wurde aus Heinz Cantak Mhia, und er machte munter weiter an der Schule für geistiges Heilen von Sri Singh. «Das ist der Typ mit der raffinierten Fortbewegungstechnik», klärte ich Bettina auf.

Bettina schüttelte fassungslos den Kopf. «Mein Gott, ist das alles schwammig formuliert. Hier zum Beispiel: ‹Seminare zu unterschiedlichen Themen und Fragestellungen›. Also, ich bitte dich …»

Ich grinste sie an. «Wer weiß … vielleicht kann Herr Bauer dir ein paar zündende Tipps für das Hochzeitsbuffet von Kirsti und Oliver geben. Das wäre doch was?»

«Lieber nicht.» Sie zeigte auf einen der vielen Buttons. «Am Ende fängt er mit der ‹Seelenrückholung› der verstorbenen Restverwandtschaft an, und wenn das klappt, haben wir mehr Verrückte auf einem Haufen, als uns lieb ist.»

«Apropos Buffet», sagte ich. «Hast du heute Abend noch einen Arbeitseinsatz?»

Bettina schüttelte ihre blonde Mähne. «Erst morgen wieder. Wir könnten gegen sieben etwas essen gehen. Hättest du Zeit und Lust? Antonia ist bestimmt noch länger mit Nicklas zu Gange.»

«Gute Idee. Aber bitte nicht beim Griechen. Falls George-Adrian sich noch melden sollte, möchte ich weder nach Tsatsiki noch nach altem Frittenfett stinken!»

«Ich darf gar nicht dran denken, dass er vielleicht gerade dann anruft, wenn wir essen sind», sagte ich, als wir uns zum Ausgehen fertig machten. «Soll ich nicht doch lieber eine schnelle Nudel machen? Ich habe da ein tolles Rezept, das ich gerne mal ausprobieren möchte.»

Bettina blickte mir tief in die Augen. «Liebe Eva, du hast doch sicherlich dein Handy dabei, oder?»

Ich nickte zahm.

«Und die Handynummer steht doch auf deiner Visiten-karte?»

Ich nickte erneut.

«Dann kann er dich also jederzeit erreichen, wenn er dich sprechen möchte. Richtig?»

«Falls er das überhaupt möchte.» Ich dachte an die scharfe Rothaarige und fühlte mich sofort wieder klein und hässlich.

«Wird schon werden», sagte Bettina pragmatisch wie immer. «Außerdem muss ich dir gestehen, dass ich eine unbändige Gier nach einem guten Wiener Schnitzel mit 1-a-Pommes habe. Meinst du, du könntest dich heute Abend mit dieser kulinarischen Richtung anfreunden?»

Ich bekam auf der Stelle Hunger. «Dann gehen wir in die ‹Jägerstube›. Die machen auch einen traumhaften Sauerbraten!»

Vorsichtig zog Bettina die Wohnungstür ins Schloss. «Sei bitte leise im Treppenhaus. Die Wolf lauert mir andauernd auf und beschimpft mich.»

Wir schlichen die Treppe hinunter, als plötzlich die Tür der Esoterikpraxis aufging und wir zwei vertraute Stimmen hörten.

«Können wir uns nicht woanders treffen?», hörten wir Ferdinand zischen.

«Ja-ja-ha! Aber ich kann jetzt unmöglich weg, der Kurs fängt gleich an. Und was kann ich dafür, dass du heute nicht erreichbar warst?»

Leise wichen wir zurück, setzten uns auf die Stufen und hörten gebannt zu.

«Das hat bestimmt diese blöde Kuh, mit der ich zusammen gewohnt habe, zu verantworten.» Ferdinands Stimme klang nicht sehr freundlich. «Aber das wird sie mir noch büßen …»

«Wie dem auch sei», nahm Heinz Bauer den Faden wieder auf. «Ich habe ein ganz schlechtes Gefühl bei diesem neuen Herzenskurs. Es gibt da eine Menge schlechte Schwingungen. Schon drei Leute sind ausgestiegen, und ehrlich gesagt frage ich mich, ob die Sache nicht zu heiß wird. Ja-ja-ha!»

«Quatsch!», schnauzte Ferdinand. «Ich kümmere mich schon darum. Und du siehst zu, dass du noch ein paar solvente Leute an Land ziehst. Solvent, hörst du? Leute, die leicht Kohle ausgeben. Meine Neue habe ich schon so weit, dass sie ein paar Kolleginnen anwirbt.»

Unten ging die Haustür auf, und jemand kam die Treppe herauf.

«Ich schau gleich mal bei Luigi vorbei. Wir telefonieren!», sagte Ferdinand hastig und verließ das Haus.

Wir blieben sitzen, bis niemand mehr im Treppenhaus zu hören war. «Interessant, oder?», flüsterte ich.

Bettina nickte. «Das riecht nach einer üblen Sache. Komm, wir schauen mal, wo Herr Wendel hingeht!»

Es waren eine Menge Leute auf der Straße unterwegs, aber Ferdinand überragte zum Glück die meisten, und wir entdeckten ihn gleich. Ohne auf seine Umgebung zu achten, ging er mit schnellen Schritten Richtung Innenstadt. Wir hefteten uns an seine Fersen.

«Kennst du einen Freund von ihm, der Luigi heißt?», fragte ich Bettina.

Sie schüttelte den Kopf. «Nie gehört.»

Plötzlich bog Ferdinand in eine kleine, menschenleere Gasse ein. Wir beobachteten ihn, bis er am Ende der Gasse nach links abgebogen war, dann rannten wir bis zur Ecke hinterher. Ferdinand war etwa 200 Meter weiter vor einem italienischen Restaurant mit geschlossenen Jalousien stehen geblieben. Insgesamt machte das «Da Luigi» einen ziemlich heruntergekommenen Eindruck.

«Was will er denn in dem Schuppen?», fragte Bettina atemlos.

Ferdinand drückte mehrmals auf eine Klingel und ging dann rechts vom Restaurant durch ein altes Eisentor. Wir warteten eine Weile, aber es rührte sich nichts mehr.

«Sollen wir mal nachgucken?», flüsterte ich.

«Die haben gerade auf uns gewartet», murmelte Bettina. Sie ließ das Lokal nicht aus den Augen. «Aber du hast recht. Wo wir schon mal hier sind.»

Unauffällig, als würden wir einen ganz normalen Spaziergang machen, schlenderten wir in Richtung «Da Luigi». Als wir sicher waren, dass uns keiner beobachtete, flitzten wir durch das Tor und landeten in einem Hinterhof. Bis auf ein paar große Container, hinter denen offene Mülltüten lagen, war er leer. Die Fenster zum Hof waren mit Folie beklebt.

«Richtig gut scheinen die Geschäfte hier nicht zu gehen», bemerkte ich und folgte Bettina hinter einen der Container. «Ob sich hier die Frauen treffen, die bei den Schenkkreisen mitmachen?» Wir blieben eine Weile geduckt hocken.

«Komm, wir gehen wieder», flüsterte ich, als sich nichts tat. «Mir ist der Hintern schon eingeschlafen!»

Doch gerade als wir aus dem Schatten heraustreten wollten, sah ich jemanden am Tor zum Hinterhof. Ich hielt Bettina an der Jacke fest und erstarrte mitten in der Bewegung.

Ein Mann in einer schwarzen Lederjacke sprach mit ernstem Gesicht in sein Handy. Ich versuchte etwas zu sagen, bekam allerdings keinen Ton heraus.

«Der ist aber schnuckelig», flüsterte Bettina. «Schade, dass er Mafioso ist. Irgendwie sieht der aus wie – ja, Moment mal!» Sie glotzte mich mit großen Augen an.

In diesem Augenblick verschwand der Mann mit dem Handy, dafür fand ich meine Stimme wieder. «Das war er!», quiekte ich. Ich ließ Bettinas Jacke los und versuchte aus der Hocke hochzukommen, aber meine Beine versagten ihren Dienst, und ich fiel auf den Hintern. Direkt auf einen offenen Müllbeutel.

«Scheiße!», rief ich.

«Halb so schlimm», grinste Bettina und zog mich in die Vertikale. «Jetzt komm schon!»

Mit feuchtem Hosenboden folgte ich ihr aus dem Hinterhof. Am anderen Ende der Gasse parkte ein schwarzer BMW, und an der geöffneten Beifahrertür stand der Mann meiner Träume, das Handy noch immer am Ohr.

In diesem Augenblick näherte sich eine schlanke Rothaarige dem Wagen. Sie rief George etwas zu und sprang hinters Steuer. George klappte sein Handy zusammen, stieg ebenfalls ein, und das Auto raste davon.

O nein … War George der nächste Griff ins Klo? Hatte ich mir dieses Mal einen zwielichtigen Verbrecher angelacht?

«Wenn diese Rothaarige seine Schwester ist, fresse ich einen Besen», sagte ich.

Bettina zog die Stirn kraus. «Sehr ähnlich sehen sie sich in der Tat nicht.»

Ich schloss die Augen. «Ich will den Teufel nicht an die Wand malen, aber …»

«Was aber?»

«Was mache ich, wenn er neben Mhia und Ferdinand der Dritte im Bunde ist?»

Als wir gegen neun die Haustreppe hochstiegen, war meine Stimmung immer noch gedämpft. Frau Wolf dagegen schien ausgezeichneter Laune zu sein. «Du hast Glück bei den Frauen, Bel Ami!», hörten wir sie im Vorbeigehen singen. Herbertchen jaulte dazu. Ob es ein Mitsingen oder Protestheulen war, ging aus der Tonlage nicht klar hervor.

«Es scheint was in der Luft zu liegen», sagte Bettina. Und tatsächlich: Aus dem Bad hörten wir Antonia lautstark mit dem CD-Spieler um die Wette trällern: «Is this love, is this love what I'm feeling?»

«Na, da scheint der Knoten geplatzt zu sein», grinste Bettina.

«Hoffentlich nur der Knoten!» Ich klopfte leise an die Badtür.

«Is this love – herein! – what I'm feeling!», war die Antwort. Antonia lag in einem betörend riechenden Schaumbad und hielt den Duschkopf als Mikro in der Hand. Links vom Spiegel hing die Madonna-Muschel von Bettinas Tante, deren Lämpchen munter vor sich hin blinkten.

«Na? Das war wohl ein schöner Nachmittag, mhm?» Bettina schaute über meine Schulter.

«Aber hallo …» Antonia strahlte über beide Wangen.

«Ich bin gleich wieder da», sagte ich. «Nur mal kurz den Anrufbeantworter checken!», und rannte in mein Zimmer. Nichts. Mist! Oder sollte ich lieber froh sein, dass er sich nicht gemeldet hatte? Ich verscheuchte den Gedanken, ging zurück ins Bad und setzte mich auf den Klodeckel. «So, jetzt her mit den saftigen Details!»

«Genau», sagte Bettina. «Erst dann gibt es wieder Musik!»
Sie drückte auf den Pausenknopf.

«Och, ihr seid doof!», maulte Antonia. «Was soll ich denn erzählen?»

«Zum Beispiel ...» Ich tat so, als würde ich überlegen. «Wie es anfing, wo es stattfand, ob es gut war und, äh ... und wo er jetzt ist.»

«Ja, das wäre ein guter Anfang», fand auch Bettina.

Antonia streckte sich im warmen Wasser. «Also ... zuerst war ich bei Müller-4», fing sie an.

«Geschenkt!», rief Bettina. «Diesen Part darfst du überspringen!»

«He, dabei war das eine sehr aufschlussreiche Sitzung», tat Antonia empört. «Ich habe da heute sehr viel erfahren über –»

«Wir wollen aber etwas ganz anderes erfahren», kürzte ich ab. «Nach Müller-4 hast du dich mit Nicklas getroffen, und dann?»

«Dann sind wir an der Isar spazieren gegangen. Es war schon richtig warm und –»

«Geschenkt!», rief Bettina erneut. «Bitte jetzt keine unnötigen Ablenkungen!»

Endlich kam Antonia zur Sache. Von den ersten Knutschereien auf der Parkbank («Es war wirklich total warm!»), ging es im Galopp in die WG («Und ich war nicht böse drum, dass keine von euch zu Hause war»), wo Antonias Matratze einer intensiven Qualitätsprüfung unterzogen wurde. Zur großen Zufriedenheit beider Parteien.

«Und warum sitzt der Knabe jetzt nicht mit dir in der Badewanne?», fragte ich.

«Er musste noch einen Artikel für die Zeitung fertig schreiben, aber er kommt später vorbei.»

Ich verdrehte die Augen. «Irgendwie scheinen wir gerade im Verteiler für Männer mit einem fehlerhaften Freizeitmodul gelandet zu sein.»

Jetzt war ich an der Reihe und erzählte ihr von unserer Begegnung mit George-Adrian-Müller-5.

«Oh Scheiße!», rief Antonia und lachte. Zur Strafe schluckte sie einen Mundvoll Schaum, und ich schaute mit Genugtuung zu, wie sie einen Hustenanfall bekam.

«Seid ihr jetzt zufrieden, was die Infos betrifft?», fragte sie, nachdem sie alles ausgespuckt hatte.

Wir nickten.

«Dann macht mal wieder ein bisschen Musik!»

Bettina drückte auf «Play», Phil Collins sang «In the air tonight», und wir grölten mit.

Antonia hatte sich den Duschkopf wieder geschnappt, ich sang mit der Rundbürste in der Hand, und Bettina legte mit zwei Zahnbürsten das beste Schlagzeugsolo aller Zeiten hin.

Es klingelte.

«Frau Wolf?», tippte Antonia.

Bettina schüttelte den Kopf. «Die klang schon ziemlich knülle, als wir heimkamen, und schläft bestimmt längst.»

Sie ging zur Tür. Kurz darauf linste sie wieder zu uns rein. «Ab in die Küche für 'ne Krisensitzung, Mädels! Hier ist jemand, der uns dringend braucht!»

Ich staunte nicht schlecht, als ich Oliver am Küchentisch sitzen sah. «Ist was mit Kirsti passiert?», fragte ich besorgt.

«Nnnoch nich», lallte er mit schwerer Zunge. «Awwerwennich Ssuhause gebliebm wäre, hättenme sswei Tote!»

«Ach, du meine Güte!» Antonia, eingemummelt in ihren

Bademantel, sah ihn groß an. «Und wer wäre das zweite Opfer gewesen?»

«Die Sschwiegerm-mutter», brummte er. «Diese b-blöde Kuh! Kannichheute im Gästezimmer sschlafen?»

«Das ist gerade besetzt», sagte ich. «Aber wir finden schon ein Plätzchen für dich. Was ist denn passiert?»

Oliver hickte. «Die machen mich verrückt. Kirssis Mutter will uns pausenlos ihre Ideen für die Hochsseit andrehen, und Kirssi ist so wuschig ... sssoo *wussch*ig, dasse nicht mehr weisswassewill. Unnich bin heute Abend richtig ausgefflippt.»

«Mein Therapeut sagt, dass es ganz wichtig ist, mal Dampf abzulassen.» Antonia nickte wissend. «Wenn du möchtest, kann ich gerne mal in eurem Paarhoroskop nachsehen, wie du am besten vorgehst.»

«Antonia ...» In Gedanken sah ich Oliver zum zweiten Mal ausflippen. «Jetzt nicht!»

«Aber ihr habt noch immer vor zu heiraten, oder?», fragte Bettina erschrocken. «Das Hochzeitsbuffet hat bereits eine Menge Arbeit gemacht und –»

«Nein, nein!» Oliver machte eine rudernde Handbewegung. «Ich will nnur sschlafen, dann gehtsschonwieder. Nur mal sschlafen.» Die Augen fielen ihm fast zu.

Bettina traute dem Frieden noch nicht ganz, sagte aber nichts mehr.

«Ich hole Bettzeug für dich und lege dir eine Matratze ins Arbeitszimmer», sagte ich. «Für eine Nacht geht das schon, oder?» Als ich bepackt in mein Zimmer kam, sah ich das Lämpchen vom Anrufbeantworter blinken und ging mit weichen Knien zum Schreibtisch.

Vier-drei-zwei-eins ... ich drückte die Play-Taste und hörte Adrian-Georges weiche Samtstimme: «Hallo, liebe Eva, das ist aber schade, dass ich dich nicht erwische. Leider bin ich in den nächsten Tagen viel unterwegs, aber du kannst es auch mal bei mir versuchen und mir was aufs Band sprechen. Meine Nummer ist 9847…» Dann hörte es sich an, als würde sich jemand direkt am Hörer die Haare föhnen. «…ürlich würde ich mich freuen, wenn du dich bald meldest! Liebe Grüße! Adrian». Ich starrte wütend auf das Gerät und drückte erneut den Wiedergabeknopf – leider mit dem gleichen Ergebnis.

«So eine Scheiße!», brüllte ich und haute mit der Faust auf den Tisch.

Antonia schaute zur Tür herein.

«Hör dir das an!», sagte ich mit zitternder Stimme und spielte ihr die Nachricht vor.

«Ruhig Blut», sagte sie, nachdem sie die Nachricht gehört hatte. «Immerhin hast du die ersten vier Ziffern. Wäre doch gelacht, wenn wir die vollständige Telefonnummer nicht herausfinden, oder?» Sie grinste mich von der Seite an. «So richtig egal ist er dir trotz der Rothaarigen nicht, oder?»

«Spar dir deine Kommentare», warnte ich. «Sonst passiert heute noch was ganz Schlimmes.»

Geschlagene zwanzig Minuten gingen wir sämtliche Müller-Einträge in der Stadt und den eingemeindeten Ortschaften am PC und im Telefonbuch durch, aber keine einzige Nummer begann mit «9847». Auch die Auskunft konnte uns nicht weiterhelfen. Herr Müller schien eine Geheimnummer zu haben.

Mit dem festen Vorsatz, den Hersteller meines Anrufbeantworters auf Schmerzensgeld zu verklagen, ging ich an diesem Abend ins Bett.

Um zwei Uhr morgens wachte ich wieder auf. Tausend Gedanken jagten mir durch den Kopf.

Was würde George bloß denken, wenn ich mich nicht bei ihm meldete? Würde er es trotzdem noch mal versuchen oder davon ausgehen, dass ich kein Interesse mehr an ihm hatte? Und hatte ich noch Interesse? Oder sollte ich lieber froh sein, als Single ohne Vorstrafen durchs Leben zu gehen? Was würde ich jetzt dafür geben, mich bei Antonia auszuheulen. Aber Antonia lag mit Nicklas im Bett.

Gegen drei hielt ich es nicht mehr aus und wählte ihre Handynummer. Sie meldete sich sofort.

«Tut mir schrecklich leid, aber ich bin gerade am Durchdrehen», sagte ich leise. «Und ich fürchte, du bist die Einzige, die mich wieder beruhigen kann!»

«Wir sehen uns in der Küche!», flüsterte sie zurück.

Eingemummelt in Bademänteln und bewaffnet mit einer Kanne Nerven- und Schlaftee, setzten wir uns an den Tisch.

«Tut mir leid, dass ich dich geweckt habe, aber ich bin gerade dabei, den Verstand zu verlieren!» Ich rührte mir etwas Honig in die Tasse.

«Schon okay», sagte Antonia. «Ich konnte sowieso nicht schlafen. Nicklas ist süß, aber er schnarcht wie ein Bär, der seine Höhle verteidigen muss.»

«Immerhin hast du einen Mann im Bett», brummte ich. «Bei mir stellt sich das Schicksal so quer, dass es schon kein Zufall mehr ist.» Ich rührte meinen Tee schwindlig. «Und wenn ich an die Hochzeit am Samstag denke, kriege ich das kalte Grausen. Lauter glückliche Pärchen …»

«He, jetzt lass dich mal nicht so hängen», sagte Antonia. «Immerhin hat er angerufen, und ich bin mir sicher, dass er es noch mal versucht.»

«Wahrscheinlich ende ich als alte Schachtel in einem Heim für Beziehungsgestörte und verbringe meine Zeit mit einer Horde Wellensittiche, die ich alle Hansi getauft habe: Hansi-1, Hansi-2, Hansi-3 …»

«Quatsch!» Antonia kicherte. «Solange wir befreundet sind, wird das nicht passieren. Glaube mir!»

Kaum war die Rede von Männern, guckte Tante Renate in die Küche. «Könnt ihr auch nicht schlafen?»

Ich schüttelte den Kopf. «Möchtest du eine Tasse Schlaftee?»

«Gerne!» Sie sah mich forschend an. «Machst du dir Gedanken wegen dem Mann?», fragte sie. «Wenn er wirklich Zuhälter ist, solltest du die Finger von ihm lassen, Evchen!»

«Und warum kannst du nicht schlafen?» Antonia schenkte sich noch mal nach.

«Wegen Vinzenz», seufzte Tante Renate. «Ich bin ja so verliebt! Heute Abend habe ich sogar einen Vortrag über afrikanische Töpferkunst geschwänzt, um mich mit ihm zu treffen.»

«Hast du nicht Lust, mit ihm zusammen morgen zu der Bürogemeinschaftsparty zu kommen?», fragte ich. Ich war sehr gespannt, wen meine Tante da an Land gezogen hatte.

«Tolle Idee!», rief Renate. «Grundgütiger, das sollte ich ihm gleich mailen!»

«Es ist drei Uhr nachts», bremste ich ihren Elan. «Und Bettina schläft.»

«Von wegen», sagte ein Stimme im Flur. «Bettina ist hellwach!»

«Willkommen bei den ‹Anonymen Schlaflosikern›», grinste Antonia. «Wollen wir eine Pyjamaparty machen?»

«Wenn du ohnehin wach bist, meinst du, ich könnte mal kurz …» Renate sah Bettina flehend an.

Bettina nickte. «Bedien dich!»

«Und warum kannst du nicht schlafen?», fragte ich neugierig.

«Ich habe mir bis jetzt das Hirn kraus gegrübelt über Ferdinand.» Sie sah sich um, ob Renate wirklich schon verschwunden war, und senkte die Stimme: «Wir haben uns doch gewundert, was er in dieser heruntergekommenen Pizzeria zu suchen hatte, weißt du noch?»

Ich nickte gespannt.

«Ich glaube, dass dieses Lokal lediglich eine einzige Funktion hat: Es dient den Herren Mhia und Wendel als Geldwäscheobjekt!»

«Du meinst, für das Geld, das sie bei den Schenkkreisen machen?», fragte Antonia mit großen Augen.

Ich schwieg. Wenn an der Sache etwas dran war, interessierte mich vor allem, was George damit zu tun hatte. Oder war er nur zufällig in der Nähe des Da Luigi gewesen?

«Mit diesen krummen Geschäften kriege ich Ferdinand an den Eiern!», rief Bettina.

«Du bist aber plötzlich ganz schön rabiat», bemerkte Antonia.

«Ich kann euch auch sagen, warum. Weil mir gestern ein Kunde aus sehr fadenscheinigen Gründen abgesagt hat. Ich bin absolut sicher, dass Ferdinand dabei seine Finger im Spiel hat.» Sie schnaufte. «Der Kunde ist ein Kollege von ihm.»

Antonia und mir blieb der Mund offen stehen.

«Das ist ja der Hammer! Wenn das so weitergeht, bist du bald ruiniert.»

Bettina nickte grimmig. «Ich werde aber schleunigst dafür

sorgen, dass das ein Ende hat. Und zwar, indem ich diesen Verleumder auffliegen lasse.»

«Und wie willst du das anstellen?», fragte ich neugierig.

Sie beugte sich verschwörerisch vor. «Hier ist mein Plan: Die Einzige, die ihn so richtig reinreiten kann, ist diese Uschi.» Sie sah Antonia an. «Und dafür brauche ich deine Hilfe. Du hast erzählt, dass Uschi total eifersüchtig ist, oder?»

«Ist sie.»

«Wunderbar», sagte Bettina. «Und genau das machen wir uns zunutze.»

Kapitel 12

Anscheinend war mein Leben der Meinung, ich hätte in letzter Zeit noch nicht genügend Überraschungen erlebt, denn am nächsten Tag erhielt ich eine kryptische Mail von einem gewissen Erich Dirksen:

> Mein liebes Fröschlein,
> bist du letzte Woche noch gut nach Hause gekommen? Freue mich schon auf die Fete und verspreche, nicht kurzfristig abzusagen und auch keine fremden Mäuschen anzulachen. Wir sollten dort weitermachen, wo wir aufgehört haben. Quaaaak!
>
> Dein Erich : –)

Ich wollte die Zeilen gerade zur allgemeinen Belustigung an meine Freundinnen weitersenden, als die Worte «kurzfristig absagen» und «Mäuschen» etwas bei mir klingeln ließen. Das war kein Irrläufer, das war eindeutig eine Mail für mich! Aber wer in aller Welt war Erich Dirksen, woher kannte er Tobias, und wann, bitte schön, hatte ich ihn zu unserer Bürofete eingeladen?

Ich stürzte panisch ins Büro nebenan, wo Katharina über ihren Leuchttisch gebeugt stand.

«Süße, bitte hilf mir! Kenne ich einen Erich Dirksen?»

Sie kicherte. «Oh ja, und ob du den kennst! Ich sage nur Quaaaak ...»

«Wärst du bitte so lieb und sagst mir auch noch, was es mit diesem Typen auf sich hat?»

«Du meine Güte!» Katharina setzte sich. «Du erinnerst dich wirklich nicht mehr?»

Ich schüttelte den Kopf.

«Aber du weißt noch, dass wir nach deinem Einstandsessen zusammen um die Häuser gezogen sind?»

Ich nickte.

«Und dass wir mit meinem Kollegen Caipirinha getrunken haben?»

«He, ich bin nicht blöde. Natürlich weiß ich das alles noch. Aber was hat das mit ‹Quaaak› zu tun?»

Katharina grinste. «Verlagsvertreter? Kannte deinen Ex?» Sie sah mich so eindringlich an, als wollte sie mir ihre eigene Erinnerung per Augenkontakt in mein Hirn herüberbeamen. «Runde Nickelbrille. Groß. Halbglatze und eine bescheuerte Krawatte mit Essiggurken drauf. Du hast ihm dein ganzes Leid geklagt. Ihr habt euch den ganzen Abend über diesen Tobias unterhalten und euch angequakt. Aber frag mich bloß nicht, warum. Das war euer Geheimnis.»

«Angequakt?»

«Angequakt.» Sie widmete sich wieder dem Durchpausen einer Skizze.

«Er kannte Tobias' Frosch-Bücher!» Allmählich dämmerte es mir wieder.»

«Er war jedenfalls sehr von dir angetan.» Katharina grinste.

«Ich muss sofort etwas unternehmen», sagte ich. «Der will heute Abend hier aufkreuzen!»

Katharina drehte sich den Bleistift ins Haar und überlegte. «Schick ihm doch eine Mail, dass wir die Feier in diesem Jahr ausfallen lassen, weil fast alle von uns krank geworden sind und im Bett liegen.»

Ich seufzte. So ganz wohl war mir nicht dabei, aber ich hatte auch keine bessere Idee. «Was anderes bleibt mir wohl nicht übrig.»

«Na, hoffentlich will er dir dann keinen Krankenbesuch abstatten. Hast du ihm deine Adresse gegeben?»

«Katharina, wie soll ich das denn wissen? Ich fürchte, ich würde den Mann nicht mal erkennen, wenn er vor mir stünde!»

Gegen sechs trudelten unsere ersten Gäste ein. Verlagsleute, Illustratoren und sonstige Freunde der Bürogemeinschaft.

«Hast du noch Leute einladen können, Herzchen?» Erna verteilte die Häppchenplatten auf einem großen Tisch, den wir neben ihren Schreibtisch gestellt hatten.

Ich nickte. «Meine Mitbewohnerinnen und Tante Renate. Die kommt mit ihrer neuen Flamme.»

«Ach?» Erna schenkte uns beiden Prosecco ein. «Mit dem aus dem Internet?»

«Mit den ersten beiden war es nichts, aber dieser scheint nun ihre große Liebe zu sein. Jedes zweite Wort ist Vinzenz.»

«Na, da bin ich mal gespannt.» Erna strich sich den Wollrock glatt. «Meinst du, ich bin für das Fest zu konventionell angezogen?»

Um Himmels willen. Gegen ihre heutige Farbkombination aus Giftgrün und Flaschengrün würde jeder andere Gast wie eine graue Maus aussehen. «Du siehst fabelhaft aus. Prost!»

Sie hob das Glas. «Auf uns! Und auf unkomplizierte Männer!»

Ein Trinkspruch, der an diesem Abend leider völlig unerfüllt bleiben sollte.

Nach dem Prosecco schenkte ich mir vorsichtshalber ein großes Glas Wasser ein, denn einen zweiten Filmriss wollte ich unter allen Umständen vermeiden.

Die Gänge und Büros füllten sich schnell, und überall standen Grüppchen herum, die sich gut gelaunt unterhielten. Auch meine beiden Mitbewohnerinnen schienen sich prächtig zu amüsieren. Antonia plauderte angeregt mit Nicklas, während Bettina kichernd mit Franz flirtete.

«Ich warne dich lieber gleich», raunte ich ihr ins Ohr. «Der ist angeblich absolut beziehungsunfähig.»

«Das lass mal meine Sorge sein», sagte Bettina. «Meinst du, er kann One-Night-Stand?»

Ich wollte gerade aufs Klo gehen, als mich Bruno abfing. «Ich möchte mal wissen, wer Leo von dieser Party erzählt hat», sagte er aufgebracht. «Wenn der mich findet, ist der Abend für mich gelaufen!»

Ich überlegte. «Weißt du was? Am besten alarmiere ich Erna und Katharina. Die wissen bestimmt, wie wir den schnell wieder loswerden. Und du verschwindest so lange in der Besenkammer.»

Bruno seufzte. «Aber beeilt euch», sagte er. «Ich will nicht den ganzen Abend dort verbringen.»

Erna und Katharina schauten mich entsetzt an, als ich ihnen von Leo erzählte. Sie schwärmten sofort aus, um den unerwünschten Gast zu eliminieren.

Ich schnappte mir ein Glas und eine halbe Flasche Weißwein und brachte sie Bruno, der missmutig in der Besenkammer auf einem umgedrehten Eimer hockte. «Cobra 11 ist unterwegs, Herr Theodor», sagte ich. «Wenn Boris B. auftauchen sollte, dirigieren wir ihn in den Fahrradkeller, okay?»

Bruno war nicht nach Scherzen zumute. «Mir egal. Hauptsache, ihr schafft mir diesen Mann vom Hals.»

Im Flur winkte mir Bettina zu. «Schön hier», sagte sie zufrieden. «Und dieser Typ da …» Sie zeigte unauffällig auf Franz. «Der ist richtig nett! Vielleicht machen wir mal ein Kochbuch zusammen.»

«So nennt man das jetzt?» Ich grinste.

Als ich mich umdrehte, kam Erna auf mich zu. «Habt ihr Leo schon erledigt?»

«Schätzchen, ist diese Frau da vorne deine Tante?» Sie zog nervös an ihrer Zigarette.

Ich schaute an den vielen Leuten vorbei und sah Tante Renate mit einem grauhaarigen Herrn in der Haustür stehen. «Ja, das ist sie. Und der Mann müsste Vinzenz sein.»

«Wer's glaubt, wird selig.» Erna hatte einen Blick in den Augen, den ich in dieser Intensität noch nie bei einem Menschen gesehen hatte: rasende Mordlust.

«Wie meinst du das?», fragte ich vorsichtig.

Erna drückte sich an Bettinas Rücken und spähte ihr auf Zehenspitzen über die Schulter, was sie jedoch keineswegs unsichtbar machte. Es wirkte eher, als würde ein ziemlich dicker Paradiesvogel hinter einer schlanken Birke den Bauch einziehen.

«Erinnerst du dich, was ich mit dem Mann machen wollte, der mich mal um meine gesamten Ersparnisse gebracht hat? Für den Fall, dass ich ihn noch einmal wiedersehe?», zischte sie.

Ich nickte.

«Nun ist die Stunde der Rache gekommen …»

Ich erstarrte. «Ist Renates Freund etwa …»

«Eduard!» Ernas Gesicht sackte förmlich in sich zusammen. «Dieses Schwein!»

«Ach du Scheiße. Meinst du die Geschichte mit dem Heiratsschwindler?», fragte Bettina.

Ich nickte. «Oh Gott! Und Tante Renate ist so verliebt …»

«Das sind sie alle am Anfang», sagte Erna grimmig. «Bis sie pleite sind.»

Bettina stemmte beide Hände in die Seiten. «Da hat er die Rechnung aber diesmal ohne uns gemacht. Wäre doch gelacht, wenn wir den nicht zur Strecke bringen.» Sie überlegte kurz. «Aber dafür brauchen wir einen guten Plan. Solange er mit Renate rummacht, wissen wir immerhin, was er treibt. Aber *Sie* sollte er heute Abend unter keinen Umständen hier entdecken.»

«Tja», sagte ich. «Da wüsste ich doch den idealen Rückzugsort, Sekt und gute Gesellschaft garantiert.»

Und damit schob ich Erna sanft, aber bestimmt in die Besenkammer.

Nachdem wir auf Ernas Protest hin jede Menge Prosecco und Häppchen hinterhergeschoben hatten, nahm ich erneut Kurs auf die Toilette. Diesmal kam mir meine Tante in die Quere. Sie zog den kriminellen Vinzenz-Eduard hinter sich her und strahlte wie ein Kind, dem die Keksdose vor die Füße gefallen war.

«Evchen, ich muss dir unbedingt jemanden vorstellen!», sagte sie aufgeregt. «Das ist Vinzenz!»

Der Mann, der mir die Hand entgegenstreckte, war eine

imposante Erscheinung, das musste ich zugeben. Ich verstand, dass er Tante Renate gefiel: Er war groß und hatte dunkle Augen. Sein gewelltes graues Haar bildete einen interessanten Farbkontrast zu den schwarzen Brauen.

«Freut mich sehr, Sie kennenzulernen», sagte er mit einer angenehm tiefen Stimme. «Ihre Tante hat schon so viel von Ihnen erzählt!»

«Na, hoffentlich nichts Schlimmes!», sagte ich nervös. Ich im Gegenzug wusste ja leider schon Schlimmes genug über ihn. Meine Tante nahm mich vergnügt in den Arm. «Ach Unsinn, Evchen, du bist doch mein Engel, meine Retterin in der Not.» Sie wandte sich an Vinzeduard. «Wärst du so nett, uns ein Glas Sekt zu holen, damit wir auf diesen schönen Abend anstoßen können?» Der Verbrecher machte sich brav auf den Weg, und ich bemerkte entsetzt Renates schmachtenden Blick, den sie ihm hinterherschickte.

«Ich bin ja so glücklich!», seufzte sie. «Und du wirst es auch gleich sein. Ich habe eine kleine Überraschung für dich!» Sie lachte verschmitzt.

«Was denn?», sagte ich misstrauisch. Von Überraschungen hatte ich im Moment die Nase gestrichen voll.

«Ich sollte es eigentlich nicht verraten, aber … vorhin war nämlich ein ganz reizender Mann bei uns an der Wohnungstür.» Tante Renate zwinkerte mir verschwörerisch zu.

Ich erstarrte. George! Da kam er spontan vorbei, weil ich mich auf seinen Anruf nicht gemeldet hatte … vielleicht mit Blumen, wahrscheinlich sogar einem Dutzend langstieliger roter Rosen … und dann hatte statt meiner Tante Renate ihm geöffnet, und es war …

«Es war ein gewisser Herr Dirksen. Irgendjemand hat ihm

erzählt, dass du krank bist und gar nicht zum Fest gehst. Aber da habe ich ihn gleich beruhigt. Er musste noch etwas erledigen, wird aber sicher gleich da sein.»

Auch das noch! Quak-Erich war auf dem Weg hierher!

Ruhig, Eva, gaanz ruhig. *Ein*atmen, *aus*atmen. Und die Zähne auseinandernehmen. Letzteres war am schwersten.

«Du bist ja ganz bleich geworden», sagte Renate besorgt. «Habe ich was falsch gemacht?»

Mit Gewalt zwang ich mich, meine Gesichtszüge zu einer Art Lächeln zu arrangieren.

«Na ja, es ist so.» Ich fasste meine Tante vertrauensvoll am Arm. «Dieser Mann macht auf den ersten Blick einen wahnsinnig netten und kultivierten Eindruck, aber das täuscht.» Fieberhaft überlegte ich weiter.

«Wie meinst du das, Evchen?»

Ich schlug den Blick zu Boden «Nun ja», druckste ich herum. Anscheinend hatte sich meine Phantasie einen freien Abend genommen, aber dann fiel mir ein, dass Katharina von einer Krawatte mit Gurkenmuster berichtet hatte. «Er steht auf ganz komische Sachen, weißt du.»

Tante Renate sah mich entsetzt an. «Grundgütiger! Ein Perverser?»

Ich nickte stumm. Ich hatte keine Ahnung, welche Bilder gerade vor ihrem geistigen Auge abliefen, aber sie schienen schrecklich zu sein.

«Also … das ist ja wohl … Mein armes Evchen, wenn ich das gewusst hätte!» Sie drückte mich kurz an ihren Busen. «Glaub mir, der wird hier nicht lange glücklich», sagte sie resolut. «Auf deine Tante ist Verlass!»

«Danke», hauchte ich, als Renate schon mit energischen Schritten auf Vinzenz zuging, die Proseccogläser in seiner

Hand ignorierte und aufgeregt auf ihn einredete. Irgendwo hatte ich diesen Mann schon mal gesehen. Aber wo?

Zum Grübeln blieb mir jedoch keine Zeit, denn eine neonfarbene Gurkenkrawatte schob sich durch die Haustür und sah sich suchend um. Quak-Erich.

So schnell ich konnte, schlängelte ich mich durch die Menschenmassen aus seinem Blickfeld.

Katharina grinste nur, als ich atemlos berichtete, wer mir auf den Fersen war. «Ab in die Kammer mit dir!»

Mit noch mehr Prosecco und Schnittchen bewaffnet, gesellte ich mich zu Bruno und Erna.

«Ich klebe vorsichtshalber mal ein Schild an die Tür», witzelte Katharina. «Wegen Überfüllung vorübergehend geschlossen!»

«Sehr komisch!» Ich schnappte mir frustriert eine Scheibe Weißbrot mit Lachs. «Sorge lieber dafür, dass dieser Gurken-Vertreter wieder verschwindet.»

«Genau», sagte Erna. «Und wenn du Eduard-Vinzenz auch noch loswirst, hast du was gut bei mir.»

«Und Leo!», lallte Bruno und hob sein Glas in Richtung der zuknallenden Tür. «Ich mach keinen Schritt nach draußen, solange der auf mich lauert.» Er verzog das Gesicht. «Und dabei müsste ich dringend mal für kleine Königstiger.»

Das erinnerte mich blöderweise an meine eigene volle Blase. Zur Ablenkung fing ich ein Strategiegespräch mit Erna an.

«Hast du denn schon eine Idee, wie man diesen Heiratsschwindler hochgehen lassen könnte?», fragte ich.

Sie schüttelte den Kopf. «Ich hätte ja nie gedacht, dass ich den noch einmal wiedersehen würde. Zur Polizei bin ich damals auch nicht gegangen, weil ich mich so für meine Dummheit geschämt habe.»

Plötzlich erklang Musik in unserer Absteige: «Mein kleiner grüner Kaktus steht draußen am Balkon, hollari, hollari, hollaro!», trällerte jemand, und Bruno langte hektisch in seine Hosentasche. «Sorry, mein Handy», murmelte er und drückte das Gespräch weg.

«Sag mal», fragte Erna da, «hast du Leos Handynummer?»

Bruno schaute sie verdutzt an. «Kann schon sein.» Er sah nach und nickte. «Ja, wieso?»

Erna schnippte mit den Fingern. «Weil du ihn dann anrufen kannst ...»

«Bist du verrückt? Ich will nicht mit Leo telefonieren!»

«Aber natürlich! Du könntest ihn anrufen und bitten, dich vom Zug abzuholen. So eine Gelegenheit würde er sich sicher nicht durch die Lappen gehen lassen, oder? Und du könntest hier raus.»

Ich schüttelte den Kopf. «Bahnhof ist zu nah», sagte ich. «Wenn schon, dann schick ihn zum Flughafen.»

«Genau!», rief Erna. «Du warst in Hamburg, dein Geldbeutel ist weg, kein Taxi in Sicht, und der Busfahrer weigert sich ...»

«Ja-ha! Ich mach es ja schon! Aber gib mir dein Handy, Eva. Ich schicke ihm eine SMS, dann kann ich hinterher behaupten, die Nachricht wäre gar nicht von mir gewesen.»

Er tippte einen verzweifelten Hilferuf, und schon zwei Minuten später steckte Katharina den Kopf zur Tür herein.

«Kannst rauskommen, Bruno! Leo flitzte eben von dannen, als ob der Teufel hinter ihm her wäre», sagte sie.

«Viel Spaß im prallen Leben!», riefen Erna und ich ihm nach.

Nun waren wir nur noch zu zweit.

«Ach, Herzchen, was würde ich jetzt für eine Zigarette geben», seufzte Erna.

Ich konnte sie verstehen, war aber heilfroh, dass sie keine dabei hatte. Ernas Fluppen waren von ähnlicher Qualität wie ihr Spezialkaffee, und wenn sie in der engen Kammer auch nur einen einzigen Zug gemacht hätte, wären meine ersten Schritte in Richtung Lungenentspannung für die Katz gewesen.

Plötzlich polterte etwas gegen die Tür. «Was war das?», flüsterte ich. Erna zuckte die Schultern.

Da hörte ich eine mir bekannte Frauenstimme. «Weißt du, dass ich dich ziemlich süß finde?»

«Und ich finde dich zum Anbeißen», erwiderte darauf eine Bassstimme. «Ich wusste gar nicht, dass Eva eine so süße Mitbewohnerin hat.»

Wir hörten, wie jemand mit dem Rücken an unserer Tür hin und her rieb.

«Das ist meine Mitbewohnerin Bettina», flüsterte ich.

«Die Blonde mit dem Trauerfall in der Familie?», fragte Erna, und ich nickte.

«Die Arme. Sie ist gerade dabei, sich die nächste Tragödie anzulachen», brummte die Sekretärin. «Franz ist ein netter Kerl, aber er hat schon die Mädchen im Sandkasten zum Heulen gebracht.»

Vor der Tür ging die Knutscherei in die nächste Runde, und wir hörten erneut Franz' Stimme: «Was meinst du, wollen wir es wie Boris Becker machen und in die Besenkammer gehen?»

Nun wurde es Erna zu bunt. Sie öffnete die Tür und jagte den beiden einen gewaltigen Schrecken ein. «Das werdet ihr mal hübsch bleibenlassen!», sagte sie resolut. «Wir waren zuerst hier. Außerdem wird der Aufenthalt in Besenkammern generell überbewertet. Schaut lieber nach, ob Evas Tante und ihr Typ schon verschwunden sind.»

«Und ob sie es geschafft haben, den Gurkenmann zu vergraulen», rief ich aus dem Hintergrund.

Erna knallte die Tür zu und nahm wieder auf dem blauen Putzeimer Platz. Der erinnerte mich an etwas.

«Ach, Erna, was würde ich jetzt für eine Toilette geben», seufzte ich.

Gefühlte fünf Ewigkeiten später kam endlich die ersehnte Entwarnung, und wir konnten unser Gefängnis verlassen. Erna zündete sich als Erstes eine Zigarette an, während ich zur Toilette rannte. Kaum saß ich, hörte ich, wie zwei Frauen hereinkamen und sich ans Waschbecken stellten.

«Hast du das vorhin mit der älteren Dame mitgekriegt?», fragte Stimme eins.

«Was denn?» Stimme zwei knipste ihre Handtasche auf.

«Na, wie sie diesen halbglatzigen Typen zur Schnecke gemacht hat. Anscheinend wollte er sich an ihre Nichte ranmachen, und sie hat ihn sich zur Brust genommen. ‹In meiner Familie legt man keinen Wert auf die Bekanntschaft mit Perversen!›, hat sie ihn angefaucht.»

Ich musste zugeben, sie traf Renates Tonfall ausgesprochen gut!

«Der arme Kerl wusste überhaupt nicht, wie ihm geschah, und ist dann bald gegangen.» Nummer eins kicherte.

«Ja, es ist echt schlimm heutzutage», seufzte Stimme zwei. «Die Welt scheint nur noch aus Schwerenötern und Idioten zu bestehen. Ich jedenfalls weiß, warum ich Single bleibe!»

Am Ende war noch eine kleine Runde übrig: Erna, Bruno, Antonia und Nicklas, Katharina und ich.

«Morgen nehmen wir zuerst Renate in die Zange und schmieden dann einen todsicheren Plan, wie wir Vinzenz-Eduard hochgehen lassen», versprach Antonia. «Dem wird es noch so was von leidtun für jede Frau, die er betrogen hat.»

«Dein Wort in unser aller Ohr, meine Liebe!» Erna hob leicht wankend ihr Glas. «Wir werden dieses Scha-wein bluden lassen!» Sie rülpste leise. «Dieses Scha-wein!»

In diesem Augenblick meldete sich mein Handy. Eine SMS. Von George? Als ich es aufklappte, sah ich, dass mittlerweile eine Menge Nachrichten eingegangen waren. Aber leider keine von George, sondern alle von Leo, der wissen wollte, wo Bruno denn steckte.

«Und jetzt?» Ich zeigte Bruno das Display.

«Ganz einfach», sagte er grinsend. «Jetzt entschuldigst du dich, dass du die SMS anscheinend an die falsche Nummer geschickt hast, und schreibst, dass du nun auch kapierst, warum dein Freund noch nicht aufgetaucht ist.»

Kapitel 13

«Na? Wie lief es mit Franz?» Ich war gerade dabei, den Frühstückstisch zu decken, als Bettina hereinkam.

«Gut.» Sie grinste und gähnte herzhaft. «So wie Sex sein sollte: befriedigend und unkompliziert. Und was wird das hier?»

«Wir müssen möglichst viele Infos aus meiner Tante herauskitzeln», sagte ich. «Und bei einem langen Frühstück geht das vielleicht am besten. Da sitzt sie immerhin nicht am PC.»

«Gute Idee.» Bettina schenkte sich eine Tasse Kaffee ein.

«Ach, Mädchen, das ist aber hübsch!» Renate stand mit leuchtenden Augen in der Küchentür und klatschte begeistert in die Hände. «Bildhübsch!»

«Na, dann setz dich doch zu uns. Hast du denn gestern noch einen schönen Abend gehabt?», fragte Bettina.

Renate nahm Platz und schnappte sich ein Brötchen. «Und ob!» Sie lächelte selig. «Hach, soll ich zuerst Himbeer- oder Aprikosenmarmelade nehmen ...»

Falsches Thema, Tantchen!

«Wart ihr noch in der Stadt unterwegs?», bohrte Bettina weiter.

Wieder nickte meine Tante.

«Hat er dir ein bisschen was von sich erzählt?», fragte ich vorsichtig. «Ich meine, man sollte doch wissen, mit was für einem Menschen man es zu tun hat, oder?»

Renate sah mich bedeutungsvoll an. «Eva, Vinzenz ist für mich wie ein offenes Buch», sagte sie ernst. «Er hat mir gestern seine ganze Lebensgeschichte anvertraut, und die ist sehr bewegend!»

Das konnte ich mir vorstellen.

«Bewegend?», fragte Bettina nach.

«Ihr glaubt gar nicht, was dieser Mann alles aushalten muss und wie tapfer er trotz alledem ist!» Renate nahm einen großen Schluck Kaffee. «Ich hatte immer wieder mit den Tränen zu kämpfen.»

«So schrecklich?» Bettina legte Mitgefühl in ihre Stimme. «Hat er richtige Schicksalsschläge erlebt?»

Endlich hatten wir meine Tante so weit.

«Ja, Vinzenz braucht seine ganze Kraft, um alles zu verarbeiten», begann sie. «Es fing damit an, dass seine Frau an Krebs erkrankt ist. Er hat die ganze schwere Zeit mit ihr durchgestanden, aber kaum war sie ganz geheilt, war sie weg – durchgebrannt mit dem Arzt. Und als wäre das noch nicht schlimm genug, hat sie auch noch Vinzenz' Konten geplündert.» Renate schüttelte fassungslos den Kopf. «Seine Immobilienfirma kann er gerade noch so aufrechterhalten, aber solange das Scheidungsverfahren läuft, muss er jeden Cent umdrehen.» Wieder ein Kopfschütteln. «Selbst seinen geliebten weißen BMW hat sie sich unter den Nagel gerissen. Vinzenz muss sich jetzt mit einem schäbigen Leihwagen begnügen. Diese schreckliche Person hat ihn ausgenommen wie eine Weihnachtsgans!»

«Das ist ja furchtbar», sagte ich. Denn ich ahnte, wer die nächste Weihnachtsgans sein würde: Renate.

«Ja», sagte sie. «Ein Glück, dass er wenigstens ein kleines Appartement in der Schellingstraße behalten konnte. Sonst wäre er praktisch heimatlos.»

«Etwa in einem dieser Häuser bei der Türkenstraße?» Bettinas Frage war Gold wert, denn wir erfuhren postwendend Vinzenz' Adresse.

«Nein, ein ganzes Stück weiter hinten», antwortete Tantchen brav. «Nummer 130.»

«Und wie geht es jetzt weiter mit euch beiden?», fragte ich.

«Wir haben beschlossen, uns von dieser Frau das Leben nicht vermiesen zu lassen», sagte Tante Renate kühn. «Wir wollen das Leben genießen. Stellt euch vor, heute Nachmittag geht Vinzenz mit mir in den Zoo! Und morgen fahren wir nach Bad Wiessee in die Spielbank. Grundgütiger, ist das aufregend!»

«Aber du hast doch gerade erzählt, dass er kein Geld hat?», warf ich ein.

«Das lass mal meine Sorge sein», sagte Renate. «Vielleicht leihe ich ihm sogar etwas, bis die Scheidung durch ist. Das ist doch kein Leben für einen armen Mann!» Sie sah uns eindringlich an. «Aber bitte kein Wort zu niemandem! Wenn bekannt würde, wie es um seine Finanzen steht, würden sich seine Geschäftspartner zurückziehen, und Vinzenz' Firma wäre endgültig ruiniert!»

Wirklich clever, dieser Vinzenz. Das musste man ihm lassen.

«An deiner Stelle würde ich es aber nicht überstürzen», sagte ich. «Man liest immer wieder von Leuten, die mit erfundenen Geschichten anderen das Geld aus der Tasche ziehen.»

«Du gönnst mir mein Glück wohl nicht! Nur weil du immer an die Perversen gerätst und ich dich raushauen muss!» Meine Tante legte sich die rechte Hand aufs Herz. «Ob jemand gut oder böse ist, das spüre ich hier. Das kannst du mir glauben. Und wisst ihr, was er gestern getan hat?» Sie errötete wie ein Schulmädchen. «Er hat mich zum Abschied geküsst.» Sie nestelte an ihrer Serviette. «Und wisst ihr, wie er mich nennt? Mausepiepchen! Ist *das* nicht süß?»

«Mausepiepchen?» Ernas Stimme wurde schrill. Ich hatte sie gleich angerufen, um ihr alles zu berichten. «So hat dieses Miststück mich auch immer genannt», schnaufte sie. «Ja, Herzchen, er kann einem wirklich das Herz weich schwafeln. Und über moderne Kunst spricht er auch gerne. Dauernd geht er zu irgendwelchen Vernissagen. Bis zum Erbrechen!»

Da fiel bei mir der Groschen. Ich verabschiedete mich hastig von Erna und lief in Bettinas Zimmer. «Bettina! Jetzt weiß ich, wo wir den Kerl schon mal gesehen haben! Bei der Vernissage in Ebersberg!»

Sie überlegte kurz und nickte dann. «Stimmt! Der Strizzi mit der Protzuhr.»

«Dann haben wir schon mal einen Anhaltspunkt», rief ich aufgeregt. «Ich hatte den Eindruck, dass man ihn dort kannte. Wir könnten die Galeristin über ihn ausfragen!»

Ein paar Stunden später waren wir ein ganzes Stück weiter. Bettina hatte unter einem Catering-Vorwand die Galeristin interviewt, und nun wussten wir, dass besagter Vinzenz im richtigen Leben Fritz Schauer hieß, mit einer Frau ein großes Haus in Ebersberg besaß und weder von der Gattin verlassen noch mittellos war. Das Einzige, was stimmte, war sein Beruf. Er handelte in der Tat mit Immobilien. Bettina und ich fuhren zu einer Lagebesprechung in die Bürogemeinschaft.

«Dann wollen wir mal sein Liebesnest überprüfen», sagte Erna und wählte Katharinas Telefonnummer. «Sie wohnt da gleich um die Ecke, und wach müsste sie mittlerweile auch sein.»

«In der Nummer 130 wohnt tatsächlich ein gewisser V. Schmidt», berichtete Katharina, als sie eintrudelte. «Seine Nachbarin kriegt ihn nur selten zu sehen. Ich habe aber rausbekommen, dass sie einen Schlüssel zu der Wohnung hat. Und sie wird ihn auch rausrücken, wenn seine liebe Nichte …», Katharina deutete stolz auf sich, «… demnächst eine Überraschung für ihren Onkel in der Wohnung hinterlassen möchte.»

Wir johlten um die Wette, und Katharina wurde stürmisch von Erna umarmt.

Als wir uns wieder beruhigt hatten, sah Erna uns mit einem blutrünstigen Blick an. «Wir werden uns eine ganz spezielle Überraschung für ihn einfallen lassen. Und anschließend werden wir den werten Herrn Schmidt-Schauer vierteilen. Ganz langsam, damit er die Prozedur auch richtig genießen kann …»

Vinzenz war mit Renate an diesem Nachmittag im Zoo, und so standen Bettina, Katharina und ich, bewaffnet mit zwei Eimern, einem Schrubber, Putzmittel und Wischmopp, bei Vinzenz' Nachbarin vor der Tür. Zum Glück war sie zu Hause und fand die Überraschung, die Katharina ihr unter dem Siegel der absoluten Geheimhaltung schilderte, großartig: Wir wollten einmal richtig für den Onkel Vinzenz sauber machen. Dieser Vorwand sollte uns genug Zeit liefern, damit wir den Schlüssel nachmachen und uns in der Wohnung umsehen konnten.

«Ach ja, so ein Mann ganz alleine», sagte die Nachbarin. «Egal wie sie sich anstellen, sie schmutzen halt doch immer, gell?»

Wir nahmen den Schlüssel und inspizierten die Wohnung. Sie bestand aus einem hellen, spärlich möblierten Raum, an dessen rechter Seite die Küche durch einen Frühstückstresen abgetrennt war. Vor dem Fenster standen ein braunes Cordsofa mit einem Beistelltischchen, ein mickriger Gummibaum und eine Stehlampe. Bei dem Gedanken, dass der Typ dort mit meiner Tante herumgeknutscht haben könnte, wurde mir ganz anders.

«So, Mädels, für den Fall, dass die Nachbarin hier überraschend auftauchen sollte: Ich bin im Drogeriemarkt und kaufe Essigreiniger.» Katharina winkte mit dem Schlüssel und machte sich auf den Weg.

Bettina und ich sahen uns weiter um. Links vom Wohnraum war ein kleines Schlafzimmer mit Doppelbett, und eine weitere Tür führte zu einem kleinen Bad. Wir öffneten alle Schränke. «Unser Fritz scheint ein aufgeräumtes Kerlchen zu sein», murmelte Bettina. Unter einer großen, zusammengefalteten Decke wurden wir schließlich fündig: ein kleiner silbergrauer Laptop.

Wir rätselten noch über das Passwort, als Katharina zurückkam. «Na, alles schön sauber?», rief sie gut gelaunt. «Die erste Aktion war schon mal erfolgreich.» Sie zeigte uns den Zweitschlüssel und spähte mir interessiert über die Schulter. «Was macht ihr denn da?»

«Wir versuchen, das Teil hier zu knacken», brummte Bettina. Wir hatten vergeblich sämtliche Vor- und Nachnamen, die Fritz-Vinzenz führte, probiert. Katharina schnippte mit den Fingern.

«Einen Versuch habe ich auch.» Sie tippte ein längeres Wort in das Passwortfeld, und siehe da: Es funktionierte!

«Was hast du denn jetzt eingegeben?», fragte ich verblüfft.

«Na, was wohl?», fragte Katharina. «Mausepiepchen!»

Nicht nur die Wohnung war aufgeräumt, auch bei seiner Korrespondenz war Vinzenz auf Ordnung bedacht: Für jede Frau, mit der er verkehrte, hatte er einen Ordner angelegt, der sämtliche Korrespondenz enthielt, sowie einen Steckbrief der Dame mit Angabe von Name, Geburtsdatum, Adresse und Vorlieben. Das war sehr vernünftig, denn wie wir bei den Mails feststellten, nannte er all seine Eroberungen Mausepiepchen. Da konnte man schon mal den Überblick verlieren …

Den Renate-Ordner sahen wir uns genauer an und lasen die letzten Mails, die zwischen den beiden gewechselt worden waren.

«Hier ist eine mit dem Betreff ‹Unser kleiner Ausflug›.» Bettina deutete mit dem Finger auf die Mail.

«Wundert mich nicht», sagte ich. «Renate erzählte mir vorhin, dass sie morgen Abend nach Bad Wiessee fahren.»

«Allzu lange sollten wir hier nicht mehr rumhängen. Zu Hause können wir in Ruhe lesen», sagte Bettina. Sie kopierte die Daten auf einen USB-Stick. «Und jetzt nix wie weg!»

«Bad Wiessee?», rief Erna. Katharina und ich waren zurück ins Büro gefahren. Erna sah uns an, als hätte ich erzählt, dass sich Renate und Vinzenz einen kuscheligen Abend in der Hölle machen wollten. «Da ist er mit mir auch hingefahren! Er geht deiner Tante direkt an die Kröten, verstehst du, Schätzchen?» Erna zog hektisch an ihrer Zigarette. «Ob er wirklich spielsüchtig ist, weiß ich nicht, aber dieser Mann liebt es, das Geld anderer auf den Kopf zu hauen. Und am allerliebsten macht er das, indem er mit ihnen ins Kasino geht. Der Spaß hat mich insgesamt mehrere tausend Euro gekostet.» Sie sah mir tief in die Augen. «Er wird dein Tantchen schröpfen, bis sie keinen einzigen Cent mehr hat!»

Grundgütiger! Ich sah Tante Renate auf einer Decke in der Fußgängerzone sitzen, wo sie die Passanten um Geld anbettelte, um dann abends mit einem dünnen Schlafsack unter dem Arm in einer Obdachlosenunterkunft zu verschwinden. Nein, so weit würde ich es nicht kommen lassen!

«Da hilft nur eins», sagte ich resolut. «Wir müssen ihr, ohne dass sie es merkt, die Kreditkarten klauen!»

Alle Augen waren nun auf mich gerichtet.

«Dann kann sie kein Geld ausgeben, und in der Zwischenzeit basteln wir an einem Plan, wie wir Fritz ein für alle Mal hochnehmen können.»

Erna strahlte mich an. «Herzchen, ich wusste gar nicht, dass du so eine kriminelle Ader hast!»

Darüber war ich, ehrlich gesagt, selber erstaunt, aber wie sagte meine Mutter immer? «Manches kommt erst mit den Jahren zum Vorschein.»

Ich schaute zu Bettina. «Du musst mir dabei helfen. Du lenkst Renate morgen ab, bevor sie fährt, und ich durchstöbere ihre Tasche und verstecke, was versteckt werden muss. Das müsste hinhauen!»

Erna nickte. «Und ich werde mich in der Zwischenzeit mit den anderen fritzgeschädigten Damen in Verbindung setzen.»

Als ich am Abend nach Hause kam, telefonierte Bettina hektisch.

«Nein, das Einkaufen übernimmst wie immer du. Ja, ich weiß, es wird knapp, aber ich kann es nun mal nicht ändern ... Genau. Und wenn's Probleme gibt, rufst du mich an. Danke.»

Sie klappte ihr Handy zusammen und holte tief Luft. «Ein Glück, dass ich fähige Mitarbeiter habe», seufzte sie. «Sonst würde es mir gerade alles ein *bisschen* viel.» Sie sah mich an. «Wie schaffst du das eigentlich alles neben deinem Job?»

Ich zuckte die Schulter. «Wie ich dir neulich erzählt habe: Vor lauter Tobiasfrust habe ich in den letzten Monaten so viel gearbeitet, dass ich überall gut in der Zeit liege.»

«Ich muss mich jetzt erst noch einmal mit Kirsti und Oliver herumschlagen», sagte Bettina, während sie mehrere Rotweinflaschen entkorkte. «Was hältst du von der Idee, das Hochzeitsessen auf der Dachterrasse zu besprechen? Das Wetter ist toll!»

«Kirsti friert aber sehr schnell», gab ich zu bedenken.

«Dann erst recht», sagte Bettina. «Je länger Kirsti Zeit hat, über das Menü nachzudenken, desto größer die Chance, dass sie es ändern möchte.»

«Ist Tante Renate schon wieder mit Fritz zugange?»

«Ist sie», bestätigte Bettina. Sie legte Unmengen himmlisch duftender Crostini auf eine Platte und bestreute sie mit frischem Basilikum. «Ich fürchte, das wird ein böses Erwachen geben.»

«Hoffentlich erwischt es mich nicht auch noch.» Ich setzte mich an den Tisch. «Sobald ich draußen rumlaufe, sehe ich überall hübsche Rothaarige mit Beinen bis unter die Achseln, und ich träume jede Nacht von zwielichtigen Betrügern.»

Meine Freundin sah mich mitleidsvoll an. «Lass es dir von mir sagen: Das wird schon alles werden. Und jetzt machen wir uns erst mal einen saugemütlichen Abend. Das junge Glück müsste jeden Augenblick da sein.»

Auf dem Weg zur Dachterrasse kam uns ein anderes junges Glück entgegen: Antonia und Nicklas, die beide ziemlich strubbelig aussahen.

«Kinder, kämmt euch wenigstens mal!», rief Bettina. «Gleich kommen die Gäste. Da wollen wir doch einen guten Eindruck machen, oder?»

Punkt halb acht klingelte es an der Tür. Immer pünktlich, diese Beamten.

«Halli-hallöchen! Ich bin schon gaahnz neugierig, was du dir ausgedacht hast!», quietschte Kirsti. «Bestimmt was Supah-tolles, odah Bettinah?»

«Erst hinsetzen, dann erzähle ich alles», sagte Bettina und dirigierte uns nach draußen. Als wir alle um den großen Tisch versammelt waren, legte sie das Menü vor sich hin. «Ich habe mir das folgendermaßen gedacht», fing sie an. «Wir gehen die Sache Punkt für Punkt durch, ich erzähle zu jedem Gang etwas, und wir probieren die passenden Weine.»

«So viel Alkohol?», fragte Kirsti.

«Gute Idee!», sagte Antonia.

«Auf das Brautpaar!», rief ich und hob ein leeres Glas.

Mampfend und plaudernd rollten wir das Hochzeitsessen auf. Zuerst sollte es Crostini und Prosecco geben. Dann ging es weiter mit der Vorspeise: ein Salat aus grünem und weißem Spargel mit einer Basilikum-Himbeer-Vinaigrette.

«Dazu dachte ich an diesen Wein!» Bettina nahm eine Flasche fränkischen Rotling aus dem Cooler und schenkte ein.

«Sehr angenehm», murmelte Oliver und ließ sich das Glas gleich noch mal vollschenken.

«Du darfst nicht so viel trinken, Hase!», rief Kirsti, die an ihrem Wein nippte, als hätte sie Nitroverdünnung im Glas.

«Ich trinke nicht viel, ich mache eine Weinprobe», antwortete Oliver und nahm noch einen großen Schluck.

«Ach so», sagte sie verdutzt und tat es ihm nach.

Als auch die zweite Flasche Rotling leer war, gingen wir zum Hauptgericht über.

«Was haltet ihr von zweierlei Sorten Rouladen?», fragte Bettina. «Einmal auf ganz traditionelle Art und einmal gefüllt mit Serranoschinken, Spinat, getrockneten Tomaten und Pinienkernen? Dazu Gnocchi, Spätzle und verschiedene Salate.»

«Das klingt hervorragend!», sagte Oliver. «Was meinst du, mein Schatz?»

«Supah, supah!», rief Schatz, die uns mit glasigen Augen anstrahlte.

«Zum Hauptgang schwebt mir dieser Merlot vor.» Bettina stellte neue Gläser auf den Tisch und schenkte ein. «Weich, rund und sehr harmonisch!»

«Supah!», rief Kirsti nach dem ersten Schluck Rotwein. «Abah ob ich das alles essen kann, Hase? Ich will ja die Hochzeitsnacht nicht verschlafen!»

«Einige dieser Speisen haben eine aphrodisierende Wirkung», verriet ihr Bettina. «Mach dir da mal keine Gedanken.»

Kirsti glotzte erstaunt. «Eine waahs?»

«Unter einem Aphrodisiakum versteht man ein Mittel, welches die sexuelle Begierde steigert», betete Antonia herunter. «Der Name stammt aus dem Griechischen und ist von der ‹Göttin der Liebe›, einer gewissen Aphrodite, abgeleitet.»

Kirsti nahm einen großen Schluck Wein und schaute versonnen zu Oliver.

Als Nächstes zauberte Bettina zwei weitere Flaschen Rotwein hervor. «Nach dem Hauptgang gibt es eine kleine Käseplatte, zusammen mit diesem Bordeaux.» Sie füllte etwas Mineralwasser in ihr leeres Rotweinglas, schwenkte es kurz und schüttete es über die Schulter. Wir taten es ihr nach, und die Probe ging in die nächste Runde.

«Supah», lallte Kirsti, jetzt mit deutlich schwerer Zunge. «Ist da auch so Afropowisakkah drin?»

«Ja, Wein zählt im weitesten Sinne auch dazu», kicherte Bettina.

«Hu! Ich spürah das schon!», rief Kirsti. «Ich glaube, ich puschel dir heute Nacht mal wiedah das Knuppelchen, Hase!»

Nach dieser Ankündigung war es schlagartig still auf der Dachterrasse.

Oliver sah aus, als wollte er Kirsti am liebsten umbringen, während wir laut loslachten.

Antonia rettete die Situation. «Was wünscht ihr euch denn eigentlich zur Hochzeit?», fragte sie.

«Geschenke!», lallte Kirsti.

«Das hatte ich mir schon gedacht», kicherte Antonia. «Aber vielleicht könnt ihr das etwas genauer definieren?»

«Eigentlich brauchen wir nichts», brummte Olivers sonorer Bass im Kerzenschein. «Jedenfalls nichts für den Haushalt!»

«Aber wir haben uns schon so Sachen von ‹Allissih› gewünscht!», plapperte Kirsti dazwischen. «Nicht wahr, Hase?»

«Und wir sparen für eine große Reise.»

Das war doch mal eine gute Info! «Und dazu kann man einen Beitrag geben?», fragte ich.

Kirsti nickte. «Sichah! Da freuen wir uns gaaanz dolle, nicht wahr, Hase?»

«Dann kommen wir jetzt zu der Nachspeise», nahm Bettina das Thema des Abends wieder auf. «Was haltet ihr davon, wenn wir einen schönen Obstteller servieren? In Bitterschokolade getauchte Früchte mit etwas Eis und Kaffee?»

Das Brautpaar nickte selig.

Kaum waren Kirsti und Oliver zur Tür hinaus, zwitscherte Bettinas Handy.

«Eine SMS von Lara!», rief sie vergnügt. «Sie trifft sich morgen Abend mit Mister Sackgesicht. Alles in trockenen Tüchern.»

«Mit Mister wem?» fragte Nicklas verblüfft. Wir klärten ihn auf: Wir würden dafür sorgen, dass Uschi das wahre Gesicht ihres Ferdis kennenlernen würde. Bettinas Freundin Lara hatte Ferdinand ohne Mühe um den kleinen Finger gewickelt, und er war hingerissen von der Aussicht, morgen Abend mit ihr im Goldenen Drachen essen zu gehen. Ganz zufällig würden wir dort mit Uschi auftauchen.

«Eigentlich wollte er mit der mobilen Reserve ins Kino», kicherte Bettina. «Aber er wird Uschi erzählen, dass er sich mit einem wichtigen Geschäftskunden treffen muss!»

«Dann weiß ich auch gleich, wo ich ansetzen kann», grinste Antonia. «Mann, wird das ein Spaß!»

«Jetzt müssen wir uns nur noch einen Kneipenplan zurechtlegen, damit wir auch wirklich bei diesem Chinesen vorbeikommen», sagte ich. «Wir könnten erst einen Happen in der Brasserie essen und gehen dann auf dem Weg ins Roxy durch die Liebigstraße beim Goldenen Drachen vorbei!»

«Lara wird versuchen, einen Fensterplatz zu reservieren.» Bettina seufzte zufrieden. «Ach, wäre ich glücklich, wenn das klappen würde!»

«Das wird schon alles lappen!», lallte Antonia und stellte ihr Weinglas auf den Tisch.

«O.k., Leute, fürs Protokoll», rief ich. «Antonia hat einen sitzen!»

«Is gar nicht wahr!», murmelte die. «Ich bin einfach nur …»

«Knülle. Sagt Eva ja gerade.» Bettina schenkte sich noch etwas Wein nach. «Noch jemand einen Schluck?»

Nicklas schüttelte den Kopf. «Ich weiß was viel Besseres», sagte er, flüsterte Antonia etwas ins Ohr, und zwei Sekunden später waren die beiden Turteltäubchen verschwunden.

Als auch Bettina hineingegangen war, saß ich, in eine dicke Strickjacke eingewickelt, mit dem letzten Rest Bordeaux draußen und schaute auf die Lichter der Innenstadt.

Ob hinter einem dieser Fenster George saß? Ob er wohl auch gerade an mich dachte? Ich seufzte tief. Ich würde was dafür geben, wenn ich ihn jetzt hierherbeamen könnte.

Dann würde ich ihm das Knuppelchen durchpuscheln, dass ihm Hören und Sehen verginge.

Kapitel 14

Am nächsten Morgen fuhr ich ins Büro, konnte mich aber nicht auf meine Arbeit konzentrieren. Ich hatte bereits eine geschlagene Stunde vor meinem PC gesessen, abwechselnd an Tante Renate und George gedacht und noch nichts auf die Reihe gekriegt.

Mit Schrecken dachte ich an den immer näher rückenden Abgabetermin für das Drachenbuch, das ich dringend zu Ende übersetzen sollte. Zur Not musste ich ihn verschieben, denn in meinem Leben war im Augenblick einfach zu viel los: Ich musste meine Tante aus den Armen eines Verbrechers retten, Ferdinand aufs Kreuz legen und George finden. Alles keine einfachen Aufgaben.

«So wird das nichts!», murmelte ich. Los, Eva, mach dir einen freien Tag! Schließlich bist du dein eigener Boss, und das wirst du heute mal ausgiebig genießen. Höchste Zeit, den inneren Konsumhengst mal aus dem Stall zu lassen.

Ich stellte mein Telefon auf Erna um und sauste die Treppe runter. Der Rat «Gehe nie einkaufen, wenn du nicht emotional gefestigt bist» blitzte kurz wie eine Warnlampe in meinem Hirn auf, aber ich zog sofort den Stecker. Heute bitte schön keine Grundsätze, und solche schon gar nicht. Bis ich emotional wieder gerade stand, konnten noch Jahre ins Land gehen, und ich war nicht bereit, so lange zu warten. Ganz abgesehen davon brauchte ich dringend etwas zum Anziehen für die Hochzeit.

Ich stieg am Marienplatz aus der U-Bahn und ging los. Ich

widerstand der Versuchung, in den nächsten Jeansladen zu gehen und mir T-Shirts zu kaufen. Heute brauchte ich etwas Schickes. Ich bummelte an den Schaufenstern von Ludwig Beck entlang, und die Belohnung folgte auf dem Fuße: ein traumhaft schönes, schlichtgeschnittenes Etuikleid in einem wunderschönen Bordeauxrot. Oder war es ein Burgunderrot?

Egal. Ich steuerte den nächsten Eingang an, und fünf Minuten später stand ich in der Abteilung Designermode und Abendkleidung.

«Kann ich Ihnen helfen?» Eine freundliche Verkäuferin in meinem Alter kam auf mich zu und sah mich fragend an.

«Ich habe im Schaufenster ein tolles Kleid gesehen», begann ich, und im gleichen Moment verließ mich der Mut. Passte das Kleid überhaupt zu meinem Typ? Konnte ich so etwas überhaupt tragen? Ich, die sonst fast nur in Jeans herumlief?

«Ja?» Die Verkäuferin. «Und wie sah das aus?»

Ich beschrieb es, so gut ich konnte. Anscheinend gut genug, denn die Frau lotste mich gleich zu einem großen Kleiderständer und zog es hervor.

«Dieses hier?»

Ich nickte. In natura sah es noch schöner aus, und ich strich vorsichtig über den Stoff.

«Da haben Sie gut gewählt», sagte die Verkäuferin. «Es hat einen tollen Schnitt, ist zeitlos, und Sie können es zu vielen Gelegenheiten anziehen.»

«Und Sie meinen nicht, dass es zu figurbetont für mich ist?»

Sie musterte mich kurz. «Auf gar keinen Fall!»

«Aber … sollte ich nicht lieber eine andere Farbe wählen, wenn die Braut auch rot tragen wird?»

Die Verkäuferin schüttelte vehement den Kopf. «Die wird ja wohl kaum in einem Etuikleid kommen, oder?»

In der Umkleidekabine zog ich Hose und T-Shirt aus, sah in den Spiegel und kämpfte gegen den Impuls, mich schnellstens wieder anzuziehen und das Projekt «Kleid für die Hochzeit» zu begraben. Ich hatte schließlich eine sehr schicke schwarze Hose, die ich mit einem netten T-Shirt kombinieren könnte und …

«Kommen Sie klar?», fragte die Verkäuferin von der anderen Seite des Vorhangs.

«Reiß dich zusammen, Eva!», sagte ich leise. «Benimm dich wie eine erwachsene Frau. Dafür ist es höchste Zeit.» Und etwas lauter. «Einen Augenblick noch!»

«Wenn ich mit dem Reißverschluss helfen kann, sagen Sie es bitte.»

«Gleich!» Ich zog mir das Kleid über den Kopf und trat aus der Kabine. Die Verkäuferin schüttelte den Kopf.

«Wir versuchen es erst einmal mit der nächstkleineren Größe», sagte sie bestimmt, und bevor ich bis drei zählen konnte, schickte sie mich mit Größe 38 in die Kabine zurück.

«Das haut niemals hin», protestierte ich schwach.

«Glauben Sie mir», sagte die Frau. «Ich bin vom Fach. Haben Sie vielleicht in letzter Zeit Stress gehabt und etwas abgenommen?»

Nun, Stress hatte ich zur Genüge gehabt, und wer weiß, vielleicht war ich dünner geworden? Ich streifte das neue Kleid über und musste zugeben, dass sie recht hatte. Es passte perfekt.

«Ein Traum!», fand auch die Verkäuferin. «Und wie sieht es mit passender Unterwäsche aus?»

«Wie meinen Sie?» Meine Unterwäsche passte mir vorzüglich, aber irgendetwas sagte mir, dass sie darauf nicht anspielte.

«Ein schönes Unterwäsche-Set, passend in Dunkelrot?» Sie schaute mich prüfend an. «Vielleicht sogar noch mit einem seidenen Unterrock …»

Hilfe, wollte ich das denn überhaupt? Ich, Eva Schumann, hatte doch in einem seidenen Unterrock nichts verloren! Aber just als ich das der Verkäuferin verklickern wollte, nickte sie energisch. «Das würde das Ganze wirklich schön abrunden, Sie werden begeistert sein. Einen kleinen Moment!»

Sie ging zu einem Telefon, das an der Wand befestigt war, und wählte eine Nummer. «Marie, hier ist Laura. Kannst du bitte kurz für mich einspringen? Ich möchte mit einer Kundin in die Lingerie. Ja. Genau. Danke!»

Zehn Minuten später stand ich in einem raffinierten dunkelroten Spitzenhöschen und passendem BH vor dem Spiegel und musste zugeben: Die gute Frau wusste Bescheid. Es sah großartig aus!

«Und hier haben wir noch das passende Unterkleid!» Sie reichte mir ein luftiges Nichts mit dünnen Trägern in die Kabine. Ich streifte es über und konnte mich nicht sattsehen an der neuen Eva.

«Und? Passt es?»

Ich schob den Vorhang ein Stückchen zur Seite und präsentierte das Ergebnis. Begeistert schlug die Verkäuferin die Hände zusammen und strahlte mich an. «Na? Was habe ich gesagt?»

«Sie sind ein Engel», sagte ich und meinte es auch so.

«Manchmal muss man sich einfach mal überwinden», sagte sie lächelnd. «Und in Ihrem Fall kann ich nur sagen: Tragen Sie mehr Figurbetontes. Sie können es sich leisten!»

Ich nickte. Vielleicht war es tatsächlich an der Zeit, sich von der Kartoffelsackmode zu verabschieden.

«Herzeigen, herzeigen!», riefen Antonia und Bettina, als sie die Tragetasche von Ludwig Beck sahen. «Ist das für die Hochzeit?»

Ich nickte und zog das dunkelrote Etuikleid hervor.

«Wahnsinn!» Antonia strich vorsichtig über den Stoff. «Dazu deine Kaschmir-Stola, und alle Männer liegen dir zu Füßen!»

«Ein ganz bestimmter würde mir schon reichen», sagte ich.

«Ui, das ist noch gar nicht alles, Antonia», rief Bettina und wedelte mit meiner neuen Unterwäsche. «Unsere Eva geht ran!»

«Nicht zu fassen!» Antonia nahm die Spitzenteile ehrfürchtig in die Hand. «Eva», flüsterte sie. «Dass ich das noch erleben darf …»

«Nach diesem Shopping-Event musst du ein paar Sonderschichten einlegen, oder?» Bettina zeigte grinsend auf die Preisschildchen. «Sonst triffst du demnächst nicht nur auf deinen Traumprinzen, sondern auch auf das Limit deines Dispokredits!»

«Wie sieht denn nun die Planung für heute Abend aus?», ignorierte ich den Hinweis.

«Um sieben treffen wir uns mit Uschi in der Brasserie», sagte Antonia und hibbelte aufgeregt herum. «Und danach wollen wir noch etwas trinken gehen. Bist du dabei?»

Ich nickte. «Klar!»

«Und Erna hat angerufen», sagte Bettina. «Sie will sich heute Abend unbedingt auch noch mit uns treffen.»

«Heute Abend? Hat das nicht Zeit bis morgen?»

Bettina schüttelte den Kopf. «Sie meinte, wir sollten das Eisen schmieden, solange es heiß ist, und sie hätte einen Plan. Sie erwartet uns ab neun im Café Zentral.»

«Na gut», sagte ich und schnappte mir die Einkaufstüte. «Aber vorher müssen wir uns noch um Tante Renates Kreditkarten kümmern.»

Renate war ein Paradebeispiel dafür, was die Biochemie der Liebe alles mit einem Menschen anstellen kann. Wenn ich nicht gewusst hätte, dass sie verliebt war, hätte ich geschworen, sie sei auf einem Drogentrip. Meine Tante tänzelte durch die Wohnung.

«Hat dir jemand was in den Essigtrunk getan?», fragte ich.

Tante Renate breitete beide Arme aus, als wollte sie die ganze Welt umarmen. «Un-sinn! Ich gehe mit Vinzenz in die Spiel-bank!», sang sie aufgedreht. «Nach Bad Wies-see! Ist das nicht romantisch?»

«Wahnsinnig!», sagte Bettina und zwinkerte mir zu. «Wann soll es denn losgehen?» Sie nahm Renate sanft am Ellenbogen und führte sie in die Küche. «Komm, wir setzen uns mal, und du erzählst mir, was ihr vorhabt.»

«Es ist alles sooo aufregend», hörte ich meine Tante juchzen.

Oh ja, das würde es werden, ganz bestimmt. Aber sicher nicht so, wie Renate sich das im Moment ausmalte.

Ich lauschte dem Gespräch der beiden noch kurz, dann schlich ich mich ins Gästezimmer und suchte Renates Handtasche. Ich griff hinein und hatte gleich den Geldbeutel in der Hand. Zwei Kreditkarten lachten mich an und waren im nächsten Moment in der Gesäßtasche meiner Jeans verschwunden. Die fünfzig Euro Bargeld ließ ich drin. Die konnten sie ruhig verzocken. Ich legte alles so hin, wie ich es vorgefunden hatte, und verließ das Zimmer. Bestes Timing, denn in diesem Augenblick klingelte es an der Tür, und Renate rannte mir entgegen.

«Wünsch mir Glück, Evchen!», rief sie. «Deine Tante wird heute die Bank sprengen!» Sie fasste mich kurz am Oberarm. «Grundgütiger. Wenn ich gewinne, machen wir alle zusammen eine ganz tolle Sause!»

«Alles glattgegangen?», fragte Bettina, als ich mein neues Kleid in den Schrank hängte.

Ich nickte und zeigte auf die Kreditkarten, die jetzt auf meinem Nachtschränkchen lagen.

«Perfekt. Jetzt müssen wir uns nur noch überlegen, wo wir sie dann wiederfinden. Hat dein George-Adrian sich eigentlich noch mal gemeldet?»

«Kein bisschen», sagte ich betrübt. «Der hat mich wahrscheinlich längst abgeschrieben, weil ich nie zurückgerufen habe. Scheißanrufbeantworter.»

Ich bedachte den unzuverlässigen Apparat mit einem bösen Blick und stand schlagartig unter Strom. Das Lämpchen blinkte!

«Eva, ich bin's, Adrian. Ich bin schon ganz verzweifelt! Die Arbeit nimmt kein Ende, und ich hoffe, dass du mich nicht schon abgeschrieben hast. Was ist mit deinem Handy los? Ich habe mehrmals versucht dich zu erreichen, aber es scheint nicht zu funktionieren.»

Entsetzt drückte ich die Pausentaste und wühlte in der

Handtasche nach meinem Handy: Der Akku war leer. Genauso leer wie mein Hirn.

Verdammt, Eva, bist du denn gar nicht mehr zu retten? Ist nicht alles ohnehin schwierig genug?

Ich drückte erneut auf «Play» und bekam Gänsehaut: «Ich melde mich Samstag bei dir. Dann kann ich auch abschätzen, wann wir uns treffen können. Das heißt, falls du noch Interesse hast.»

Ich strahlte Bettina an. «Ja!», brüllte ich. «Ja, ja, ja, ja!!!»

«Er ruft mich Samstag ah-han!», trällerte ich Antonia zum x-ten Mal ins Ohr, als wir auf dem Weg in die Brasserie waren. «Und dann gehen wir bald au-haus! Und danach –»

«Ist ja gut!», unterbrach Antonia mich lachend. «Jetzt pfeif deine Hormone erst mal zurück, wir haben eine wichtige Aufgabe. Und die dürfen wir nicht versemmeln, nur weil du nicht ganz zurechnungsfähig bist, klar?»

«Du hast recht», seufzte ich. «Ich werde ab sofort nicht mehr an IHN denken, sondern nur noch an den aufgegeilten Ferdinand.»

Dann sahen wir auch schon Uschi vor der Brasserie. Entgegen unseren Befürchtungen fand sie es keineswegs komisch, dass ich Antonia begleitete. Während des Essens redete, redete und redete sie: von ihrem bisherigen Leben und dass sie eigentlich am liebsten bald heiraten würde, um die Schule dann an den Nagel zu hängen. Dass Männer immer nur das eine von ihr wollten und dass sie sehr eifersüchtig sein konnte.

«Früher hatte ich sogar richtige Anfälle von Jähzorn», sagte Uschi. «Wenn ich herausfand, dass ein Mann mich hinterging, flogen alle Sicherungen bei mir raus.»

«Und das ist jetzt ganz und gar vorbei?», fragte ich unschuldig. «So von jetzt auf gleich?»

Uschi lächelte selig. «Mein neuer Freund gibt mir dazu keinen Anlass. Da stimmt einfach alles.»

«Boah. Toll, wenn man so richtig glücklich ist», setzte Antonia noch einen drauf.

Uschi zog das kleine Näschen kraus. «Ja, das kann ich schon behaupten. Wisst ihr, der Ferdi ist sehr aufmerksam und so ehrlich …»

Antonia verschluckte sich fast an ihrem Wein.

«Und ich kann super mit ihm reden.»

«Aber so ein Abend mit Freundinnen hat auch etwas für sich, findest du nicht?» Antonia schenkte sich den Rest Wein aus der Karaffe ins Glas.

«Auf jeden Fall», fand Uschi und lächelte uns herzlich an. «Der Ferdi tut mir dagegen heute Abend echt leid.» Ihr Blick wurde ernst. «Der muss sich mit einem furchtbar unangenehmen Kunden treffen, wisst ihr? Er wäre so viel lieber mit mir zu Hause auf dem Sofa geblieben.»

Oh ja, oder auf dem Küchentisch. Der liebe Ferdi würde es noch zutiefst bereuen, dass er diese Option nicht gewählt hatte.

Ich schaute auf die Uhr: Viertel vor acht. «Wie wäre es, wenn wir ein paar Häuser weiter ziehen?», schlug ich vor. «Ich hätte Lust, mal wieder ins Roxy zu gehen.»

«Das kenne ich gar nicht», sagte die ahnungslose Uschi.

«Dann wird es höchste Zeit, das zu ändern.» Antonia winkte dem Kellner. «Dein Freund ist bestimmt noch länger mit diesem Kunden beschäftigt, oder?»

«Ganz bestimmt», sagte Uschi. «Er hat gesagt, dass ich nicht auf ihn warten soll, weil es spät werden kann.»

Ich hatte fast ein schlechtes Gewissen, als wir die Brasserie verließen, aber Uschi erzählte so viel, dass ich es gleich wieder vergaß.

«Mein kleiner Bruder wohnt auch seit letzter Woche hier in der Stadt», erzählte sie. «Er hat einen Job als Rausschmeißer in einer Bar.»

«Dann nehme ich mal an, dass ‹kleiner› Bruder nicht ganz die richtige Bezeichnung ist, oder?», fragte Antonia.

«Nein, er ist riesig und sehr stark!», kicherte Uschi, während wir in die Liebigstraße einbogen.

Noch zwanzig Meter bis zum Goldenen Drachen, noch zehn, noch fünf … Und während Uschi uns weiter von ihrem Bruderherz vorschwärmte, blieb Antonia direkt vor der verglasten Fassade des chinesischen Restaurants stehen. «Wartet mal, mir ist ein Schnürsenkel aufgegangen!»

Und dann passierte es: Während Antonia an ihrem Schuh herumfummelte, drehte Uschi sich langsam zum Restaurant um. Plötzlich wurde sie blass und ihre Gesichtszüge entgleisten.

«Das glaube ich nicht …» Sie starrte fassungslos auf einen der Tische am Fenster, schaute von links nach rechts, von Lara zu Ferdinand und wieder zurück.

«Das wirst du mir büßen, du mieses Schwein», sagte sie leise. Dann ging sie auf die Tür zu und marschierte schnurstracks auf den Tisch der beiden zu.

Den Rest des Dramas sahen Antonia und ich leider nur als Stummfilm, aber auch ohne Ton war die Darbietung beeindruckend. Auf dem Weg zu ihrem Opfer riss Uschi einige Bambuszweige aus einer Vase und schlug sie Ferdinand zum Auftakt um die Ohren. Der hatte seine Holde nicht kommen sehen und versuchte nun aufzustehen, aber das brachte ihm nur weitere Zurechtweisungen ein, diesmal mitten ins Gesicht.

«Wahrscheinlich hat er gerade die berühmte Worte ‹Das hat nichts mit unserer Beziehung zu tun› ausgespuckt», vermutete ich, während ich das Schauspiel gebannt weiterverfolgte.

«Oder das gern benutzte ‹Das hat sich einfach so ergeben›», steuerte Antonia bei.

Die Gäste an den benachbarten Tischen gingen bereits in Deckung, als Uschi anfing, Getränke zu verteilen: Ziel war hauptsächlich Ferdinands Frisur, aber auch Lara bekam leider etwas ab. Zu guter Letzt nahm Uschi eine große Schale von der Wärmeplatte, schüttete den Inhalt in Ferdinands Schritt und rauschte zur Tür.

Ferdinands Reaktion nach zu urteilen, hielten die Wärmeplatten mehr, als der Name versprach, denn er führte ein reizendes Tänzchen auf, das auch die herbeieilenden Kellner nicht unterbrechen konnten.

Die Tür schwang auf, und eine zerzauste Uschi blieb keuchend vor uns stehen.

«Den mache ich fertig!», schnaufte sie. «Diesem elenden Saftsack werde ich es heimzahlen. Ich gehe gleich in die Wohnung und packe meine Sachen!»

«Jetzt brauchst du vor allen Dingen erst mal was zu trinken», sagte Antonia. «Deine Sachen laufen dir nicht davon.»

Uschi nickte, und die paar Minuten bis zum Roxy lief sie brütend neben uns her. Auch in der Kneipe stierte sie noch eine ganze Weile vor sich hin. Wir ließen ihr Zeit, und beim dritten Schnaps brach sie endlich ihr Schweigen.

«Den mache ich fertig!», wiederholte sie und kippte das scharfe Zeug auf ex hinunter. «Das wird ihm noch richtig leidtun!» Sie knallte das leere Glas auf den Tisch und winkte nach der Bedienung. «Noch einmal dasselbe, aber gleich einen Doppelten!»

Antonia und ich wechselten einen besorgten Blick. «Wie meinst du das mit dem ‹Fertigmachen›?», fragte ich vorsichtig. Hoffentlich hatte sie nicht vor, ihn gleich ganz vom Angesicht der Erde zu tilgen.

«Ich hetze ihm die Kripo auf den Hals», sagte sie in einem Ton, der nichts mehr mit der süßen kleinen D-Körbchen-Uschi zu tun hatte. «Ihr habt ja selbst gesagt, dass diese Schenkkreise illegal sind! Und Ferdinand steckt da bis zum Hals drin. Es wird Zeit, dass die Polizei mal erfährt, wie viele Leute er damit schon abgezockt hat.»

«Vielleicht würde die Steuerfahndung sich auch freuen, von dir zu hören», schlug Antonia vor.

«Wieso das?» Uschi war ganz Ohr.

«Weil wir seit einiger Zeit den Verdacht haben, dass dein Freund das Geld, das er bei diesen Schenkkreisen absahnt, mit Hilfe eines dubiosen Restaurants an der Steuer vorbeischafft.»

Uschi, die sich in diesem Moment nicht mal darüber wunderte, dass wir ihren Ferdi anscheinend kannten, staunte Bauklötze. «Ist nicht wahr!»

«Doch, doch …» Ich nippte an meinem Wein. «Und zwar zusammen mit Heinz Bauer, diesem Esoteriker.»

«Mit Heinz? Das gibt's doch nicht!» Uschis Augen wurden von Minute zu Minute größer. «Das ist ja unglaublich!»

«Aber wahr!», sagten wir im Chor.

Diese vielen neuen Tatsachen musste Antonias Kollegin erst einmal verdauen.

Doch sie war praktischer veranlagt, als wir erwartet hatten. «Jetzt rufe ich meinen Bruder an», sagte sie. «Wenn er heute Nacht in der Bar fertig ist, soll er meine Sachen aus Ferdinands Wohnung holen.»

Ich setzte mein unschuldigstes Gesicht auf.

«Vielleicht entschuldigt Ferdinand sich ja in aller Form, und du überlegst es dir noch mal anders?»

«Das kann er vergessen!», fauchte Uschi, und ihr Blick sagte uns, dass sie es ernst meinte. «Er kann mir erzählen, was er will. Morgen gehe ich zur Polizei und zeige ihn an.»

«Und wo willst du heute Nacht schlafen?» Ein bisschen Mitleid hatte ich nun doch. «Bei uns ist zurzeit leider kein Platz.»

«Ich habe genug Freundinnen», sagte Uschi, die immer noch erstaunlich cool schien. «Bei einer von denen komme ich schon unter. Zur Not ziehe ich für eine Weile zu meinen Eltern.»

Ich hoffte sehr für Uschi, dass unsere Mütter sich nicht ähnlich waren.

«Ist ja vielleicht besser so», sagte Uschi. Sie sah plötzlich doch recht müde aus. «Stellt euch vor, ich hätte erst viel später gemerkt, was Ferdi für ein Schwein ist.»

Dann schlug sie die Hände vors Gesicht und weinte bittere Tränen.

«So, das wäre geschafft», sagte ich zufrieden, während wir die letzten Meter zum Café Zentral zurücklegten. «Jetzt bin ich gespannt, was Erna uns zu erzählen hat.»

Erna saß bei einem Viertel Rotwein an einem der Ecktische und winkte uns verschwörerisch zu. «Ich habe die gesamte Mausepiepchenkorrespondenz ausgewertet und mit den einzelnen Damen Kontakt aufgenommen», berichtete sie mit gedämpfter Stimme. «Dann habe ich die betroffenen Frauen angerufen. Ich kann euch sagen, das war kein Spaß.»

«Kann ich mir vorstellen», sagte ich und dachte an die weinende Uschi.

«Die meisten haben sich genauso geschämt wie ich. Aber als sie hörten, dass ich auch zum Club gehöre, und ich ihnen von meinem Plan erzählte, waren alle sofort bereit mitzuspielen», sagte Erna.

«Was denn für ein Plan?», fragte Antonia.

«Gleich», sagte Erna. Sie nahm vier der Kopien vom Tisch. «Hier haben wir Hilde aus Fürstenfeldbruck, 12 000 Euro; Hertha aus Eichstätt, geschätzte 7800 Euro; sowie Monika und Anna aus München – Schädigungssummen 6400 und 13 000 Euro.» Sie sah uns über ihren Brillenrand an. «Macht zusammen mit meinem Verlust rund 45 000 Euro, die sich diese Sau erschlichen hat. Die Ehefrau war übrigens völlig fertig.»

«Die hast du auch informiert?», rief Antonia baff.

«Na klar! Das ist das Mindeste, was ich tun konnte. Schließlich bekocht sie diesen Kriminellen fast täglich und wäscht außerdem seine dreckigen Unterhosen!»

«Und? Wie hat sie reagiert?»

«Ich hatte mich mit ihr verabredet», erzählte Erna. «Ich wollte ihr das nicht so einfach am Telefon um die Ohren hauen. Sie hat zwar schon immer den Verdacht gehabt, dass Fritz hin und wieder fremdgeht, aber als sie die ganze Geschichte hörte, brach für sie eine Welt zusammen. Aber die anderen Damen sind morgen Nachmittag alle mit von der Partie.»

«Morgen Nachmittag? Was hast du denn vor?» Ich verstand gar nichts.

Erna legte die einzelnen Blätter fein säuberlich aufeinander und sah uns mit einem gefährlichen Glitzern in den Augen an. «Mein Plan sieht folgendermaßen aus ...»

«Und?» Bettina fing uns schon an der Wohnungstür ab. «Haut Uschi ihn in die Pfanne?»

«Aber hallo!» Ich zog meine Jacke aus und ging mit den beiden anderen in die Küche. «Wie viel weißt du denn schon?»

«Lara hat vorhin kurz angerufen und mir die Szene im Restaurant beschrieben. Klang sehr beeindruckend!»

«War's auch.» Ich musste kichern, als ich mir die Bilder wieder ins Gedächtnis rief. «Ferdinand muss sich wie der Hauptdarsteller in einem Horrorfilm gefühlt haben. Wie ging es denn mit den beiden weiter?»

«Er war stinksauer auf Uschi. Kurz vor dem Zwischenfall hatte er Lara nämlich geflüstert, dass er wieder Single sei. Und dann hat er sich auch noch geweigert, die Reinigung von Laras Kleid und den Schaden im Restaurant zu begleichen. Der saubere Herr ist der Meinung, dass er dafür nicht aufkommen muss. Dem ist wirklich gar nichts peinlich.»

«Ein echtes Prachtexemplar», stellte Antonia fest. «Aber der kriegt sein Fett noch weg. Obwohl Uschi ziemlich zusammengebrochen ist, will sie ihn anzeigen.»

«Hoffentlich sieht sie das morgen früh auch noch so», brummte Bettina.

«Ganz sicher», beruhigte ich sie.

«Und dann gibt es noch den nächsten Show-down», erinnerte uns Antonia. «Erna hat da einen genialen Plan entwickelt.»

Bettina johlte, nachdem wir sie eingeweiht hatten. «Wahnsinn! Es sieht fast so aus, als würden wir uns von Tag zu Tag steigern!»

«Fehlt uns nur noch Renate», sagte ich. «Hoffentlich haut alles so hin, wie wir es uns ausgerechnet haben.»

In jeder Beziehung kommt der Zeitpunkt, in dem die Romantik von der Realität plattgemacht wird. Aber so, wie meine Tante später an diesem Abend zur Tür hereinschlich, hatte ich den Eindruck, dass in ihrem Fall Planierraupen im Einsatz gewesen waren.

«Hallo, Renate!», rief Bettina fröhlich. «Na, wie war's denn?» Aber meine Tante ging, ohne uns auch nur eines Blickes zu würdigen, in ihr Zimmer und schloss die Tür hinter sich.

«Das sieht nicht gut aus», fand Antonia. «Lassen wir ihr kurz Zeit, zu sich zu kommen?»

«Je nachdem, was wir hören», sagte ich, ging auf Zehenspitzen den Flur entlang und legte mein Ohr an ihre Zimmertür. Zuerst hörte ich gar nichts, dann ein leises Schluchzen.

Ich überlegte kurz, dann klopfte ich leise und ging hinein. Meine Tante lag bäuchlings auf dem Bett und weinte sich die Seele aus dem Leib.

«He, was ist denn passiert?» Ich setzte mich auf die Bettkante und streichelte sanft ihren Rücken. «Ist irgendwas schiefgegangen?»

Das Weinen meiner Tante legte noch einen Gang zu, und ich fühlte mich in diesem Moment richtig mies. Hätten wir sie nicht vorher aufklären und gar nicht erst zum Kasino fahren lassen sollen? Nein, sagte ich mir streng. Dann hätte sie nie Vinzenz' wahres Gesicht gesehen und ihm am Ende ihr gesamtes Geld in den Rachen geschmissen.

So blieb ich ruhig sitzen und redete mit Renate wie mit einem Kind.

«Ich schä-hä-me mich so-ooo», waren die ersten Worte, die meine Tante nach fünf Minuten herausbrachte.

«Warum denn?», fragte ich leise. «Du hast doch gar keinen Grund dazu.»

«Do-hoch», schluchzte sie.

«Dann erzähle doch mal.» Ich strich ihr weiter über Schultern und Rücken und hoffte, sie würde sich bald beruhigen.

«Er haa-hat mi-hi-hich …» Renate ging in die nächste Runde. «Er ha-hat mi-hi-hich ga-har nicht ge-herne …»

Als die nächste Heulwelle einsetzte, kamen Antonia und Bettina ins Zimmer, und wir warteten ab, bis Renate erste zusammenhängende Sätze bilden konnte. Aber am Ende wussten wir, was passiert war.

Als sie am Jetonschalter bemerkt hatte, dass ihre Kreditkarten verschwunden waren, hatte Vinzenz nicht gerade rücksichtsvoll reagiert.

«Er ha-hat mich fast angeschrie-hen», stotterte Renate und trank einen Schluck von Bettinas Hauscocktail. «I-ist das zu glauben?» Sie holte tief Luft und trank noch einen Schluck. Ich hatte keine Ahnung, was Bettina alles ins Glas gemixt hatte, aber es tat meiner Tante sichtlich gut. Sie bekam sogar wieder etwas Farbe.

«Und was habt ihr dann getan?», fragte ich gespannt. «Seid ihr zur Polizei gegangen?»

Renate schniefte. «Nein, das mache ich morgen. Aber ihm schien das alles völlig egal zu sein. Er hat nur gejammert, dass der Abend verdorben sei, weil er kein Geld hatte zum Spielen.»

«Ein echter Gentleman», brummte Bettina. «Eigentlich

ein Glück, dass deine Karten weg waren, oder? Sonst hättest du seinen wahren Charakter nicht so schnell kennengelernt.»

«Schon …», sagte Renate. Ihre Augen füllten sich erneut mit Tränen. «Aber warum ist er so? Und warum bin ich bloß auf ihn hereingefallen?»

«Ganz einfach», sagte unsere Haustherapeutin. «Jeder Mensch sehnt sich nach Liebe. Und so, wie du ihn uns am Anfang geschildert hast, konnte man auch den Eindruck bekommen, dass Vinzenz ein perfekter Gentleman ist.» Sie nahm die Hand meiner Tante. «Ich bin mir sicher, dass ich an deiner Stelle genauso gehandelt hätte.»

Gegen Mitternacht war Renate wieder einigermaßen hergestellt, und ihre Trauer verwandelte sich mehr und mehr in Wut.

«Ich wünschte, ich könnte es diesem Kerl so richtig heimzahlen!», rief sie. «Dieser … dieser aufgeblasene Affe!»

Sehr schön. Jetzt hatten wir meine Tante genau dort, wo wir sie haben wollten.

Kapitel 15

Auch am nächsten Tag war Renate noch schwer damit beschäftigt, ihre Erlebnisse zu verdauen.

«Und da sagte er doch tatsächlich zu mir: ‹Ich erwarte von einer Frau, dass sie auf ihre Sachen aufpassen kann.› Ist das nicht die Höhe?»

«Das Allerletzte», sagte ich. «Und wie habt ihr das Finanzproblem gelöst?»

«Er ist zum Geldautomaten gegangen und hat selber etwas abgehoben von einem Konto, dass er für Notfälle hat», sagte Renate. «Und mir dabei den Vorwurf gemacht, dass er sich jetzt meinetwegen noch mehr verschuldet …»

«Auf die Idee, einfach wieder nach Hause zu fahren, ist er nicht gekommen?» So viel Blödheit erstaunte schon. Wo Vinzenz seine Tricks sonst doch so gut beherrschte. «Ich denke, er ist pleite?»

«Ich hatte ihn für diesen Abend eingeladen», gab Renate kleinlaut zu. «Ich hatte sogar gehofft, dass er einen großen Gewinn macht und sich seine finanzielle Lage dadurch etwas bessert, versteht ihr? Aber dass er sich so aufführen würde, das hätte ich nie im Leben erwartet.»

«Genau dieselbe Masche wie bei …», setzte Bettina an, aber ich konnte ihr gerade noch rechtzeitig auf den Fuß treten.

«Genau die Masche, die viele Männer anwenden, wenn sie Schuldgefühle erzeugen wollen», brachte sie ihren Satz zu Ende. «Wirklich übel.»

Renate seufzte tief. «Wisst ihr, einerseits bin ich unendlich verletzt, dass er mein Vertrauen so missbraucht hat und nur so lieb zu mir war, weil er hinter meinem Geld her war. Andererseits habe ich eine unglaubliche Wut im Bauch und würde ihn am liebsten anzeigen.»

«Jedenfalls solltest du dich nicht hier in der Bude verkriechen», sagte ich. «Da kommst du nur ins Grübeln, und das macht die Sache auch nicht besser.»

«Schon», sagte Renate leise. «Aber wo soll ich denn hin?»

Plötzlich hatte ich eine Idee. «Wie wäre es, wenn du mich heute Nachmittag in den Verlag begleitest?», fragte ich. «Ich muss dort noch was abholen, und von der Friedrichstraße aus gehen wir danach noch ein bisschen bummeln. Das wird dich auf andere Gedanken bringen.»

«Das wird nicht gehen», sagte meine Tante. «Ich muss mal wieder in meine Wohnung und schauen, wie weit die Handwerker mittlerweile sind. Außerdem muss ich noch zur Polizei und zur Bank wegen meiner Kreditkarten.»

Auf dieses Stichwort hatte Antonia nur gewartet. «Sag mal Renate, das sind doch deine Kreditkarten, oder?» Sie kam in die Küche und legt das Diebesgut auf den Küchentisch.

«Ja, aber ...» Meine Tante konnte es nicht fassen. «Wo kommen die denn her?»

«Ich war gerade im Gästezimmer, um etwas aus dem alten Schrank zu holen», log Antonia munter drauflos. «Und da sah ich sie auf dem Boden unter deinem Bett liegen.»

«Grundgütiger!», rief Renate erfreut. «Dann muss ich weder zur Polizei noch zur Bank!» Sie fasste sich mit beiden Händen ans Herz. «Bin ich erleichtert!»

«Also, begleitest du mich heute Nachmittag?», fragte ich. «Ich würde mich wirklich freuen.»

Meine Tante nickte. «Du hast recht, Evchen. Das wird mich auf andere Gedanken bringen.»

Gegen drei war es mir gelungen, Tante Renate auf Umwegen in die Schellingstraße zu lotsen. Am Anfang schien sie sich darüber gar nicht im Klaren, aber als sie Antonia und Bettina vor der Nummer 130 stehen sah, guckte sie mich erschrocken an.

«Darf ich mal fragen, was ihr hier vorhabt?», fragte sie nervös. «Wisst ihr, wer hier wohnt?»

«Und ob wir das wissen», sagte ich und hielt ihr die Haustür auf.

Meine Tante schüttelte den Kopf. «Hier kriegen mich keine zehn Pferde mehr rein», sagte sie, aber Bettina schob sie einfach vorwärts. «Renate, wir brauchen jetzt deine Hilfe», sagte sie. «Bitte vertraue uns einfach und komm mit!»

Zu unserem Erstaunen gab meine Tante ihren Widerstand tatsächlich auf und ging mit uns in den Fahrstuhl.

«Bettina sollte Dompteuse werden», flüsterte Antonia mir ins Ohr. «Wie sie das nur immer schafft ...»

Erna, heute wieder ganz in Rosé, machte die Tür von Vinzenz' Wohnung auf.

«Wie schön, dass Sie da sind», begrüßte sie Renate. «Kommen Sie doch herein und legen Sie ab!»

«Was machen Sie denn hier?», fragte meine Tante nervös.

«Das werde ich Ihnen gleich erzählen», sagte Erna und nahm ihr den Mantel ab. «Die anderen Damen sind schon da.»

Vinzenz' Wohnzimmer war voller Frauen, die, von Katharina mit Champagner und Häppchen versorgt, sich angeregt unterhielten.

«Meine Lieben, darf ich kurz um Ihre Aufmerksamkeit bitten?» Erna klatschte energisch in die Hände. «Wir sind nun vollzählig, und ich möchte Ihnen Renate vorstellen.» Sie trank einen Schluck Champagner. Dann nahm sie einen Zettel von der Anrichte und erklärte Renate, was Fritz-Vinzenz alles auf dem Kerbholz hatte.

«Ich verstehe das nicht», sagte meine Tante, als Erna fertig war. «Was haben denn diese ganzen Zahlen zu bedeuten? Dieses 13 000 und 7800 und so weiter? Und wer ist dieser *Fritz*? Ich kenne keinen Mann mit dem Namen Fritz! Derjenige, der hier wohnt, heißt Vinzenz.»

«Es wird am besten sein, wenn Sie sich kurz setzen», sagte Hertha aus Eichstätt. «Wäre ja schade um den guten Champagner.» Sie führte meine Tante zur Couch und platzierte sie neben Monika.

«Der Mann, den Sie als Vinzenz kennengelernt haben, heißt im normalen Leben Fritz», begann Monika.

«Bei mir hieß er allerdings Korbinian», sagte Hertha.

«Und bei mir Eduard», ergänzte Erna.

«Denn er ist ein Heiratsschwindler, der nur hinter unserem Geld her war, um seine Spielsucht zu befriedigen», meldete sich Hilde. «Ohne dass seine Frau etwas davon wusste.»

Jetzt war es heraus, und meine Tante bekam Augen wie Untertassen.

«Grundgütiger», stammelte sie. «Aber seine Frau hat ihn doch verlassen? Und all sein Geld und Gut mitgenommen … Sogar den weißen BMW!»

«Die Realität ist im Moment dabei, dieses Märchen einzuholen», sagte Erna. «Seine Frau hatte jedenfalls gestern fest vor, einen Termin beim Scheidungsanwalt zu vereinbaren. Nachdem ich ihr alles erzählt hatte.»

Meine Tante schnappte nach Luft. «Ist das alles wirklich wahr?»

Wir nickten gemeinsam im Takt.

«Und wir haben es dem Rohrbruch in Ihrer Wohnung zu verdanken, dass wir ihn endlich hochnehmen können», sagte Erna und hob nochmals das Glas. «Normalerweise hat sich der werte Herr nämlich immer bei den Damen eingeladen, aber das ging in Ihrem Fall nicht, da Sie ja bei Ihrer Nichte wohnen. Also musste er auf sein geheimes Appartement, das er unter dem Namen Schmidt gemietet hat, zurückgreifen. So kamen wir ihm auf die Spur!»

Es blieb meiner armen Tante nicht viel Zeit, diese Fakten zu verdauen, denn gleich wollte der Seniorchef der Firma Zabelmair-Sanitär, Ernas Liebster, hier erscheinen, um zusammen mit Fritz eine angebliche Leckage im Bad zu überprüfen. Nachbarn hätten sich bereits beschwert, und er, Zabelmair senior, würde solche Sachen niemals anpacken, ohne den Wohnungsbesitzer persönlich neben sich zu wissen. Und tatsächlich, Punkt halb vier hörten wir zwei Männer vor der Tür miteinander diskutieren.

Katharina, Bettina, Antonia und ich hatten uns hinter die Frühstückstheke zurückgezogen, um das schöne Gesamtbild nicht zu stören. Es war totenstill in der Wohnung, und alle starrten gebannt auf die Tür.

«Ich verstehe wirklich nicht, warum ich extra wegen dieser Leckage herkommen muss», hörten wir Fritz-Vinzenz nölen. «Ich habe schließlich an einem Freitagnachmittag Besseres zu tun ...» Dann wurde der Schlüssel umgedreht, und die Tür schwang auf.

Unser Immobilienhändler wollte seinem letzten Satz gerade noch etwas hinzufügen, aber dazu kam es nicht. Er blieb wie angenagelt stehen, öffnete und schloss den Mund wie ein Karpfen im Netz und wurde leichenblass.

Die gesamte Mausepiepchenfraktion hatte sich auf und hinter dem Sofa platziert und hob fröhlich das Champagnerglas zum Gruß. «Überraschung!»

Fritz wurde rot. Knallrot.

«Na, ist es nicht schön, uns alle mal auf einmal zu Besuch zu haben?», fragte Erna in schneidendem Ton. «Wie wäre es mit einem kleinen Ausflug nach Bad Wiessee?!»

Die Frauen lachten grimmig, auch meine Tante verzog die Mundwinkel. Nur Fritz verstand den Witz nicht ganz. Zu mehr als einem sich wiederholenden «Wa-wa …» und «Wiewa …» war er nicht in der Lage, und ich hatte schon Angst, dass er gleich hier vor unseren Augen zusammensacken würde. So weit kam es nicht, obwohl er sich bestimmt nichts sehnlicher wünschte, als mit Blaulicht ins nächste Krankenhaus abtransportiert zu werden. Hauptsache, schnell weg hier.

Bettinas Interesse galt dem Handwerker, der die ganze Szene grinsend von der Tür aus beobachtete.

«Mal ganz ehrlich, Eva, wenn das der Seniorchef ist, stehe ich ab sofort auf reife Männer!» Sie grinste ihr berühmtes Krokodilgrinsen. «Ich glaube, ich frage ihn mal, ob er auch ein Gläschen Champagner haben möchte.»

Als ich gegen sechs die letzten Meter nach Hause lief, fühlte ich mich, als hätte jemand bei mir die Luft rausgelassen.

Fritz hatte, nachdem die Damen ihm alle ordentlich die Meinung gegeigt und ihm Anzeigen in Aussicht gestellt hatten, mit hängendem Schwanz das Appartement verlassen, und die Mausepiepchens waren gemeinsam zum Essen aufgebrochen. Antonia war mit Nicklas verabredet, Katharina musste noch ein Titelbild fertig pinseln, und Bettina und der für seinen Vater eingesprungene Juniorchef hatten beschlossen, ihre Bekanntschaft bei einem Glas Wein zu vertiefen. Nur ich hatte nichts vor und fühlte mich mutterseelenallein.

Morgen wollte George sich wieder melden. Aber was, wenn ich durch irgendeinen blöden Zufall seinen Anruf erneut verpassen würde?

«Eh, Bella!» Mario stürmte aus seinem Laden, als er mich vorbeigehen sah. «Was du gucken so traurig?» Der hübsche Italiener stellte sich vor mich hin und hielt den Kopf schräg. «Hat dich jemand Böse getan? Ist dein Freund nicht zu gut zu dir?»

Niedergeschlagen schüttelte ich den Kopf. «Ist alles okay, Mario. Ich bin nur ein bisschen krank.»

Liebeskrank.

Kapitel 16

Am nächsten Morgen war mein erster Gedanke: «Heute ruft George an!», dicht gefolgt von: «Heute heiratet Oliver!»

Erst nach einer Weile erkannte ich, dass ich ein Problem hatte: Was, wenn George mich zu erreichen versuchte, während wir auf dem Standesamt waren? Da konnte ich ja mein Handy schlecht anlassen. Am Ende bimmelte es gerade los, wenn Kirsti ihr «Jaa-haa, Hah-se!» jodelte.

Oder noch schlimmer: Was war, wenn George es nach den vielen Pleiten erst gar nicht mehr auf dem Handy versuchte, sondern gleich hier anrief, während ich mit der buckligen Verwandtschaft von Kirsti und Oliver vor dem Rathaus stand und Reis streute? Das wäre der Supergau schlechthin!

Wie ich es auch drehte und wendete, es war klar, dass ich das Haus nicht verlassen konnte, bis mein Prinz sich gemeldet hatte.

«Ich kann unmöglich mit zur Hochzeit», sagte ich zu Antonia, ohne ihr einen guten Morgen zu wünschen. «Du musst alleine gehen!»

«Wieso das denn?» Das Brötchen blieb auf halbem Weg zu ihrem Mund in der Luft hängen. «Dass Bettina keine Zeit hat, ist ja einzusehen, aber wir können uns da unmöglich drücken!»

«Oh doch.» Ich erklärte ihr die Situation.

«Ist das alles?», fragte meine Freundin. Mir war, als hätte ich ihr gerade erzählt, dass ich Krebs im Endstadium hatte, und sie es als leichten Schnupfen abgetan.

«Antonia, ich meine das ernst!», rief ich. «Wenn George und ich heute nicht wenigstens telefonisch zusammenkommen, drehe ich hochgradig durch!»

«Jetzt nur keine Panik», sagte meine Freundin. «Setz dich erst mal ruhig hin und trink einen Kaffee. Danach gehen wir in dein Zimmer und besprechen deinen Anrufbeantworter so, dass dein Süßer sofort rafft, was Sache ist. Okay?»

Ich ließ mich auf einen Stuhl sacken und überdachte diesen Vorschlag.

«Einverstanden. Aber wenn die Kiste wieder spinnt, bleibe ich hier!»

«Okay», sagte Antonia und schenkte mir ein.

«Ist Nicklas schon weg?»

«Nicklas ist noch heute Nacht nach Hause gegangen», knurrte Antonia.

«Habt ihr euch gestritten?»

«Kann man so sagen.» Antonia rührte verärgert in ihrer Tasse. «Dabei habe ich ihn nur auf ein paar Ungereimtheiten in seinem Artikel aufmerksam gemacht. Echt, die konnte man so nicht stehen lassen.»

«Und was hat er dazu gesagt?»

«Man könnte fast sagen: das Übliche», brummte sie. «Sätze wie: ‹Ja, ja, hack du auch noch auf mir herum!›, und: ‹Ich mach ja sowieso immer alles falsch!›»

«Mit anderen Worten, die ‹Ich-bin-ein-armes-Schwein-und-keiner-versteht-mich›-Tour!» Ich schnappte mir ein Brötchen. «Hat er auch gesagt, dass es vernünftiger wäre, wenn du dir einen anderen suchst, der besser ist als er?»

«Ich glaube, er hat es erwähnt», sagte Antonia, «aber ehrlich gesagt habe ich irgendwann nicht mehr genau hingehört.»

«Verstehe. Und was wirst du jetzt machen?»

«Ich werde mich heute Abend amüsieren, bis der Arzt kommt», sagte meine Freundin trotzig. «Abgesehen davon war ich ja von Anfang an skeptisch wegen seines Sternzeichens, wie du dich vielleicht erinnern kannst.» Sie stellte ihren Teller in die Spülmaschine. «Ich springe mal schnell unter die Dusche, danach kriegst du einen flotten Spruch auf deinen AB.»

Als Antonia im Bad verschwunden war, schlug ich die Zeitung auf. Da die Rubrik «Vermischtes» nichts Lesenswertes zu vermelden hatte, beschäftigte ich mich mit einem Artikel zum Thema «Das deutsche Mittelmaß». «Die deutschen Durchschnittsbürger sind zu dick und lesen wenig», hieß es da.

Mhm. War ich zu dick? Verkäuferin Laura hatte nein gesagt. Und die war schließlich vom Fach. Und insgesamt las ich viel. Also war ich schon mal kein Mittelmaß, beschloss ich und ließ mich quer durch die Statistiken führen. Ich lernte, dass es aktuell dreimal so viele Singlehaushalte gab wie 1970, dass die deutsche Durchschnittsbraut dreiunddreißig ist und der Durchschnittsmann eins achtundsiebzig maß. Leider hatte sich niemand die Mühe gemacht, herauszufinden, wie viele Menschen jährlich wegen akuter Sehnsucht durchdrehen. Das war mal wieder typisch.

Gegen halb zehn kroch meine Tante reichlich verkatert, aber gut gelaunt aus dem Gästezimmer und setzte sich zu mir.

«Grundgütiger, habe ich viel getrunken», stöhnte sie. «Aber das musste gestern einfach sein.» Sie zwinkerte mir zu. «Stell dir vor, Evchen. Wir sind in so eine Karaoke-Bar gegangen. Das war ein Spaß!»

Das konnte ich mir lebhaft vorstellen. Eine Horde ange-schickerte Frauen, die ins Mikrophon johlten.

«Und was hast du heute vor? Magst du mit zur Hochzeit kommen?»

Renate schüttelte den Kopf. «Hochzeit ist das Letzte, was ich im Sinn habe. Nein, ich habe etwas viel Schöneres vor. Wir gehen wandern. Alle zusammen. Und übernachten auf einer Hütte. Das kann sich jede von uns leisten, und wir wer-den sicher eine Menge Spaß haben!» Dann drückte sie mir einen Schmatz auf die Wange und verschwand zum Packen.

«Hast du dir schon überlegt, was du für George aufs Band sprechen möchtest?» Antonia stand mit der Gebrauchsan-weisung neben meinem Telefon und trommelte ungeduldig mit den Fingern auf die Schreibtischplatte.

«Na ja, vielleicht so was wie: ‹Wer heute mit Eva Schu-mann reden möchte, sollte es auf ihrem Handy versuchen. Das funktioniert ausnahmsweise!›», schlug ich vor.

«Das klingt so, als wärst du ein bisschen minderbemittelt», meinte Antonia ungnädig. «Außerdem kannst du das Handy während der Trauung nicht anmachen. Nächster Versuch!»

Ich überlegte weiter. «Oder nur eine Ergänzung zum be-stehenden Text: ‹Hier noch eine kleine, persönliche Nach-richt für George, äh, Adrian. Bitte versuche es doch mal auf meinem Handy!›», machte ich einen neuen Vorschlag. «Aber bitte beachten: nicht zwischen elf und zwölf!»

«Mit ‹George, äh, Adrian› oder ohne?», fragte Antonia.

«Ohne natürlich! Mein Gott, ich bin doch nicht blöde!»

«War nur 'ne Frage.»

«Kann es sein, dass dir die Sache mit Nicklas doch etwas ausmacht?», fragte ich vorsichtig.

«Wieso?» Antonia zog die Brauen hoch.

«Weil du *ein klein wenig* gereizt reagierst», sagte ich vorsichtig. «Ich könnte das gut verstehen, aber dann sag es und lass deinen Frust nicht an mir aus.»

Antonia holte tief Luft. «Okay. Ja, es macht mir was aus, aber es liegt vor allem an der Art, wie er gegangen ist. Die fand ich einfach zum Kotzen!» Sie schlug mit der Faust auf den Tisch. «Warum kann er nicht normal reagieren, wenn ich ihn freundlich auf etwas hinweise? Und warum muss ich mich immer wieder mit solchen eingeschnappten Kerlen herumschlagen? Kann mir das jemand *einmal* in meinem Leben verraten?»

«Ich fürchte nein», sagte ich und nahm sie in den Arm. «Aber vielleicht schnallt er ja selber noch, wie blöd er sich benommen hat.»

«Mag sein, aber was mich dieser Scheiß an Nerven kostet!» Sie haute ein letztes Mal kräftig auf den Tisch. «So. Und jetzt zu deinem Text.»

Nachdem wir den Ansagetext erfolgreich geändert hatten, war es höchste Zeit, zur Trauung aufzubrechen.

«Wie machen wir es?», fragte Antonia. «Bequem und Fahrrad oder chic und U-Bahn?»

«Halbchic und Fahrrad», entschied ich. «Mein neues Kleid ziehe ich erst heute Abend an.»

Wir kamen zeitgleich mit den Hochzeitsautos vor dem Standesamt an. Aus dem ersten Wagen klang ein verzweifeltes «Hase! Hilfah, ich hängah!» Oliver war sofort zur Stelle, und nach einigen Minuten stand unsere liebe Kirsti als Tülltraum in Rosa und Rot und mit einem überdimensionalen Hut vor dem Standesamt.

«Sollte ich je in Versuchung geraten, ein solches Kleid zu kaufen, dann fessle mich und schaff mich sofort aus dem Geschäft, hörst du?», flüsterte ich meiner Freundin ins Ohr.

«Es ist in der Tat gewagt!», kommentierte Antonia, was ihr einen giftigen Blick einer älteren Dame neben ihr einbrachte.

Nach einigen Minuten hatten wir immerhin so viel Überblick, dass wir einschätzen konnten, wer zu welcher Familie gehörte. Kirstis Familie fühlte sich bei dieser Veranstaltung eindeutig als die überlegenere und zeigte dies, wo nur möglich.

«Kirstis Papi ist Anwalt in der Kanzlei Köster, Klug & Kasch», klärte ich Antonia nebenbei auf.

«Köster, Klug & Cash kommt wahrscheinlich besser hin», sagte sie.

«Vielleicht verdient er ja viel, aber viel zu sagen hat er nicht, wenn Mutti in der Nähe ist!» Wir verfolgten gebannt, wie Frau Klug ihrem Mann die Leviten las.

Frau Klug war die Art von Frau, die keinen Widerspruch duldete, und sah genauso aus, wie ich sie mir während des Telefonats mit Bettina vorgestellt hatte: lang, diät-dünn, blondiert-toupiert und in einem schlichten Kostüm, dessen Preis ich lieber nicht wissen wollte.

«Wir haben das aber so abgemacht, und jetzt hältst du dich gefälligst auch daran», hörten wir sie zu ihrem Mann sagen. «Und es ist mir völlig egal, was die Brückners dazu sagen!»

Wir fanden zwar nicht heraus, wovon die Rede war, aber die Reaktion von Herrn Klug zeigte, dass es mit der Ehe der beiden nicht zum Besten stand.

Der Mann mit dem grauen Schnauzbart, der fast einen halben Kopf kleiner war als seine Frau, zuckte die Schultern und ließ sie einfach stehen.

«Wetten, dass er trinkt?», fragte Antonia. «Und dafür hat er mein volles Verständnis. So eine Knallschachtel hat niemand verdient!»

«Huhu!» Plötzlich standen Oliver und Kirsti neben uns. «Das ist abbah supah toll, dass ihr da seid!» Kirsti strahlte übers ganze Gesicht. «Ist alles nicht supah?»

Oliver sah nicht so aus, als würde er auch nur irgendetwas «supah» finden, und lächelte gequält.

«Wirklich schön, dass ihr gekommen seid», sagte er und mit einem Blick auf die Armbanduhr: «Nun, dann wollen wir mal!»

Mit Kirsti am Arm betrat er das Standesamt, und wir folgten den beiden im Pulk der anderen Gäste.

«Hübsch sieht unser Oliver aus, was?», sagte neben uns eine mollige Frau mit einer gewagten Turmfrisur. «Ich bin ja so was von aufgeregt! Sie auch?»

Obwohl sich unsere Aufregung in Grenzen hielt, nickten wir freundlich und erfuhren, dass wir es mit einer Tante unseres früheren Mitbewohners zu tun hatten. Mit Tante Pippa.

«Als Oliver noch klein war, hat er immer ‹Tante Pippi› zu mir gesagt», vertraute die Dame uns an. «Goldig, nicht? Seid ihr Freundinnen von Kirsti?»

«Wir haben bis vor kurzem mit Oliver zusammen in einer Wohngemeinschaft gelebt», erklärte Antonia.

«Unser Oliver?», staunte Tante Pippi. «In einer Wohngemeinschaft? So ein wilder Racker aber auch!»

Wir überließen Tante Pippi ihren Phantasien über unsere *wilde* WG und gingen mit den anderen Gästen in den Trausaal. Schnell quetschten wir uns an der Verwandtschaftsmeute vorbei und steuerten auf die letzte Reihe zu. Dort hatte man den besten Überblick.

«Was machen die Eltern von Oliver eigentlich beruflich?», fragte ich, als wir unsere Plätze ergattert hatten.

«Die haben einen Friseursalon.» Antonia deutete auf ein paar Köpfe vor uns. «Du kannst die Familie Brückner an den ausgefallenen Frisuren erkennen. Die waren bestimmt alle in den letzten Tagen bei Olivers Eltern und haben sich durchstylen lassen.»

Jetzt, wo Antonia mich darauf aufmerksam gemacht hatte, sah ich es auch. Neben Tante Pippi gab es auffallend viele gewagte Turmvariationen auf den Damenköpfen im Raum. «Eigentlich praktisch», flüsterte ich zurück. «So kann man sie schön auseinanderhalten!»

«Außerdem ist die Brückner'sche Sippschaft an der Konfektionsgröße zu erkennen!» Antonia zeigte unauffällig auf ein paar Menschen im Saal. «Die haben durch die Bank ein paar Kilo zu viel auf den Rippen.»

«Da schlägt unser Oliver aber mächtig aus der Art!»

«Wahrscheinlich färbt Kirstis fettarme Art auf Dauer ab», vermutete Antonia.

«Mensch, das ist die Geschäftsidee!» Ich sah es schon genau vor mir: Ein kleines Schlösschen, in dem lauter fette Leute herumliefen, und nur durch Kirstis Anwesenheit wurden sie von Tag zu Tag dünner. «Das sollten wir patentieren lassen!», flüsterte ich.

Da betrat der Standesbeamte zusammen mit dem Brautpaar den Trausaal. Nach der allgemeinen Begrüßung legte er sofort über den «schönsten Tag im Leben dieser beiden Menschen» los. Den stellte ich mir anders vor, nämlich mit meinem Liebsten am Strand, und zwar ohne Verwandtschaft.

«Sehen Sie sich diese Pflanze an», leierte der Beamte weiter und zeigte auf eine Yuccapalme, die neben seinem Tisch stand. «Sie wächst und wächst.» Er machte eine Pause. «Und so soll auch Ihre Liebe wachsen. Und Früchte tragen!»

Kirsti kicherte. Vielleicht dachte sie gerade an Olivers Knuppelchen, vielleicht waren es aber auch einfach die Nerven. Ich konnte nur hoffen, dass das Brautpaar im Laufe der Jahre nicht so viel Staub ansetzen würde wie diese Pflanze.

Zum Glück kam der Beamte endlich zur Sache, und nach dem langen Standardtext folgte zuerst ein beherrschtes und knappes «Ja!» von Oliver und gleich darauf ein «Ja-haah!» von Kirsti.

«Damit sind Sie nun kraft Gesetzes rechtmäßig verbundene Eheleute!» Die Verwandtschaft klatschte, der Beamte schüttelte dem Brautpaar die Hände, und nach dem Tausch der Ringe küssten sich Kirsti und Oliver.

«Teil eins hätten wir geschafft», seufzte Antonia. «Hoffentlich wird das heute Abend lustiger!»

Sobald wir das Rathaus verlassen hatten, schaltete ich mein Handy wieder ein und sah nach, ob jemand versucht hatte, mich zu erreichen. Fehlanzeige.

«Du hast doch auf den AB gesprochen, dass du von elf bis zwölf nicht erreichbar warst!», erinnerte mich meine Freundin. «Also zieh nicht so eine Flunsch!» Sie zeigte auf die Hochzeitsgesellschaft. «Jetzt gratulieren wir dem glücklichen Paar noch schnell, und dann machen wir Hochzeitspause bis sechs.» Sie schaute mich mit finsterer Miene an. «Es warten noch exakt neunundvierzig Schulaufgaben auf mich. Schon beim Gedanken daran könnte ich schreien!»

Zu Hause rannte ich sofort zu meinem Telefon und – ja, das Lämpchen blinkte!

«Er hat angerufen!», schrie ich und drückte den Wiedergabeknopf.

«Hi, hier ist nicht George, sondern eure liebe Bettina. Ich liege mit meinem Team gut in der Zeit und wollte euch sagen, dass ich so gegen vier in die Wohnung komme, um eine kleine Pause einzulegen und mir ein paar nette Klamotten für heute Abend zu holen. Bei der Gelegenheit könnte ich euch dann anschließend im Auto mitnehmen. Bis dann!»

«Das ist aber Bettina», sagte Antonia, die die Ansage mitgehört hatte.

«Danke für die Info. Das habe ich auch geschnallt.»

«Ist ja schon gut …» Sie zog die Brauen hoch und sah mich kritisch an. «Nicht durchdrehen, Eva. Das bringt's nicht.»

«Auch für diesen wertvollen Tipp vielen Dank!» Ich ließ mich verzweifelt in meinen Lesesessel plumpsen. «Was soll ich denn machen? Mich freuen, dass er sich noch nicht gemeldet hat? Ich kann an nichts anderes mehr denken! Und wenn ich ‹nichts› sage, meine ich ‹nichts›!»

«Vielleicht legst du dich einfach ein bisschen hin», schlug Antonia vor. «Du kannst ja dein Mobilteil und dein Handy neben dich legen, seine Stimme weckt dich dann, und die Welt ist wieder in Ordnung. Das wäre doch was, oder?»

Ich ließ mir den Vorschlag durch den Kopf gehen. «Wahrscheinlich wird es das Beste sein», seufzte ich. «Und wenn er nicht anruft?»

«Dann wecke ich dich um vier», versprach Antonia. «Und zwar mit meiner süßesten Stimme.»

Ich gab mich geschlagen und kuschelte mich unter eine

Wolldecke aufs Bett, meine Telefone hübsch neben mir aufgereiht. Und fiel bald in einen unruhigen Schlaf.

Als ich um zehn vor vier die Augen aufschlug, lagen beide Geräte immer noch neben mir auf dem Bett, ohne einen einzigen Ton von sich gegeben zu haben. Ich stöhnte und zog mir die Decke über den Kopf, als Antonia hereinschaute.

«Eva, aufwachen!»

«Ist mir egal», sagte ich mit Grabesstimme. «Ich habe die Schnauze voll von allem und jedem und bleibe für den Rest des Tages im Bett!»

«Kannst du vergessen», sagte Antonia. «Ich habe extra frischen Kaffee gemacht und Hörnchen geholt. Aber die gibt's nur in der Küche. Hopp! Raus mit dir!»

Mir war klar, dass sie nicht lockerlassen würde, und ich quälte mich aus dem Bett.

«Nach dem Kaffee geht es dir besser, glaube mir!», sagte Antonia betont munter.

«Es wird mir erst wieder gutgehen, wenn ich ihn gesprochen habe und weiß, wann wir uns treffen», verbesserte ich sie.

«Weißt du, was mir an der ersten Verabredung immer am meisten gefällt?» Sie schaute mich ganz entrückt an. «Der erste Gute-Nacht-Kuss vor der Haustür.»

«Mein Gott, das war vielleicht so, als ich sechzehn war!» Bettina kam herein.

«Bei mir ist das immer noch so», hielt Antonia stur dagegen. «Der erste Kuss und die Vorfreude, wie alles weitergehen wird.»

«Das Schönste am ersten Date ist der Sex danach», sagte Bettina und setzte sich zu uns. «Schau, wenn er zum Beispiel nicht gut küsst, sollte man ihm wenigstens die Chance geben, es auf anderem Gebiet wiedergutzumachen, oder?»

«Ich weiß nicht.» Antonia schaute uns skeptisch an. «Wenn ein Mann schon schlecht küsst … Was meinst du, Eva?»

«Ich weiß nicht mal mehr, wie küssen überhaupt geht.» Ich trank vorsichtig einen Schluck heißen Kaffee. «Das letzte Mal, als es dazu kommen sollte, vibrierte sein Handy in der Hose, und seitdem hat mich weder jemand geküsst, noch hat es irgendwo vibriert.» Ich hob mein Handy auf und ließ es demonstrativ auf den Tisch plumpsen. «Bei mir regt sich rein gar nichts!»

«Ach, du Arme!» Bettina beugte sich zu mir. «Ich gehe jetzt mal davon aus, dass ER immer noch nicht angerufen hat?»

«So ist es. Und ich bleibe heute Abend zu Hause», was mir ein sofortiges «Oh nein!» von meinen Freundinnen einbrachte.

«Kommt überhaupt nicht in Frage», rief Antonia. «Und mal abgesehen davon: Wann hast du in nächster Zeit die Gelegenheit, dieses Wahnsinnskleid anzuziehen?»

«Und denk an die Unterwäsche», haute Bettina in die gleiche Kerbe. «Wir wissen ja, dass du schrecklich verknallt bist, aber –»

«Wahrscheinlich bin ich nicht verknallt, sondern habe einen Knall.» Ich tat mir von Minute zu Minute mehr leid. «Ich hätte große Lust, mir die Kugel zu geben.»

Antonia stand auf. «Gute Idee, die bekommst du von mir.» Sie marschierte aus der Küche und ließ uns verdutzt zurück.

Kurz darauf legte sie eine verführerisch duftende Badekugel vor mich hin. «Was du jetzt brauchst, ist ein schönes Bad. Danach sieht alles wieder ganz anders aus.»

Die Kugel roch wirklich himmlisch, und ich gab mich geschlagen.

Als ich im duftenden warmen Wasser lag, legte Antonia noch einen schönen Jazz auf und ließ mich allein. Allmählich kehrten meine Lebensgeister zurück. «Was wäre man ohne Freundinnen?», dachte ich und rekelte mich wohlig. «Und wer weiß, was der Abend so alles bringt?»

Ich ließ heißes Wasser nachlaufen. «Er ruft bestimmt noch an, und bis dahin amüsiere ich mich einfach auf der Hochzeit. Und morgen …» Ich setzte mich auf und zog den Stöpsel. «Genau, morgen gehen wir spazieren und was Schönes essen, und wer weiß, was wir alles noch machen werden!»

Meine schlechte Laune verschwand mit dem Badewasser durch den Abfluss, und ich war wieder in der Lage, der Welt ins Auge zu sehen. Sogar die rosa-rot gerüschte Kirsti würde ich ertragen und mit Komplimenten überschütten.

«Eva, du solltest langsam wieder rauskommen!», rief Bettina aus dem Flur.

«Alles klar!» Ich stand auf, langte nach meinem flauschigen Badetuch, schaute in den Spiegel – und kreischte laut los.

«Um Gottes willen, ist was passiert?» Antonias Kopf erschien in der Tür. Sie starrte mich mit aufgerissenen Augen an. «Ich glaub's nicht! Bettina! Schnell!»

Schon stand die zweite Freundin in der Badezimmertür und starrte auf meinen Körper. «Boah!», war alles, was sie herausbrachte.

«Ich sehe aus wie 'ne verdammte Discokugel!», brüllte ich.

«Du bist überhaupt nicht rund», beruhigte mich Antonia. Vorsichtig rieb sie an einem Glitzerstückchen auf meinem Arm herum. «Die sitzen aber ganz schön fest auf der Haut.»

«Abduschen und mal mit dem Rubbelhandschuh versuchen», schlug Bettina vor.

Ich versuchte den Glitzer vom Oberschenkel zu rubbeln, aber dabei rötete sich lediglich die Haut, was den Effekt enorm verstärkte.

«Ihr könnt ohne mich gehen», stammelte ich. «Wenn die Leute mich so sehen, glauben sie, dass morgen Weihnachten ist.»

Bettina schaute mich nachdenklich von Kopf bis Fuß an. «Ich sag dir mal was. Ich finde den Effekt gar nicht übel. Klar, es ist ein bisschen überraschend, aber zusammen mit dem dunkelroten Kleid und deinem Silberschmuck stiehlst du sogar der Braut die Show.»

«Das will ich aber nicht», rief ich, den Tränen nahe, aber meine Freundinnen ließen nicht locker, und eine halbe Stunde später führten sie mich zum großen Spiegel im Flur.

«Na, wenn das nicht toll aussieht, weiß ich auch nicht», sagte Bettina.

Sie hatte recht. Angezogen war der Disco-Effekt erheblich reduziert, und ich atmete tief durch. «Okay, Mädels, auf geht's!» Ich grinste mich ein letztes Mal im Spiegel an, und wir machten uns auf den Weg.

Kapitel 17

Vor dem Palmenhaus standen schon eine Menge Leute. Das Gebäude, ursprünglich als Winterquartier für exotische Pflanzen genutzt, erinnerte an einen großen Wintergarten. Es war vor einigen Jahren von Grund auf renoviert worden und konnte nun für Feste und Empfänge gemietet werden.

«Also, ich verschwinde», sagte Bettina. «Bis später!» Mit großen Schritten ging sie auf die Küche des Gebäudes zu.

«Und wir beide gehen ein bisschen lustwandeln», schlug Antonia vor. «Mal sehen, ob es neben der Verwandtschaftstruppe von heute Vormittag auch ein paar interessante Männer gibt!»

«Wie soll ich das denn verstehen?», fragte ich, während ich nachschaute, ob mein Handy hier einen guten Empfang hatte. «Willst du dir wirklich gleich etwas angeln?»

«Ich hatte doch bereits erwähnt, dass ich mich heute amüsieren möchte, oder?», fragte Antonia. «Ich werde nicht das kleine brave Frauchen mimen, nur weil sich mein ...» Sie überlegte. «Siehst du? Ich weiß nicht mal, wie ich ihn bezeichnen soll. Nur weil mein ‹Lover› meint, sich wie ein eingeschnapptes Mürbchen aufführen zu müssen!»

«O.k., o.k.!» Ich hoffte, sie würde sich wieder beruhigen. «Also gut, wir gehen ein Stückchen. Sitzen müssen wir heute Abend noch genug!» Wir mischten uns unter die anderen Spaziergänger.

«Siehst du den dahinten?» Antonia zeigte unauffällig auf

eine Gruppe Männer, die am Rande einer Wiese Zigaretten rauchten. «Den mit dem kurzen Stoppelschnitt?»

«Mmh.»

«Den habe ich schon mal im Schwimmbad getroffen. Sieht richtig lecker aus in seinen Badeshorts. Ich glaube, ich sage mal guten Tag!»

Wut schien bei Antonia wie ein Aphrodisiakum zu wirken. Ich schaute ihr nach, als sie in ihrem smaragdgrünen Kleid auf die Gruppe zuging, und stellte mir vor, wie den Männern bei ihrem Anblick das Wasser im Mund zusammenlief. O Mann, wenn das so weiterging, würde ich heute Abend noch das Mauerblümchen machen …

Allmählich strömten die Hochzeitsgäste zum Palmenhaus zurück, und ich ließ mich mittreiben. Auf der Terrasse stand das Brautpaar, eingerahmt von den jeweiligen Eltern.

Kirsti strahlte wie ein Scheinwerfer, und auch Oliver sah um einiges glücklicher aus. Er klatschte in die Hände, um sich Gehör zu verschaffen.

«Bevor wir mit dem Aperitif beginnen, möchte ich kurz ein paar Spielregeln für den heutigen Abend bekanntgeben», fing er an. «Damit unsere Gäste sich ein wenig besser kennenlernen, hatten Kirsti und ich folgende Idee.» Er zeigte auf zwei Zylinderhüte, die jeweils links und rechts auf einem Tisch am Eingang standen. «Jeder Gast wird gebeten, aus einem der Hüte einen Zettel zu ziehen. Die Damen bitte rechts, die Herren links.»

Er räusperte sich umständlich, und Kirsti nutzte die Pause, um ein «Total supah lustig!» loszuwerden.

«Genau», nahm ihr Gatte den Faden wieder auf. «Auf diesen Zetteln stehen die Namen von berühmten Paaren. Wenn einer der Herren beispielsweise den Namen ‹Kermit› zieht, muss er sich auf die Suche nach ‹Miss Piggy› machen. Eine Julia macht sich auf die Suche nach Romeo, Cleopatra versucht ihren Caesar zu erwischen und so weiter und so fort. Wenn sich das Paar zusammengefunden hat, geht es hinein und bekommt dort ein Glas Prosecco. Anschließend kann es auf einer Tafel im Saal nachsehen, an welchem Tisch für sie reserviert ist.»

«Supah, odah?» Kirsti strahlte, als hätte sie die Paare persönlich erfunden.

«Es gibt jedoch eine Ausnahme», fuhr Oliver fort. «Meine frühere Mitbewohnerin Eva ist ja schon Teil eines sehr berühmten Paares und braucht sich nicht auf die Suche zu machen. Adam wird sie schon finden!» Er zwinkerte mir zu. «Also, dann mal los!»

Während die Gäste sich auf die Hüte stürzten, stand ich etwas verloren herum.

«Hast du eine Ahnung, was da gespielt wird?», fragte Antonia, als sie mit einem Los zurückkam. «Oliver hat dich ja richtig verschwörerisch angesehen.»

Ich zuckte die Schultern. «Ich kann nur hoffen, dass der Knabe bald hier auftaucht, denn für Prosecco könnte ich gerade einen Mord begehen.»

«Ach du Scheiße, ich bin ‹Rotkäppchen›!» Antonia starrte auf den kleinen Zettel.

«Wie passend!», grinste ich. «Da kann ich nur hoffen, dass der ‹böse Wolf› auch ein scharfer Wolf ist!»

«Nicht nur du!» Meine Freundin schüttelte ihre rotbraunen Haare nach hinten. «Pass auf, ich kreise den Typen gleich mal ein und schmuggele dir ein Glas Alkohol raus, für den Fall, dass Adam dich nicht sofort findet. Bis gleich!»

Ich beobachtete die Menschen um mich herum. «Ich bin ‹Tristan›!», rief ein dicker, schwitzender Mann. «Isolde, wo bist du?»

Na, wenigstens dieser Kelch ging schon mal an mir vorüber.

«Sind Sie zufällig ‹Minni Maus›?», fragte mich ein schüchtern aussehender Jüngling.

Ich schüttelte den Kopf. «Eva», sagte ich knapp. Arme Minni. Das versprach ein anstrengender Abend für sie zu werden.

Als ich den Eingang des Palmenhauses betrat, um nachzusehen, wo Antonia mit dem versprochenen Prosecco blieb, klingelte plötzlich mein Handy. Mein Herz setzte für einige Takte aus, und ich wühlte wie verrückt in meiner Handtasche. «Ja, Eva Schumann!»

«Hallo, Eva. Hier ist Adam», sagte eine dunkle Stimme. «Alles klar?»

«O, äh, ganz … äh, ja», stammelte ich. Verdammt, diese Stimme kannte ich doch! Ich hatte das Gefühl, ohnmächtig zu werden, und ging langsam rückwärts raus zur Terrasse. «Und … äh, selbst?»

Wirklich prickelnde Unterhaltung, Eva! Himmel! Reiß dich mal zusammen!

«Mir könnte es im Augenblick gar nicht bessergehen», sagte «Adam» leise. «Jetzt, wo ich dich endlich an der Strippe habe …»

Oh Gott, ich hatte das Gefühl, dass meine Beine gleich nachgaben, und sämtliche Zellen in meinem Körper schrien: «Frische Luft!» Ich ging einen weiteren Schritt zurück, als mich plötzlich jemand von hinten umarmte.

«He, was soll das?», rief ich und ließ vor Schreck mein Telefon fallen.

«Kein Wunder, dass es manchmal nicht funktioniert», sagte die wohlbekannte Stimme. «Du darfst es nicht auf den Boden werfen. Das mögen Handys nicht!»

Mit offenen Mund drehte ich mich um und sah: George.

«W-wa-was machst du denn hier?», stammelte ich. «Und w-wie, wie …» George schloss mich erneut in die Arme, diesmal von vorne.

«Nicht umkippen», sagte er. «Ich fände es höchst unfair, wenn du jetzt, wo ich dich endlich gefunden habe, dahinstirbst, hörst du?»

«I-ich glaube, ich muss mich mal setzen», artikulierte ich mit Mühe. «D-da auf der Bank!»

George legte seinen Arm um meine Taille, und nun verstand ich, wie es sich anfühlte, verrückt zu werden. Verrückt vor Glück.

Als wir uns hingesetzt hatten, schaute George mir tief in die Augen und küsste mich ganz zart auf die Nase. Ich bekam kein Wort heraus. Es war, als hätten sämtliche Hirnzellen sich einen freien Tag genommen. Doch dann, nachdem ich ihn eine Runde angeglotzt hatte, wollte ich es wissen: «Woher wusstest du, dass du mich hier findest?»

Und Adrian-George erzählte: Mein Märchenprinz hatte mit Oliver ein paar Semester zusammen studiert und war im Rahmen einer großen Steuerfahndung hier in der Stadt tätig. Nachdem er sich in mich verliebt hatte, stellte er auf Umwegen fest, dass ich Oliver kannte, und bat ihn verzweifelt um Hilfe. Denn nach dem Kursabend bei Cantak Mhia durfte er sich bei uns im Haus nicht mehr sehen lassen.

«Wieso denn nicht?», fragte ich, immer noch völlig geplättet.

«Weil ich diesem hochheiligen Esoteriker im ersten Stock

auf den Fersen bin», sagte George. «Und es hätte den Ermittlungen schaden können, wenn ich öfters bei dir aufgetaucht wäre.»

Meine Gedanken saßen nun allesamt in der Achterbahn, und bei jeder neuen Runde wurde mir schwindliger. Aber eine Sache beruhigte mich ungemein: George war nicht in irgendwelche krummen Machenschaften verwickelt.

«Aber da Oliver uns beide zu seiner Hochzeit eingeladen hatte, wusste ich, dass ich dich bald wiedersehen würde. Wobei ich nicht behaupten kann, dass diese Tage besonders schnell vergangen sind …»

«Du, Eva, ich habe den ‹bösen Wolf› gefunden!», störte Antonia unser Tête-à-Tête. «Und es ist ausgerechnet … Oh Gott, entschuldige bitte. Ich konnte ja nicht …» Dann starrte sie George mit riesigen Augen an. «Sag bloß, das ist …»

«Adam!» George stand auf und verbeugte sich vor meiner Freundin. «Und wenn du den ‹bösen Wolf› gefunden hast, gehe ich davon aus, dass du ‹Rotkäppchen› bist?»

Antonia nickte mit halboffenem Mund, und ich bekam plötzlich einen furchtbaren Lachkrampf. Die Situation war einfach zu absurd, und die gesamte Anspannung der letzten Tage löste sich auf einen Schlag. Ich hatte das Gefühl, mich nie wieder zusammenreißen zu können.

Antonia setzte sich auf der anderen Seite neben mich und hielt mir das Glas Prosecco wie Riechsalz unter die Nase. «Hier, Süße, nimm mal einen Schluck!», sagte sie besorgt. «Jetzt nicht durchdrehen auf der Zielgeraden!»

Und zu George: «Das kommt alles ein bisschen plötzlich!»

George nickte und streichelte mir über den Rücken. «Aber ich glaube, es gefällt ihr. Sie glitzert sogar», schmunzelte er. «Tust du das öfter?»

«Nur wenn ich mir die Kugel gegeben habe», japste ich, woraufhin auch meine Freundin loskreischte.

Als wir uns wieder einigermaßen gefangen hatten, wedelte Antonia mit ihrem Loszettel. «Also, jetzt mal wieder zum Ernst des Abends zurück. Welche Nachricht wollt ihr zuerst hören? Die gute oder die schlechte?»

«Mir egal.» Ich wischte mir die letzten Lachtränen aus dem Gesicht und rückte ein wenig näher an George heran.

«Okay …» Antonia schaute angestrengt auf den Zettel. «Die gute Nachricht ist, dass wir heute Abend am selben Tisch sitzen.» Sie zog eine Grimasse. «Und nun die schlechte Nachricht: Der ‹böse Wolf› heißt Egbert!»

«Was ist denn so schlimm an diesem Egbert?», erkundigte sich George, während wir die Orangerie betraten. «Ist er gewalttätig?»

«Kommt drauf an, wie man Gewalt definiert», ätzte Antonia. «Er ist zum Einschlafen langweilig und kann sich nur über Finanzthemen unterhalten. Außerdem hat er eine elend feuchte Aussprache.»

«Und er wohnt mit seinen achtunddreißig Jahren noch bei Mami und Papi», ergänzte ich das Bild.

«Oliver hat bei seinem Auszug allen Ernstes vorgeschlagen, dass Egbert zu uns zieht», erzählte Antonia. «Aber das haben wir zum Glück abschmettern können. Dafür wohnt Bettina jetzt bei uns. Sie macht heute Abend das Catering.» Sie zeigte auf das Buffet. «Dahinten steht sie!»

«Diese hübsche Blonde?», fragte George.

Mein Magen krampfte sich auf der Stelle zusammen. Logisch, er stand nicht nur auf Rothaarige, sondern auch auf Blondinen. Ich hätte es wissen müssen! Alle Männer standen auf Blondinen, und wenn selbige auch noch gut aussahen, fingen sie an zu sabbern und –

«Nicht dass ich auf Blondinen stehe», unterbrach George die neueste Achterbahnfahrt in meinem Kopf. «Aber sie sieht sehr taff aus!»

Das klang schon besser, und ich strahlte ihn an. «Oh ja, sie ist total auf Zack und eine tolle Freundin! Auf die kann ich mich absolut verlassen.»

«Ist gut, Eva …», flüsterte Antonia mir ins Ohr. «Er zerrt Bettina schon nicht gleich in die nächste dunkle Ecke.»

Ich zog eine Grimasse. «Schau mal, dein Partner wartet schon auf dich. Und er sieht aus, als wüsste er nicht mal von der Existenz solcher Ecken!»

«Wohl wahr!» Antonia zog ein langes Gesicht. «Hatte ich nicht behauptet, dass ich mich heute amüsieren wollte?»

«Irgendwas war da», bestätigte ich. «Aber ob dir das an diesem Tisch gelingt, wage ich zu bezweifeln.» Ich beobachtete, wie meine Freundin sich immer wieder umschaute. «Was ist denn?»

«Ich suche diesen süßen Paul», sagte sie. «Nicht jeder hat so viel Glück wie du.» Während wir beobachteten, wie George Egbert die Hand schüttelte, hakte sie sich bei mir ein. «Aber jetzt erzähl mal. Wie kommt es denn jetzt zu diesem Wahnsinnszufall?»

«Hat Oliver mit ihm eingefädelt», flüsterte ich und erzählte ihr die Story in Kurzform.

«Der hat die *gejagt*?», rief Antonia verdutzt.

«Psst! Das ist alles noch geheim!»

«’tschuldigung», murmelte meine Freundin. «Ha, da ist er ja. Bin gleich wieder da!» Sie ließ mich los und steuerte auf Badehosen-Paul zu.

Der Höflichkeit halber schüttelte ich nun auch das feucht-schlaffe Händchen von Egbert und setzte mich mit George an den Tisch.

«Was ist mit Rotkäppchen?», fragte er. «Hat sie sich zur Großmutter geflüchtet?»

«Sie hat gerade einen Bekannten gesehen. Gleich ist sie wieder da.»

«Der böse Wolf scheint ihr ja mächtig im Magen zu liegen, was?», brummelte George mir ins Ohr.

Auch in meinem Magen ging die Post ab. Ich hätte ihn am liebsten in die nächste dunkle Ecke gezerrt und dort –

«So, da sind wir!» Ein stattlicher Herr trat an unseren Tisch und unterbrach unser Getuschel. «Wir haben heute Abend das Vergnügen, Tischnachbarn zu sein. Wenn ich vorstellen darf? Kermit und Miss Piggy! Und das hier sind Bonnie und Clyde!»

Wilder konnte die Mischung an unserem Tisch kaum noch werden: Miss Piggy stellte sich als eine alte Freundin von Kirsti vor, und lediglich ihre große Handtasche erinnerte entfernt an das Schwein aus der Muppetshow. Sie war dünn und lang und sehr schweigsam. Dafür babbelte Kermit, ein Onkel von Oliver, ohne Punkt und Komma. Hauptsächlich über sein Lieblingsthema: Frisuren. Als vollwertiges Mitglied des Clans hatte auch er einen eigenen Friseursalon, und schon bald waren wir über sämtliche neue Trends informiert.

Doch es kam noch schlimmer: Das zweite Pärchen setzte sich aus einer Tante und einem Cousin von Kirsti zusammen. Es war sofort klar, dass schon die bloße Anwesenheit von «Clyde» zu viel für Tante Bonnie war, und in Ermangelung einer Schusswaffe versuchte sie, ihn mit ihren Blicken zu tö-ten. Eine Tatsache, die Cousin Hubert – «Ihr könnt Hubi zu mir sagen» – völlig kaltließ. Hubi war Gebrauchtwagenhändler und schaffte es spielend, das Gesprächsniveau in ungeahnte Tiefen zu reißen.

«Soso, Friseur sind Sie! Hähähä! Na ja, das bin ich in gewisser Weise auch, wissen Sie? Ich frisiere auch so manche Karre! Hähähä!» Gerade als er ansetzte, diesen Witz allen, die nicht so richtig lachen konnten, zu erklären, verschaffte Oliver sich zum zweiten Mal an diesem Abend Gehör, und Hubi musste die Klappe halten.

Der Bräutigam hieß uns noch einmal herzlich willkommen. «Es ist mir eine große Freude, dass Sie sich am heutigen Tag ein Zeitfenster –»

Falsches Sprachmodul. Oliver merkte es und fing noch mal von vorne an: «Es ist mir eine große Freude, dass Sie gekommen sind, um mit Kirsti und mir zu feiern!»

Er zeigte auf das kunstvoll frisierte Ehepaar zu seiner Rechten. «Und natürlich freuen wir uns riesig, dass meine Eltern –» Das Ehepaar Brückner stand kurz auf und nickte nach allen Seiten. «Und auch meine Schwierigeltern …» Wir begannen zu lachen, und Oliver stand mit hochrotem Kopf da. «Meine Schwiegereltern, meine ich, heute mit uns feiern können!»

«Das war abbah supah lustig, odah?», versuchte Kirsti die Laune ihrer Mutter zu retten, aber Frau Klug schaute Oliver giftig an. Vater Klug dagegen prostete ihm zu, nahm einen großen Schluck Prosecco und kicherte vergnügt.

«Ich fürchte, Oliver hat sich soeben das Prädikat ‹Schwierigsohn› eingefangen», bemerkte Antonia, als sie Platz nahm und freundlich in die Runde grüßte. «Hoffentlich dreht die alte Klug heute Abend nicht noch durch.»

Eine Äußerung, mit der Antonia sofort eine Mitgliedschaft in Tante Bonnies «Euch-mach-ich-alle-kalt!»-Club erwarb.

«Und damit erkläre ich das Buffet für eröffnet!», beschloss Oliver seine Rede. «Guten Appetit!»

«Abbah passen Sie gut auf! Im Spargelsalat ist jede Menge Afropowisakkahzeug drin», krähte Kirsti in die Menge. «Schmeckt abbah supah!»

«Hast du eine Ahnung, was Kirsti da vorhin gemeint hat?», fragte George, als wir vor dem Buffet standen.

«Sie hat's nicht so mit Fremdwörtern», erklärte ich. «Sie meinte ‹Aphrodisiakum›.»

«Oh, oh, das wird ja immer besser», raunte der schöne Mann mir ins Ohr. Das fand ich auch. Vor lauter Lust konnte ich kaum noch laufen.

«Lassen Sie es sich gut schmecken», hörte ich in diesem Augenblick Bettinas Stimme. «Es ist noch genug da!» Sie tauschte gerade eine leere Platte gegen eine volle aus, als sie mich sah.

«Na, Eva, alles im Lot?», sagte sie und grinste mich mit einem Seitenblick auf meine Begleitung an. Ich beugte mich vor und flüsterte ihr «Das ist George! Ich erkläre es dir später!» ins Ohr. Auf der Stelle ließ sie das Tablett los. Es fiel scheppernd zu Boden, und für einen Augenblick war es ganz still im Raum. «Das nächste Mal warnst du mich bitte vor, okay?», sagte sie und dann zu George: «Hallo, schön, dich zu sehen. Wir haben schon eine Menge von dir gehört!»

«Hoffentlich nur Gutes!», sagte George grinsend und nahm sich reichlich Spargelsalat.

An unserem Tisch hatte Hubi die Unterhaltung wieder an sich gerissen und klärte uns über Maschinenblocks, Tachostände und ähnlich rasend interessante Dinge auf.

«Was machen Sie denn so beruflich?», fragte Kermit George, in der Hoffnung, dem Gespräch eine andere Wendung zu geben. «Auch etwas mit viel PS?»

«Ich bin Steuerfahnder», sagte George. «Oliver kenne ich noch aus Studienzeiten.»

«Ach ja, wie schnell das Leben vergeht!», sinnierte Kermit. «Manchmal kommt es mir so vor, als hätte ich erst gestern meine Ausbildung abgeschlossen, und schon ist das ganze Leben vorbei!»

«Und das letzte Hemd hat keine Taschen!», sagte Tante Bonnie plötzlich. Es waren ihre ersten Worte an diesem Abend, und wir sahen sie staunend an. Vielleicht wollte sie uns später tatsächlich alle umlegen und bereitete uns so darauf vor?

Mir blieb keine Zeit, mir weitere Gedanken darüber zu machen, denn nun klatschte Kirsti in die Hände und bat um unsere Aufmerksamkeit.

«Hört bitte alle mal her!», trällerte sie. «Mein supah-süßes Patenkind, der kleinah Alexandah, möchte ein Gedicht aufsagen.»

Alle Blicke waren nun auf einen kleinen Knaben gerichtet, der vor lauter Nervosität an seiner Krawatte lutschte. Er schaute kurz in die Menschenmenge und nahm dann den Schlips aus dem Mund.

«Liebes Brautpaar, ich sage ein Gedicht, aber nur wenn ihr euch küsst!»

«Aah, wie supah-goldig, was, Olivah?», kreischte Kirsti und zog ihren Hasen vom Stuhl. «Komm, gib mir schnell ein Bussi!»

Nachdem das erledigt war, machte der Kleine weiter mit den Worten: «Danke, danke, danke schön, ich wollte nur das Küssen sehn!», und rannte zu seiner Mutter zurück.

«Aah, wie supah!», rief Kirsti.

«Ach du Scheiße», sagte Antonia.

Es war leider nicht die letzte Einlage, die wir an diesem Abend über uns ergehen lassen mussten.

Nach einer Runde Kinderdias von Kirsti und Oliver mussten wir bei einem Eheeignungstest mitspielen und überlebten die grausamen Gedichte, die ihre Freunde zum Besten gaben, nur mit Mühe.

Nur Hubi freute sich über jede Geschmacksfreiheit derart, dass er sich zeitweise nicht mehr beruhigen konnte vor Lachen.

«Wenn ich dieses Gemeckere noch lange hören muss, haben wir bald eine Tischleiche und können Miss Marple spielen», flüsterte Antonia. «Und ihr müsst herausfinden, wer Hubi-Schatz umgelegt hat!» Sie trank einen kräftigen Schluck Wein. «Wollen wir nicht mal frische Luft schnappen gehen?»

«Ich würde noch kurz warten», sagte ich. «Deine Badehose tritt auf!»

«Grundgütiger!», zitierte Antonia, als sie das Objekt ihrer spontanen Begierde auf das Brautpaar zuwanken sah.

Schwimmbad-Paul trug einen Trenchcoat, in dessen Taschen jeweils eine Flasche Bier steckte, und mimte den Betrunkenen. Nach einem kurzen Prolog kam er zum eigentlichen Thema: «Zwanzig Gründe, darauf kannst du vertrauen, weshalb ein Bier viel besser ist als alle Ehefrauen!»

Antonia fasste sich an die Stirn.

«Ich glaube, es ist höchste Zeit, die Goldfische zu polieren», sagte sie und ich nickte. Unser langjähriger Code, zusammen kurz zu verschwinden.

«Lasst ihr mich mit denen hier ganz allein?», flüsterte George alarmiert.

«Keine Bange», ich hauchte ihm ein zartes Küsschen auf die Wange, «bin gleich wieder da.»

Lieber Himmel, wenn ich nicht bald mit diesem Mann abhauen konnte, würde ich den Verstand verlieren.

«Da habe ich noch mal Glück gehabt», sagte Antonia, während sie sich die Unterarme unter einem kalten Wasserstrahl kühlte. «Stell dir vor, ich hätte was mit dem angefangen und erst heute Nacht festgestellt, was für ein platter Typ er ist.»

In diesem Moment schwang die Tür auf, und Bettina betrat den Toilettenraum. «Hier seid ihr! Dein George hat irgendwas von ‹Goldfischen polieren› erzählt, und ich habe schon befürchtet, ihr wärt ins Wasser gegangen.»

«Bei diesen *witzigen* Beiträgen hätten wir allen Grund dazu», sagte ich. «Aber die polierten Goldfische sind ein Überbleibsel aus Studienzeiten.»

«Warum ich hier bin …» Bettina sah Antonia an. «Du hast Besuch.»

«Ich?» Antonia schüttelte den Kopf.

«Der süße Nicklas steht bei den Garderoben und sieht schrecklich schuldbewusst drein. Habt ihr Zoff?»

«Allerdings.» Sie sah mich an. «Was soll ich nun machen?»

«Blöde Frage», sagte ich. «Hingehen und dich mit ihm aussprechen. Eine Chance hat er auf jeden Fall verdient.»

Als Antonia gegangen war, schaute Bettina mich forschend an. «Und? Kann ich den Kosmetiktermin bei Verena buchen? Hält der Inhalt, was die Verpackung verspricht?»

«Der Anfang ist durchaus vielversprechend.»

Das Gespräch mit Nicklas dauerte nicht lang. «Er hat eingesehen, dass er sich wie ein Trottel benommen hatte», sagte Antonia. «Gleich nach der Feier fahre ich zu ihm.» Nun strahlte sie. «Und dann werden wir uns ausführlich versöhnen!»

Bevor wir uns wieder an den Tisch setzten, ließ ich meinen Blick kurz durch den Raum schweifen. Die meisten Leute schienen sich köstlich zu amüsieren, nur Kirstis Mutter und Tante saßen mit verbissenem Gesichtsausdruck auf ihren Plätzen.

Kirstis Vater hatte seiner Gattin den Rücken gekehrt und verbrüderte sich gerade intensiv mit der neuen Verwandtschaft. Was den Blick seiner Frau noch ein wenig eisiger werden ließ als den seiner Schwägerin.

«Da seid ihr ja wieder!» George schloss mich glücklich in die Arme. «Das ist wirklich harter Tobak hier am Tisch», flüsterte er. «Hoffentlich ist es bald vorbei, und wir können zum gemütlicheren Teil des Abends übergehen …» Er schaute mich mit seinen Samtaugen verträumt an. «Du siehst einfach hinreißend aus mit deiner Glitzerhaut, Prinzessin. Wie hast du das so hingekriegt?»

«Jede Frau hat ihre Geheimnisse», sagte ich und versuchte dabei, einen möglichst geheimnisvollen Eindruck zu machen.

«Wann, meint ihr, können wir diese Veranstaltung mit Anstand verlassen?», fragte nun auch Antonia. «Hubis Todesstunde rückt gefährlich nahe!»

«Das Dessert werden wir wohl noch abwarten müssen», sagte ich. «Aber dann …»

«Was *dann*?» George sah mich mit hochgezogenen Brauen an. «Hast du da etwas Besonderes im Sinn?»

«Nun ja …»

«Keine konkreten Vorschläge?», neckte George mich weiter.

«Mmmm, ein paar Ideen hätte ich schon», sagte ich. Der Film in meinem Kopf war eindeutig nicht für Zuschauer unter achtzehn geeignet.

«Ein paar gleich!», rief George. Er hob sein Glas und stieß mit mir an. «Darauf trinken wir!»

«Gute Idee!» Bettina kam mit einem Stuhl unter dem Arm an unseren Tisch.

«Und auf die Meisterköchin!», freute sich George und schenkte ihr ein. «Das Essen war phantastisch!»

«Die Meisterköchin kann sich nur noch dank ihrer Hormone aufrecht halten», stöhnte Bettina und setzte sich zu uns. «Mein Gott, ist das anstrengend!» Sie nahm einen Schluck Rotwein und schaute finster zu Frau Klug hinüber.

«Man kann von Kirsti sagen, was man will, aber so eine Mutter wünscht man niemandem.»

Diesen Satz hätte sie lieber flüstern sollen, denn Tante Bonnies Blick verriet deutlich, dass nun auch Bettina Mitglied im Club war.

«Und welche Hormone halten dich aufrecht?», wollte Antonia wissen. «Hast du einen Koch, den du uns mal vorstellen möchtest?»

Bettina zauberte ihr Alligatorgrinsen hervor. «Nix Koch», sagte sie. «Ich treffe mich später noch mit Zabelmair junior!» Sie stand auf, um eine volle Flasche Wein zu holen, und beugte sich kurz zu mir hinunter. «Bei ihm zu Hause. Du hast heute Nacht also sturmfreie Bude!»

Gefühlte zehn Stunden später machte ich endlich die Wohnungstür hinter uns zu und ging voraus in die Küche. «Möchtest du etwas trinken?», fragte ich George. «Wir hätten noch einen sehr guten ...» Weiter kam ich nicht, denn er sah mich mit tränenden Augen an.

«Du lieber Himmel, was ist denn?»

George rieb sich das Gesicht. «Ka-kann es sein, dass ihr, dass ihr eine ... Ha-ha-tschi!»

«Eine was?» Hatte der Mann eine Blitzerkältung, oder was war hier los?

«Eine Ka-, eine Katze?», brachte George heiser heraus, während er sich schnäuzte.

Die Antwort auf seine Frage kam laut maunzend um die Ecke.

«Aah!», schrie George panisch. «Daaa!» Er zeigte mit einem solchen Entsetzen auf Mephisto, als würde er den Teufel persönlich erblicken. «Aah! Allergie!» Wieder begann er zu niesen.

Jetzt verstand ich endlich. «Schnell ins Schlafzimmer», rief ich und nahm ihn an die Hand.

George fasste diese Aufforderung falsch auf. «Nei-, Nein! Ich muss hier ... Ha-ha-tschi! Raus! Tschi! Sofort!» Wieder folgte eine Niessalve.

Ich schüttelte den Kopf. «Mein Schlafzimmer ist katzenfreie Zone», rief ich. «Schnell!» So kurz vor dem Ziel würde ich diesen Mann nicht davonrennen lassen. Und wenn ich die ganze Nacht Erste Hilfe leisten müsste.

Endlich kapierte er, was ich wollte, und rannte mit mir den Flur entlang.

Zum Glück waren wir schneller als Mephisto, der das Ganze als Spiel auffasste, und knallten dem Kater die Schlafzimmertür vor der Nase zu.

Hastig öffnete ich das Fenster und schob George davor.

Dann schaltete ich die Leselampe an und schaute mich um. Lagen irgendwelche Peinlichkeiten herum? Nein, soweit ich sehen konnte, nicht.

«Besser?», fragte ich, nachdem er aufgehört hatte zu niesen und wieder normal atmete.

George nickte und warf seine Krawatte auf einen Stuhl. «Du hast mich gerade noch gerettet!» Er nahm mich in die Arme. «Hab ich dir schon gesagt, dass du wunderschön aussiehst? Und dass du ein tolles Kleid trägst?» Er überlegte kurz. «Burgunderrot?»

Ich grinste. «Venezianerrot.»

George seufzte theatralisch. «Ich lerne es nie.»

Nun kam mir ein ganz anderer Rot-Gedanke, den ich klären musste, bevor ich hier in irgendeiner Art weitermachte.

«Das kapierst du schon noch.» Ich überlegte kurz. «Pass auf, wir üben gleich mal: Wie würdest du beispielsweise den Haarton deiner BMW-Fahrerin bezeichnen?»

Gut gemacht, Eva, jetzt musste er Farbe bekennen!

«BMW-Fahrerin?» Mein Liebster sah mich mit Fragezeichen in den Augen an. «Wen meinst du denn mit … Ah, Sylvia!»

Mir war egal, wie die Dame hieß, Hauptsache, er spuckte jetzt bitte aus, in welcher Beziehung sie zu ihm stand!

«Sylvia ist eine Kollegin von der Steuerfahndung», sagte George. «Und ihre Haarfarbe würde ich als … Kreischrot bezeichnen. Das passt am besten zu dieser Zicke.»

Ah! Zicke klang gut. Sehr gut sogar.

«Und, äh, du brauchst in nächster Zeit nicht zufällig irgendwelche Übersetzungen aus dem Englischen oder dem Niederländischen?»

Er schüttelte verdutzt den Kopf.

«Und bist auch nicht hinter irgendwelchen Verlagskontakten her?»

«Nein, warum sollte ich?» George musterte mich mit seinen schönen braunen Augen. «Ich bin einzig und allein hinter dir her! Du scheinst müde zu sein. Du redest schon ganz wirres Zeug.»

«Ja, vielleicht sollten wir uns etwas hinlegen.»

Er sah mir über die Schulter. «Meinst du, das Bett ist groß genug für uns beide?»

«Wenn dir ein Meter sechzig reichen?»

«Fast ein bisschen knapp. Aber wenn wir uns vorher ausziehen», murmelte George, «könnte es reichen …» Seine Hände streichelten meinen Rücken, zeichneten die Form meines Slips nach, bevor sie nach oben wanderten und langsam den Reißverschluss runterzogen.

Mit klopfendem Herzen machte ich eine einzige, raffinierte Bewegung, und mein Kleid rutschte zu Boden. Diese Nummer hatte ich im Vorfeld geprobt.

«O mein Gott», hauchte George. «Das wird ja immer besser.» Er legte mir den linken Arm um die Hüfte, und ich spürte, wie sich seine rechte Hand unter mein seidenes Unterkleid schob. Ich erschauderte, als er mir mit seiner Zunge am Hals entlangfuhr. Wir küssten uns lange, bis ich ihn sanft zurückschob.

Nun war ich dran. Ich trat aus dem Kleid heraus und knöpfte sein Hemd auf. Mit der muskulösen, leicht behaarten Brust, die dabei zum Vorschein kam, war ich mehr als zufrieden, und ich strich sanft mit beiden Händen über seine glatte Haut. Dann nahm mich George fest in die Arme und zog mich auf die Matratze.

Das Letzte, was ich von der Welt mitbekam, war ein klägliches Miauen von Mephisto. Dann gab es nur noch George und mich: unsere Hände, Münder, Haut an Haut.

Bettinas Behauptung *Sex ist wie Radfahren, das verlernt man nicht* bewahrheitete sich zum Glück, und in dieser wunderbaren Nacht schaffte ich es glatt dreimal um den Block.

Danksagung

An dieser Stelle möchte ich mich bei all meinen Testlesern bedanken, die mich mit ihrer konstruktiven Kritik, ihren Anregungen und mutmachenden Kommentaren beim Schreiben begleitet haben.

Drei von ihnen möchte ich dieses Buch widmen:

Katharina Wieker, meiner unersetzlichen Brainstormqueen,

Alexandra Borisch, die das Manuskript nach einer Weile von seinem Schubladendasein befreite, und

Renate Ahrens, die das Ganze mit der Frage «Was macht eigentlich dein Weiberroman?» zu einem guten Ende brachte.